【文史资料百部经典文库】

全国政协文化文史和学习委员会 编

HUIYI XUYINGYUPENGZIGANG

回忆 徐盈与彭子冈

徐 东 编

中国文史出版社

徐盈与彭子冈

1938年，徐盈与彭子冈在重庆《大公报》任记者

20世纪30年代的徐盈

20世纪40年代的彭子冈

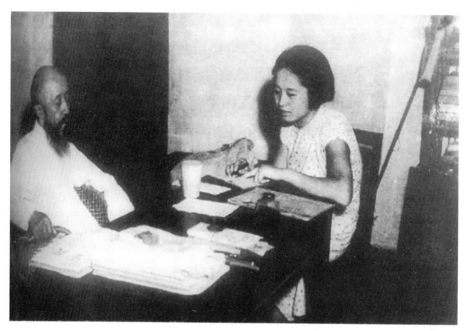

在重庆期间，彭子冈向"七君子"之一沈钧儒学习并请教

20世纪40年代徐盈在重庆《大公报》工作期间与同事们在一起（左一为社长王芸生、左三为徐盈、左四为名记者高集）

1950年，彭子冈随中央民族代表团访问新疆（左一为彭子冈）

1956年，彭子冈随中国妇女代表团访问印度、芬兰等国

　　"文革"结束后，前中国文联书记李庚（左二）与彭子冈及原《旅行家》
杂志编辑们在北海

徐盈夫妇与《人民日报》采访部主任林钢在一起

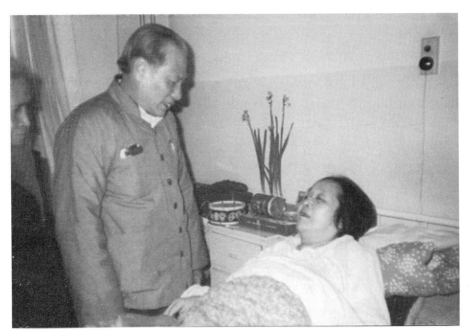

彭子冈患病期间，香港作家联会会长曾敏之看望彭子冈

徐盈八十寿辰（右二为前新闻社社长路慧年）

20世纪60年代，徐盈、彭子冈与儿子徐城北和女儿徐东

1958年，彭子冈与女儿徐东在中山公园

20世纪70年代初，徐盈与女儿徐东在一起

晚年的徐盈

CONTENTS 目 录

忆徐盈：拳拳都寄董狐笺

目录 CONTENTS

忆子冈：彩笔江湖焰黯然

忆徐盈与子冈：握一管神笔，各具生花

目　录 CONTENTS

忆徐盈：拳拳都寄董狐笺

回忆徐盈与彭子冈

HUIYI XUYINGYUPENGZIGANG

一代著名记者——徐　盈

常少扬

20世纪三四十年代的中国新闻界，涌现出一批有作为的青年记者。他们记录时代风云，纵论天下大事，催促新生，抨击旧物，在中国新闻史上留下了光辉的一页。徐盈就是其中的一个。从抗战前夜到新中国成立，他活跃在"时局的重心，消息的总汇，政治的复杂焦点上"，写下了上千万字的新闻作品，真实而广阔地反映了那一历史时期中国的社会风貌。尤其是那些系统而深入的经济报道，更为人称道。

从文学的"港口"启航

1912年11月28日，徐盈出生在山东德州城内一个破落的小官僚家庭。最初叫徐绪桓，曾用名徐奚行。在德州念过私塾，1919年七岁时到天津，后又转北京念书。

父亲徐世笃，因同族、北洋政府交通次长徐世光的关系进了滦州电报学堂，后来当上了高级铁路职员。父亲希望长子徐盈也同自己一样，找个"铁饭碗"吃一辈子。他给徐盈立下三条"家训"：一不可当律师；二不可当记者；三不可"赤化"。谁知，徐盈恰恰走上了一条与父亲意愿相反的记者兼革命者的道路。

1926年，徐盈入北京四存学校上初中。有个英文教师是国民党员，秘密印制、散发反对奉系军阀张作霖的传单。一次"张大帅"的兵来搜查，这位教师急忙把一卷纸塞给徐盈，叫他偷偷放在炉子里烧掉。这是徐盈记忆中首次参加的政治活动。

1929年，他转到大同中学读高中。这个学校的进步教师齐燕铭、孙席珍、蹇先艾等都对他有一定影响。

在上高中阶段，徐盈的求知欲很强。他时常跑到北大去旁听。有一次点名时，发现了这个冒牌的旁听生，便被逐出教室。这时几乎全讲堂的眼睛都注视着他，他却安然地戴上帽子，拿起笔记簿，徐步而出，他觉得心甚坦然，丝毫没有可羞耻的地方。

在高中期间，徐盈开始了写作生涯。他所在的学校文、理分科。作为文科学生，他注意到使所习学科与实际生活联系起来，训练一副锐利的眼光，来剖析社会的种种形象。所以，常常在大富豪的门前徘徊，在贫民窟的垃圾堆旁逡巡，将观察到的一切用文字记载下来，寄到各报换几个银元。他经常投稿的有天津《大公报》的"小公园"专栏，太原《社会晚报》副刊、叶圣陶主编的《中学生》杂志。

"九一八"事变前夕，中国共产党领导的"社联""左联"都在北平开展活动。徐盈在东单发昌祥西服庄楼上参加过一个读书会。由于经常给几家报刊投稿，徐盈结识了失学青年汪金丁，汪与上海"左联"有联系。1932年初，上海《文艺新闻》《北斗》（均为"左联"的刊物）写信来，希望汪金丁和徐盈在北平组织读者会。他们觉得自己还缺乏在复杂环境中把不熟悉的读者组织起来的经验。这时丁玲又介绍王芦焚（即师陀）来北平，三人决定自办刊物。不久，在北平的一些书店和学校的传达室里，出现了一种名为《尖锐》的16开16页刊物，封面很引人注目：一个工人正在旋转历史车轮。《尖锐》只出了两期就被查禁了，在南京的代销人被逮捕。

高中毕业后，徐盈报考北京大学未被录取，进了保定河北农学院林学系。"九一八"事变后，蒋介石在国内加紧镇压爱国群众运动。徐盈入河北农学院时，正值保定第二师范的"学潮"遭军警镇压。二师与农院只一墙之隔，徐盈和一些进步同学设法给被围的二师学生送食品、传消息。

这期间，徐盈继续在《中学生》、周扬主编的《文学月报》等刊物上发表小说。其中比较有影响的，有反映中学生在爱国运动中心理状态的系列小说《同学录》、描写保定"二师"学潮中被捕学生狱中斗争生活的《福地——致敬礼于死者及生者》等。后者刻画了被捕青年学生克服对死亡的恐惧心理的过程，歌颂他们坚贞不屈的精神。小说结尾充满激情地写道："冬夜，无边的黑暗，狂风怒吼着，他们（指被捕学生）过得还是很高兴，虽然是有无边的十年……苦恼的时候，他们便微笑着想那快要来的'明天'。"因为它所写的是那一个时代为人所最关注的题材，也是时代尖端的题材，所以作家孙犁在1981年还称赞这篇小说是"叫人记得住的小说"。

早期的文学创作活动，不仅培养了徐盈的政治敏感、文学修养和写作技能，还锻炼了他观察、分析社会现象的能力，为他后来的记者生涯打下了比较扎实的基础。

冲出自然科学的"避风港"

在白色恐怖加剧的同时，一股改良主义的乡村建设之风在一些地方兴起了。徐盈在河北农院就读的后期，去定县参观了晏阳初的"平民教育"试点，看到一些局部的改良成果，不禁也为之心动，产生了"多搞些技术，少搞些政治"的念头。1933年，他转入南京金陵大学农业专修科，慢慢地同北方的朋友中断了往来。次年，抱着搞农业技术的梦，加入中华农学会当会员。

徐盈一头扎进农学、林学知识中，潜心钻研。读书期间，他就在《中华实业杂志》等刊物上发表过几篇研究果木嫁接的论文。1935年下半年，徐盈借实习机会，去平、津、山海关一带考察农林状况。他徒步而行，"昌平走山""蓟密观秋""滦榆问棉"……对各地农作物及果木分布、耕作经营方式、土壤、山地植被等予以详尽考察，写下一组"农林视察游记"，发表在《大公报》办的《国闻周报》上，被该刊编者誉为"别创一格""含着科学精神的旅行写照"。这组游记不仅表现出徐盈在农学、林学、地理学方面具有扎实而丰厚的知识积累，而且反映出他在观察、描写事物上亦有了长足的进步，只是对社会政治问题很少涉及。

　　这一年底，徐盈从金陵大学农林专科毕业，考进陇海铁路，任郑州苗圃海州枕木防腐场公务员。他父亲为儿子得到了一个"铁饭碗"而高兴，并为他订了一门亲事。这时的徐盈似乎真要顺着父亲安排的这条路平平静静地走下去了。然而，那毕竟是一个"偌大的华北已安放不下一张平静的书桌"的时代，时代浪潮的冲击使徐盈并没在"避风港"里滞留多久。铁路工作为他继续考察感兴趣的各地农村状况提供了方便。他乘车沿陇海路巡行，海州、徐州、西安、郑州，每到一地，他跋山涉水，访樵夫，问果农，参观农场、林场，调查集市行情。他看到，"地的贫瘠，人的穷苦，在处处表现着。……妇女似蒲公英一般地散布在铁路路基的两旁，选择着比较可吃的野菜，掘着地表下的树根，恨不得使地表不留一草一木"；农民、渔民都不得不靠偷砍树枝出卖来维持生计，"在贫穷面前"，他"心头的'树木保护'字样不得不消失了"。铁路、公路上飞驰着满载洋货的车辆，无论通都大邑，还是穷乡僻壤，到处充斥着洋货，农村家庭手工业无例外地趋向破产。触目惊心的社会现实，使他再不能潜心于技术问题。于是，从1936年下半年起，一篇篇新的农林视察游记在《国闻周报》上连续发表：《饥饿线上的农村旅行》《徐海一带》《西安以西》《内陆沙漠》……文章不再局限于农村技术问题，社会批判色彩浓重起来。城乡萧条、经济凋敝、民众在饥饿线上挣扎的一幅幅色调黯淡的画面，展现在读者面前。他敏感地感受到地火在运行，在描述陕西、河南农村贫困现实的《内陆沙漠》中，他发出预言——"到处已经潜伏着会怒燃的野火"。叶圣陶编著的《文章例话》（开明书店1937年2月初版）一书，选徐盈这组游记中《一个干燥的农业区》的一节，作为游记的范文予以评介，赞许其以民生问题作为游记中心内容的写法。

　　这期间，与彭子冈——徐盈后来的终身伴侣——的交往，对徐盈思想转变也起了"催化剂"作用。徐盈和子冈是由于同为《中学生》杂志的经常性撰稿人而相识的。两人同为该刊"问题讨论会"会员，而且不止一次在该刊的文艺竞赛中获奖。文心相通，两人逐渐建立起亲密的关系。子冈先与"救国会"有了接触，而后，介绍徐盈与邹韬奋等结识，成为《生活》读书会成员；徐盈开始为《生活星期刊》撰稿，并为生活书店代卖书刊。1936年6月，徐盈与鲁迅等63人在《中国文艺工作者宣言》上签名，《宣言》呼吁文艺工作者为反对日本帝国主义、争取民族自由而斗争。

西安事变爆发前，国民党在各地加紧搜捕共产党员、进步分子。徐盈因与生活书店的关系也被列入黑名单。幸亏事先得到一位同事的通知，连夜从郑州逃出，乘车潜回北平。

他失业了，又因为不接受父亲安排的包办婚姻而同家庭决裂，生活没了着落。他四处投书求职，其中有一封信写给《大公报》编辑王芸生。徐盈在《国闻周报》上发表的系列性农村考察游记，就是王芸生编发的，两人有过书信往来。其时，《大公报》上海版需要练习生，试用期六个月。徐盈喜出望外，急赴上海，他的记者生涯就此开始。

旅行记者

30年代中期，中国报界出现了"旅行调查报道"热。各报竞相推出特派记者采写的旅行通讯。《大公报》自发表范长江的旅行通讯轰动全国后，更是以此作为自己的特色之一。徐盈是农林专科毕业，并发表过多篇"农林视察游记"，入《大公报》不久，便被委以侧重于农村旅行采访的重任。自1937年3月起，《大公报》上海版、天津版同时连续刊出徐盈的旅行通讯，署名前冠以"本报旅行记者"头衔。这时他作为练习生的半年试用期尚未结束，于此可见《大公报》识人、用人之道。

徐盈作为《大公报》记者的第一次旅行采访，是赴江西考察国民党在老苏区搞的所谓"农村复兴事业"。他从上海出发，一路写将下来：描绘"浙赣的春天"，记录"南昌新影""赣东风雨"，勾画"赣南的剖面""赣北的一环""瑞金巡礼""赣江纪程"。由于考察细致入微，描写简练而准确，以"行家"的语言分析农村经济状况，丝丝入扣。虽然徐盈对中国共产党和红军还缺乏深入了解，不无误解之处，但他注重用自己的眼睛观察，独立思考，客观报道，还是比较真实地反映了苏区农村的实际状况，戳破了国民党"复兴事业"的华丽外衣。他认为农村事业改进委员会是一个空名义，江西农村问题远未结束，"土地问题不解决，农民问题是不会结束的。"嗣后，他转入安徽，重点考察了芜湖的米市、黄山的茶区，连续发表《芜湖谈米》《皖南看茶记》等通讯，揭露了帝国主义和封建势力对中国民族经济的合力摧残。初次旅行采访的成功，使徐盈在人才荟萃的《大公报》站稳了脚跟，不仅提前结束了练习期，而且成为《大公报》采访部的"台柱"之一。

1937年7月初，相识已十年的徐盈与彭子冈在北平结婚。不久卢沟桥事变爆发，北平沦陷，徐盈经天津乘船至烟台，漫游齐鲁大地，在《大公报》上连载通讯《渤海之滨》《今日的山东》，反映了民众的抗敌爱国热忱和战初山东各地的政治经济动态。

10月，在当时任《大公报》采访部主任的范长江组织调度下，一批青年记者分赴各战区采访。徐盈受命渡过黄河，奔赴西北战场。他沿同蒲路转往太原，看到南下的火车上满是国民党达官贵人的箱笼，而北上的青年却在风雨中高唱救亡歌曲徒步行进。他在列车上巧遇八路军记者工作团，其中有作家周立波、舒群，还有史沫特莱，就相约一同北上。史沫特莱采访过西安事变，讲了不少周恩来的惊险故事，给徐盈留下深刻印象。

寂寞的太原，满街秋风滚落叶，独有八路军驻太原办事处里充满欢笑之声。经彭雪枫将军的安排，记者们采访了设在五台山的八路军战地总司令部。徐盈还在山地腹部一片大白杨林中的一座小楼里，单独同朱德总司令作彻夜之谈，"朴实如农夫，慈和若老妪，严肃似钢铁"的朱总司令，阐述了敌后游击战争的战略战术、国共两党关系等问题。徐盈还采访了总政治部主任任弼时，了解八路军发动群众组织群众的经验。徐盈写成《朱德将军在前线》《战地总动员》两篇通讯，这是抗战初期关于八路军的战略战术和群众工作经验较早的公开报道。徐盈从共产党及其军队身上，看到了抗战胜利的曙光和中国的希望所在。

之后，徐盈取道西安，西去兰州，沿甘新公路一直走到甘肃新疆交界处的星星峡，考察了当时被称为"中国复兴根据地"的大西北诸省的战时政治经济状况和民族、宗教问题，写了《抗战中的西北》一书（范长江主编的"抗战中的中国"丛刊之一，生活书店于1938年3月出版）。当时，写战地通讯的，以《大公报》的范长江、徐盈，《新华日报》的陆诒，中央社的曹聚仁最为成功，而徐盈的战地通讯，长于从宏观角度反映某战区的双方力量对比、战略战术特点和后方社会经济状况及民众动员情况，在当时的战地报道中别具一格。后来，周恩来曾专门夸奖他对西北的民族、宗教问题的研究很有价值。

后方七年

1938年夏，徐盈从西北回到武汉，加入了中国青年记者学会。武汉撤守前，徐盈和子冈准备去延安学习，但这时范长江被迫离开《大公报》，临走前，嘱咐徐盈夫妇不要轻易离开《大公报》，要注意广泛团结进步记者，到重庆后要协助《新华日报》打开局面。于是，徐盈夫妇在《大公报》坚守下来。是年10月，由胡绳（生活书店编辑）介绍、凯丰监誓，徐盈、子冈同时加入了中国共产党。

武汉于10月25日失守，徐盈随《大公报》入川。12月1日，重庆《大公报》发刊，徐盈任采访部主任。

采访部人手很少，徐盈、子冈、高集等三四人，综揽一切新闻采访，每人必须"连踢带打，无所不来"。徐盈作为优秀记者的潜能得以充分发挥。打开抗战期间的重庆《大公报》，特别是头九年中，几乎每天都有徐盈写的报道，有时甚至一天几篇。有洋洋数千字的"问题性报道"旅行通讯，有千把字的特写，"豆腐块"大小的专讯，也有"一句话新闻"；涉及政治、军事、文化、民族、侨务、社会以及国际问题等各方面。抗日战争进入相持阶段后，徐盈的报道重点转到经济领域上来。当集中了我国工业70%的沿海地区沦于敌手之后，能否在基础薄弱的内地重建工业基地，以支持长期抗战，成为能否夺得最后胜利的一个关键。爱国的实业界、知识界人士和劳动群众投身于后方建设，大后方出现了一个经济建设热潮。"青记"于1939年初向进步记者发出号召，在经济方面要"宣扬我大后方农工交通金融业等调整进步情形"，以鼓励国人坚定抗战必胜信心。徐盈在这期间的一系列报道，正显示了"青记"在经济宣传方面的实绩。

徐盈入川时，恰逢沿海部分工矿内迁高潮，他立即投入对这一被称为"中国有史以来第一次工业大移动"的报道。他在《中国的工业——滨海工厂是怎样内迁的》等通讯中，热情赞颂了内迁的主持者、民族实业家及下层职工的抗日热忱和献身精神。他采访四川地质部门，跋涉于西康地区的群山之间，报道地质勘察的成果，向国人报告：川康地下资源之丰富，足以成为民族复兴根据地。他奔波于后方新工业区，写下了一篇篇反映工业及其他经济部门迅速"复兴"的通讯。后方战时经济中的重要事件、成就和问题，在徐盈的报道中几乎都有反映。当中美就桐油问题达成协议之时，当玉门油田被发现的消息传出之时，当战时交通运输成为影响全局的大问题时，当欧战爆发，影响波及后方经济之时，他都不仅迅速予以反映，而且以观察家的眼光对各种事件、问题加以分析，阐明其影响、意义和发展趋向。这使他逐渐成为大后方具有权威性的"经济记者"。

在长期从事经济报道的过程中，徐盈同一大批经济界、知识界中上层人士建立了密切的关系。

徐盈虽然在社会上名声日著，"但从无骄矜之色。见了人总是客客气气，诚心诚意，了无虚伪之状。他说话有点口吃，但越发显出他的诚朴。"他同好些著名经济界人物的关系已远远超出记者与采访对象的关系，可以随时"登堂入室"，成为"入幕之宾"。他不是资本家，四川民间企业团体西南实业协会主持的"星五聚餐会"却请他当基本会员；他并非工程师，中国工程师学会的每届年会都请他参加。这为他执行周恩来"广交朋友"、开展统战工作的指示创造了条件。据当时的《新华日报》记者陆诒回忆，"好些实业家、科技专家是通过徐盈与党建立起联系的"。这些也使他在新闻活动中如鱼得水，新闻来源从不枯竭。徐盈积累了大量中国近代经济发展史料，逐渐对在中国近代经济史上起过作用的"实业人物"及其事业的来龙去脉，了如指掌，成了这一方面的"活词典"。自1943年起，他在《大公报》和《新中华》《客观》等报刊上陆续发表人物特写数十篇，后来中华书局将其中一部分结集出版，名为《当代中国实业人物志》。这些人物特写，融新闻性和史传性于一炉，展示了两次世界大战之间中国经济界"精英"人物的风采，构成中国近现代新闻史上不可多得的实业人物形象系列。这些人物中有著名的民族实业家范旭东、卢作孚、吴蕴初、刘鸿生，科技专家侯德榜、茅以升、凌鸿勋，国营经济事业代表人物翁文灏、钱昌照、孙越崎，等等。他肯定了这批人物及其事业的历史功绩，也揭示了他们在那个制度下不可能实现"实业救国"理想的悲剧命运。

抗战后期，徐盈有一次纵横西南、东南大后方的大漫游，使他得以从宏观的角度，对抗战中国统区社会经济状况进行一次带有总结意味的考察与反映。1943年9月，徐盈赴桂林参加中国工程师学会的年会，会议前后，他漫游黔、桂、粤、闽、湘、赣等省，一路上"马不停蹄、手不停挥"，80天中在《大公报》上发表37篇通讯，后来又在《中学生》杂志连载系列通讯《抗战中的中国》，比较全面地反映了抗战给古老中国在政治、经济、社会心理等方面带来的变化，揭示了"一方面是新血清的注入，一方面仍在溃烂"的现实矛盾。

在重庆这七年，徐盈在从事记者工作的同时，还在周恩来同志直接领导下，为党做了许多工作。他帮助《新华日报》的外勤班子打开局面，在各条战线的采访中为之"引路"，共同突破国民党对《新华日报》的封锁，他为使"青记"在重庆开展活动，在复杂的政治环境中与各方面周旋，争取和团结了一批进步记者；他还承担了一些提供资料的任务，如在董必武同志参加联合国成立活动之前，为之搜集、提供所需的各种资料。

作为小说作家的徐盈，这期间的收获亦相当可观，出版了《战时边疆的故事》《前后方》等小说集，加上在各种报刊上发表的，有四五十万字。他是中华全国文艺界抗敌协会理事，还是协会里"小说座谈会"的主持人之一。

黎明前后的战斗

日本侵略者投降后的第二个月——1945年10月，徐盈告别重庆，乘美国军用飞机北上，回到了阔别八年的故都北平，就任天津《大公报》驻北平办事处主任。

日本帝国主义投降后，国民党各系统的接收大员蜂拥而至，争夺接收大权，竞相贪污舞弊，北方人民怨声载道。徐盈四出采访，很快写出《宠城受降记》《北方风雪画》等通讯，把一幅幅"劫收图"展现在全国人民面前，将盼"中央"盼了多年的北方人民对腐败的国民党政府和"中央军"的失望、不满情绪及时传达出去。

1946年上半年，徐盈以主要精力报道军调处执行部的活动。3月，他随周恩来、张治中、马歇尔三人小组飞越一万六千里，环行长江以北九省，视察各地停战情况，写了《从张家口说起》《延安的春天》《从济南看山东》《彭城走马记》《归绥一瞥》等十篇通讯，三个月后，由文萃社编成《烽火十城》一书出版。这些通讯为那一段错综复杂的历史留下了真实记录。其中关于张家口、延安的篇章，反映了解放区政治、经济、文化风貌，让全国乃至世界公众了解共产党的政绩、主张和平建国的诚意。他还用简洁的速写笔法，勾勒出一大批中国共产党政治、军事领导者的剪影。4月，他又随执行部东北组去长春、沈阳，报道了被称为"火药桶"的东北的复杂局势，描绘了14年殖民统治在东北社会各方面留下的阴影。

政治、军事斗争的风云变幻，也未能使徐盈中止他对中国经济发展问题的关注和思考。他返回北平之初，就注意多方搜集资料，研究日本帝国主义在华北经营八年建立起的庞大工业体系及其未来得及实现的规划。当"凯旋"的各色人员忙着中饱私囊之时，他却收集、整理接收过来的日方经济资料，从大家不注意的一堆杂乱无章的废纸里，把日本在华北的经济事业，"按图索骥地条分缕析起来，查出了一个大体轮廓"，写出了总题目为《北方工业》的一组通讯，在《大公报》上陆续刊出。这组通讯被当时任华北工协理事长的李烛尘比作《阿房宫赋》。他还如数家珍地展示华北的丰富资源和巨大工业潜力，预示在未来的建设时代，这一地区将成为"中国产业革命的重心"。

1946年下半年，全面内战爆发。不久，军调执行部的中共人员撤离北平。徐盈、子冈的党组织关系由徐冰同志带到延安。此后，他们虽与北平地下党组织在工作上有默契的配合，但在组织上没有联系。他们继续以《大公报》北平办事处为基地，在更为险恶的环境里独立作战。

随着解放战争的发展，各战场战况和国统区学生民主爱国运动的情况为世人所瞩目。徐盈、子冈带动办事处的同事和一批进步记者主动出击，不仅为各自服务的报刊写报道，还向其他各种倾向的报刊大量供稿，使战局进展和"学运"动态这些不利于国民党统治的消息，得到尽可能广泛的传播。徐盈充分发挥其联系面广、消息来源多、笔头快的优势，大量写稿，"占领阵地"。这期间刊载徐盈专稿最多的刊物，是储安平办的《观察》。徐盈的活动引起国民党特务机关的注意，"军统局派人来北平调查，《大公报》已内定了接替他的人选，后因未抓住证据等原因而作罢。

1947年7月，人民解放军开始大反攻，国民党在军事上节节败退，经济上坠入全面崩溃的深渊。为配合这一形势，徐盈从1947年底到1948年底，连续发表《一个黄金时代的错过》《本溪湖的呜咽》《抚顺沧桑录》《水泥没有出路》《一个人谈电工事业》《手工业"玉碎"记》《一个重工业建设的梦——记孙越崎九出山海关》等综述性通讯，集中反映国统区百业凋零、陷入绝境的局面，为新中国成立前夜国统区的经济状况留下一份实录。

1948年8月，上海《大公报》的中共地下党员杨刚、李纯青通知徐盈去沪开会，密商迎接解放、使《大公报》新生的大计。之后，徐盈去台湾参加工程师学会第十五届年会，写了他在新中国成立前的最后一篇通讯《哪里是工程师的用武之地》，指出"经济已无法延长政治"，从经济角度揭示国民党的统治基础已坍塌，垮台已指日可待。

1949年1月，徐盈接到地下党的通知，出城到青龙桥接上关系，由彭真同志传达组织决定，要他到已经解放的天津参加接办天津《大公报》。徐盈化装徒步走到丰台，登上人民的列车去天津，开始为人民自己的新闻事业而工作了。

2月27日，天津《大公报》改名《进步日报》出版，徐盈、杨刚等九人为临时管委会成员。不久，徐盈又被任命为政务院文教委员会参事。虽然身兼二职，奔波于京、津之间，他还为《进步日报》写了一些社论、通讯。这位长期关注、反映中国经济现实的著名"经济记者"，终于有机会用自己的笔描绘新中国经济建设的新图画了！

1952年，徐盈调任政务院文委会宗教事务处副处长（后为国务院宗教事务局副局长），结束了他那不平凡的长达15年的记者生涯。

1957年，徐盈被错划为右派，直到1960年"摘帽"。1962年调回北京，在全国工商联《新工商》编辑部工作，1972年退休。

粉碎"四人帮"后，徐盈到全国政协文史资料委员会工作。中共十一届三中全会后，"右派"问题得到改正，任文史委员会工商经济组组长、《人民政协报》编委，并被选为全国政协委员。几年来，在《人民日报》"大地"增刊、《新民晚报》《工商经济史料》等报刊发表文章，续写《当代中国实业人物志》的新篇章。同时，这位年逾古稀的老人，以不亚于当年从事新闻工作的热情，从事工商经济史料的编辑出版工作。

从病中的徐盈联想到的

金 丁

我和徐盈同志相识已经60年了。

今年1月，子冈同志去世，他正病在北大医院。我问城北，他父亲可曾知道这触人心痛的消息。他说暂时还没向老人讲起。我感到很不安，病中的徐盈能否承受这沉重的打击？记得去年12月我去医院看他时，他说话已经很吃力了。吃饭时，他右手发颤，自己拿着羹匙已不能把饭菜如意地送进嘴里。我默然站在他的床侧，是不是他会和子冈一样，因瘫痪而木然无所感觉达数年之久呢？

我一直等到同子冈遗体告别十多天后，才忧心忡忡，再去医院看徐盈。出我所料，他精神较好，从床上坐起来，脸有笑容，想说话。我和他谈了谈有关饮食、睡眠、服药之类的琐事，只字不曾提到子冈；他也没有说起。因为天冷，他说我去看他，使他很感歉疚。我说我的身体和精神都还好，而所以还好，也许因为我遇事都能想得开，我希望他和我一样："要想开。"可能他了解我话中的含义吧。我提议给他照张相，他很高兴，并且换上了灰色毛料的中山装，坐到沙发上。照完了，他却拉着我的手，说还该合照一张。是的，前一次的合影，还是1949年初在天津《进步日报》馆里拍的，可我们谁都未能在"十年内乱"里把它保存下来。

那天走出医院，我心情稍感宽松。我相信徐盈是坚强的。几十年来，他经历过多少人世间的大风大浪！不过他将在生活上遇到更多的麻烦困难是无疑的。看护他的保姆，说无论如何要"请假"回家。怎么办？他一刻也离不开旁人照管。他有子女，但都各有工作。他事事要求人啊。我感到无可奈何的烦恼。什么时候他才能自己下床起来呢？

很难想象徐盈病卧床上，他究竟在想些什么？如果想来想去，毫无头绪，就索性什么都不想了也好。我为他深感寂寞。记得他住院之前，在一次来信里，附了一位他老友的短笺，说是也让我看看，短笺中说：××病逝，心烦意乱，为了转移情绪，拟随大女儿去太原小住。也许顺便到五台"朝山进香"，再转云冈，然后"云游四方"。我当时想，难道这不也反映了徐盈自己的心境？现在，子冈不曾留下一言半语，遽而和他永别，而他又已生活不能自理，谁能不因此而感到非常伤痛？

病情的发展，在徐盈身上想不到是那么无情、迅速。记得前年夏天，他从大别山区考察回来，一见面，来不及等我问他此行的观感，如那里究竟有多少人还不曾解决温饱问题，他便兴致勃勃地谈起了有关太平洋地区的问题。我很理解，每个敏感而富有经验的记者，对任何问题，都会在发现一定的线索或素材后，立刻把它当作研究的"热门"，何况我们彼此平素谈论起来，又往往是天南地北，无所不提。我兴奋地感到，他关心注意的方面那样广，仿佛世界都在他眼下。

可是"十一"过后，他来信说：左腿膝盖中有积水，行动不便，未能如约看我。我当即去看他。他桌上堆着不少报刊资料，说是年纪大了，浑身都没有好地方：这里疼，那里酸，好在没有躺下。我说："你现在应当休息了。"他沉吟了一会儿，说："过些天就会好的。"可是到去年政协开会，不见他出席，连中新社一年一次的理事会，他也没露面。春回大地了，他的病情当真反而恶化？

我又去看他时，他已挂起了手杖，在屋里院里试着迈步，嘴有些歪斜。他告诉我：已请人为他针灸、按摩，并且理疗，完全可以放心，他一定会好起来的，一定。他希望身体稍好些，就做他计划要做的事。他绝对不曾料到，严冬还没来，他终于支持不下去，躺倒了。

只不过是一年多的时间，是不是他疏忽、大意，医疗不够积极认真？

今年3月，给徐盈拍的照片都已扩印。我喜爱为他单独照的那一张。他坐在那里，神情怡然自若，全不像瘫痪的病人，更不像77岁的老者。我珍惜这张照片，很有些日子，我无法抑制自己不去思念那难忘的旧谊。是啊，整整是60年过去了。

我已记不准确是在哪里第一次见到徐盈了，是在孙亨斌同志的家里吗？1928年那是我国现代史上非常黑暗的年代，北平被国民党新军阀的部队攻占不久，我因失学失业苦闷非常。为了排遣个人的忧愤，就写了几篇述怀的短文，居然寄到《社会晚报》发表了。当时徐盈和孙亨斌也都在这家晚报上经常发表文章。我们当时都还是不满20岁的青年，那是充满了幻想和希望的年纪，由于不满现实，思想感情很容易接近，于是从彼此通信，很快就结成莫逆。

然而友谊是需要培植、充实而且经得住时间的检验的。1928年底我到武清县农村小学教书时，是徐盈有感于那里的环境闭塞，寄给我新出版的文学作品也特别多，其中《柴霍甫全集》（赵景深译）使我读后深感善于观察、探索的重要意义，同时也增强了努力写作的信心，而我自己"能在当时写了《小教堂》，揭露外国传教士在我国农村进行明目张胆的欺压盘剥，主要也是因为读了徐盈寄给我薄伽丘的《十日谈》受到启发，才有了非写不可的勇气。

1930年，在接受编辑《社会晚报》副刊的时候，孙亨斌提议用"啸社"主编的名义，因为我们所处的时代要求我们大喊大叫。同时我们发表的文章，也开始换了徐盈和金丁这新的笔名。我们赞扬苏联伟大的十年间文学，满腔热情地支持我国新兴的革命文学的要求。而为了进一步理解辛克莱提出的"一切艺术是宣传"的主张，是徐盈首先读完了作者的《屠场》《石炭王》《煤油》和《波士顿》。徐盈是读书最多最快的。孙亨斌则偏重钻研马克思主义的经典著作，其中也包括当时刚介绍到我国的波格达诺夫和德波林的著作。

在学习方面，当时我们都不甘落后。徐盈和我这时候还从克鲁泡特金的《我的自传》里，得到令人难忘的慰藉与鼓舞。总之，这一年我们都自觉在思想上有了新的突破。

　　师陀同志今年在他《两次去北平》的文章里，说徐盈很有才华，我认为是中肯的。如果我记得不错，那么到1931年12月，我们的民族确实已到最危险的关头，他参加了北平前门东车站的卧轨，并到南京示威。他还不过是个中学生，但他当时却是我们中的"多产作家"。不但在北平，而且在天津《大公报》《庸报》、上海的《中学生》，以至北新书局出版的《青年界》，都有他的作品发表。同师陀一起所以能编辑出版了《尖锐》，正因为徐盈从《青年界》拿到了一笔可观的稿费。

　　"过去的让他过去吧！"这是徐盈近年来不止一次谈到的。他"不愿念旧"，"不想回头看"，但他却鼓励我写点回忆录，不该不留下我最清楚的一些史料。我曾想过他提起范旭东是他想要写进小说的人物原型，然而他终于没有把他认为是正在为新中国努力而有自己事业心的人物写出来，我不能忘记1956年他到中央党校学习前，不曾写完的那个长篇。是不是他将永远不能写完呢？

　　徐盈是有才能的作家，记得在他读完蒋子龙的《燕赵悲歌》不久，曾在信中向我谈起，说孙犁同志在《大地》上讲到他的小说《福地》之后，"有些青年就问起我可是真的。这些旧事，不提起，就忘记了吧？"而我又苦于无法忘记。

　　《福地》是在1932年《文学月报》五、六期合刊上发表。记得有一次主编这个刊物的周扬同志和我偶然谈到了徐盈，1932年下半年我离开北平后，看来在北平"左联"的工作中，徐盈是个活跃的"忙人"，他在为筹备北平出版的《文艺月报》（陈北鸥主编）和《文学杂志》（王志之编）组织稿件，我自己除去写了《第三种人的出路在哪里》和一个短篇之外，并把张天翼的《我的自传》寄给了《文学杂志》。我看过在《文艺月报》上刊载的徐盈的小说。当时徐盈同北平"左联"中的陆万美、谷万川和王余杞以及他的老师孙席珍等来往都很多。这年12月，我曾接到徐盈寄来的几张鲁迅先生在"北平五讲"中的几张照片，其中在师大的一次是北平"左联"主持的。这几张照片后来由鲁迅交给雪峰同志转施蛰存先生在《现代》上发表。现在收在《鲁迅全集》里只剩下当年的两张照片了，可有谁注意到这两张照片的经历呢？

　　徐盈是学农的，然而离开大学之后，除去有过一段种树的工作之外，他不曾在自己的专业方面有什么可以让人称道的成就。但从1935年他进了《大公报》做记者，他写过多少对读者有影响的精彩的通讯报道啊！我是1937年7月他从江西采访回来，又和他在上海见面的。我读过他叙写红军长征后，在那到处是红土的劫后苏区的见闻。这些见闻，今天读来可能更感到难得而珍贵吧！但我不知道在什么时候他曾为自己出过集子。真是"过去的让他过去吧"。不过我现在仿佛和他一起又到了上海环龙路，走进那不到8平方米的窄小的房间。房里有一张只够一人睡的小床，一张写字桌，两把椅凳。那里就是子冈工作的《妇女生活》的编辑室，也是他们美满的可爱的家。于是我们又像往时一样地高谈阔论起来。我们谈华北的危险的局势，谈王芸生先生的《一告，再告……北方青年》，可我们能聚论的时间，是那么少，继"七七"事变之后，"八一三"的炮火，又终于把我们分开了。

　　从上海到武汉，到重庆、北平，在烽火连天的大灾大难的年代里，他们发表了多少为读者期待的文章啊！可极少人知道他们是地下党员。是的，徐盈和子冈有许多老友、好友，我相信谁都不会忘记他们在新闻战线上艰难斗争的经历。而在他们自己，则诚如子冈所说："因为曾作用于这个世界，所以感到过幸福。"

　　……

　　徐盈说，"往事如尘"。这也许是病中难免的感慨，但是60年间阴晴风雨的日子，确实也提醒我有许多不堪回首的事。我终于明白，要写我和徐盈的旧谊是写不完了，那就把近20多年来我对徐盈不幸遭遇的感受，暂时留作空白吧！也许这空白将引人更多的沉思。而现在，我又坐到他的病房里，看着他吃饭，他吃得很少，也吃得不好。不过他说就这样每天的饭费也要4元左右。他转到中医医院也有4个月了，是不是可以说病情略有好转？我看他依旧不能自己站起来。他不得不请个护理，每月170元。我从来是没有问过他每月的工资多少的，而现在却遇到了不能回避的实际问题了。不过，他最初还只是笑笑，怎么说呢？他从来没计较过对自己的待遇。他是不是因此每月都要负债？他告诉我，每天还要服用一粒他离不开的有效的药丸，一丸药要8元。我不想在经济方面再追问其他了。我看他用手不断搓着自己的腿，看来还有其他说不出的难处吧？我默然坐着，他终于还是同我谈了。医院方面在催他出院，他也觉得自己住院太久，确实给人增加了负担。他摇了摇头。我从来没有看过他这样无可奈何地叹气。他又苦恼地谈到他在西四六条的三间旧屋，他是不是将回到那里安身？而那房里是既无厕所，冬天也没暖气。据说今年夏天全室发霉。我曾怀疑为什么子冈死于今年1月的严冬时节，每年徐盈都设法把她送到医院去过冬，也许现在将轮到徐盈孤独地到那里度过自己不堪设想的生命的余年？我非常难过，为一个一向满腔热情关心他人的好同志难过。但徐盈应当活着，应当有自己差强人意的安身之处，我愿这并非过奢的希望不至落空。

（1988年10月5日，北京）

良师益友

——记老新闻工作者徐盈

张颂甲

　　我参加新闻工作是很幸运的，一开头就遇上了很多名记者，他们是我的启蒙老师。对我教育影响很大的，徐盈同志是其中之一。

　　1949年6月，北平刚解放不久，我离开北师大，应召来到天津《进步日报》北平办事处，做了一名实习记者。《进步日报》是原天津《大公报》，可以说人才济济、名家荟萃。办事处位于北平东城灯市口西口北辰宫饭店后面的一所院落里，在这里工作的名记者就有徐盈、彭子冈、萧离、萧凤、潘静远、王鸿等。其中，徐、彭是夫妇，二萧是夫妇，住在院里。还有一位年轻些的尤在，当时也已小有名气。唯独我是一个20岁刚出头的初出茅庐的小伙子。

　　徐盈在当时已经是名望很高的新闻工作者了，我听说他本是学农的（南京金陵大学农科毕业），不知怎的，1935年进入《大公报》当了记者。他是一名老党员，1938年就加入了党组织。抗战八年，他在重庆《大公报》用笔进行战斗。他和周总理、邓大姐等极为熟悉，写了大量宣传抗战、支持进步的新闻报道和文章。他主要从事财经方面的宣传，和中国实业界巨子范旭东、李烛尘等过从密切，成为挚友，代表党向他们做了大量的工作。抗战胜利后，他出任《大公报》北平办事处主任，又一批名记者如张高峰、戈衍棣等聚集在他的麾下。

平津解放后，他和宦乡、杨刚、孟秋江等同志到天津接管了天津《大公报》，更名《进步日报》，继续出版，徐盈出任临管会主任。不久，他改任主笔职务，常驻北平（京），主持报纸的言论工作。子冈同志为北平办事处主任。后来，又由潘静远同志出任办事处主任。徐、彭、潘三位是地下党员，都曾长期在国统区工作。萧、王鸿是在国统区工作的进步新闻工作者。他们的新闻工作资历都很深，并有所成就。可是，他们一点架子也没有，对青年人更是多方爱护、鼓励。我和他们生活工作在一起，非常愉快，那一段成了我一生中难忘的经历。

徐盈、子冈常说："海阔凭鱼跃，天高任鸟飞"，记者就是要满天飞，到处闯。他们不给我们布置什么任务，没有任何框框套套，不定上下班时间，很少开会，不要什么事先计划、事后总结，也不必经常请示汇报。他们只要一样东西，就是好稿。

那时，从表面上看我们很轻松，一个个像是无拘无束的"自由兵"，实际上每个人都有明确的分工，肩上的分量不轻，常常是白天出去跑，晚上回头写稿，有时要写到深夜。忙得大家见面时只是点头笑笑，无暇顾及聊天。

当然，也不是天天如此，一旦有谁得到一笔稿费，便互相吃喝请客。小宴就在办事处斜对门一家餐馆里，隆重些的则在八面槽的萃花楼。徐盈也常掏腰包请我们吃饭，在他宴请一些朋友如罗隆基、浦熙修时，我也应邀敬陪末座，为的是让我这个年轻人多认识些名流名家。我记得很清楚，那时请客都是自己掏钱，从来没有"公款请客"这一说。

徐盈给人的印象总是那么谦恭、随和。他头顶鸭舌帽，穿一身灰色革命服，戴一副深度近视镜，眼睛眯成一条缝，老是笑眯眯的。朝夕相处两个多月，我从未见他发过脾气。他讲话有些口吃，可能因此而不爱发表长篇大论。他的话经常是点到即止，简短的言词，高度的概括，让你去作无穷的回味。

可是在我的记忆中，也有一次他作了较长时间的讲话。那是办事处开全体会。当时既无会议室，又无会议桌，在办公室内，大家把自己的桌椅转出来，围成一个圈，就是会场了。时间约在1949年7月底或8月初，内容是欢送我这个后生调天津报馆任文教记者。大家讲了许多勉励有加的话题，我已记不全了，唯独对徐公（那时人们称他徐公，以示尊敬）所作的谈话，至今记忆犹新。

他以自己多年的采写经验谈到，做一个好记者，要学会两种本领：一是会"串糖葫芦"；二是全身要挂满"钩子"。

所谓"串糖葫芦"，是指记者在采访到手的材料，像一颗颗红果，往往是孤零的、松散的、互不联系的。如果平铺直叙地罗列出来，就形不成气候，成不了好新闻。这时，记者就要善于找到一根"棍"，把它们串起来，成为一串"糖葫芦"，形成一篇主题鲜明的新闻。这是多么精辟的见解！由于它深入浅出，便于记忆，我曾多次向他人介绍过。后来，我们在评论一篇新闻存在中心不突出的缺点时，便谓之"缺少一根棍"。

所谓全身挂满"钩子"，是说记者外出采访，切忌单打一，或者叫做单纯任务观点，只管一件事，其他不闻不问。这是不利于搞好新闻工作的。因为时时处处都会有新闻在你身边发生，就看你是不是一个有心人了。徐盈认为，记者身上不能只有一个"钩子"，光钩你所需要的"鱼"，而要"钩子"遍布全身，把各种"鱼"都钓上来。有的"鱼"（材料）当时有用，有的"鱼"（材料）则可作为素材，积累起来，以备日后用。这样才能使你的所得更为丰富，才能不致于好材料失之交臂。

他的这两个比喻都非常生动而形象，不仅给我留下了深刻的印象，也使凡听过我介绍的新闻界朋友难以忘怀。

1949年8月我调天津报馆工作后，和徐盈同志见面机会少了。

大约是1951年，徐盈同志被任命为国务院宗教事务局副局长，仍兼报社主笔职务。其时，天津市最早开展了天主教、基督教"三自"（自立、自传、自养）革新运动，与帝国主义分子的竞争、教会内部的斗争都极为激烈。徐盈同志经常来津向市委了解情况、听取汇报、研究工作。我恰巧担负了这项难度颇大的宣传报道任务，因而和他又有了较多的接触。正是在他的指示和教导下，《进步日报》的宗教改革报道高潮迭起，步步深入，受到中央和市委的重视和好评；我写的一些报道被新华社发了通稿，在《人民日报》显著刊出。

1953年，中央规定，天津《进步日报》恢复大公报的旧名；1956年迁到北京永安路新址出版。其间，我曾到徐府看望徐、彭二公，承两位老领导厚意待我，记得我们同吃了一顿美味的炸酱面。

其后，老两位以莫须有的罪名，受到不公正的待遇，被下放到湖北，一别就是几十年。偶尔只能听到他们的一点点消息。

党的十一届三中全会后，全面落实了党的政策，徐盈被任命为全国政协文史资料委员会副主任委员，筹备出版《人民政协报》，并当选为全国政协委员。这段时间，首都新闻界开会时，便可与他相遇。每次相逢，都亲热地坐在一起话旧。

前几年，子冈同志谢世了。承徐盈兄的大公子徐城北赠我一本《子冈作品选》，不时阅读，受益匪浅。徐盈兄的身体随着年龄的增长而欠佳，我曾多次拜托城北代致问候、祝福之意。

当年我这个20多岁的青年，现已60多岁。掐指算来，徐公应是80高龄的人了。这篇短文记下的只不过是关于他的一鳞半爪，但就从这星星点点的材料中，不难看出他是具有非凡成就的老新闻工作者，是一位德高望重的长者，是我的良师益友，我衷心地祝愿他健康长寿。

（《中国建材报》1995年2月15日第4版）

怀念徐盈

张辛民

　　徐东女士告诉我，她正在整理、编辑她父亲徐盈的文稿，准备正式出版。徐盈（1912—1996）是新中国成立前《大公报》的名记者，抗日战争时期就参加了中国共产党，他做记者的时间相当长，过往的事件、人物、地方也很多，《大公报》上刊登过大量他的署名通讯，其文字清新朴实，记事可靠客观，因此深受当时读者的欢迎喜爱。可惜新中国成立以后，他被调去做政务院宗教局副局长的工作，人们在报纸上再也看不到他的文章了。1958年"反右派"运动中，人们从报纸上看到的是徐盈被划成"右派分子"，在那种"以阶级斗争为纲"、政治运动连绵不断的岁月，划成"右派"等于宣告了一个人被剥夺了政治权利，至少是部分政治权利。后来虽然给以改正，他被安排到全国政协工作，也无从发挥出自己的才华。徐盈这位享誉全国的名记者，他的名字逐渐从人们的记忆中被排挤出去。因此，我由衷地赞同徐东女士整理、编辑她父亲的文集，并祝愿它能早日出版，传之于世，好让后人观摩学习。徐盈的文章写的都是中华人民共和国成立前后中国的事，也能为研究那个时期中国的社会和历史的人们增加些感性知识和资料。

　　我和徐盈相识是在1946年春天。那时是抗日战争胜利后不久，《大公报》刚在天津复刊，他担任《大公报》驻北平办事处主任，是全国闻名的大记者。我则是刚进入北平记者圈的毛头小伙子。那时的北平虽不是国民党政府的政治中心，可也是一个行辕所在地，三方军事调处执行部的所在所，多种司令部和国民党党政机关林立，又是历史文化古都，每天在社会上跑新闻的记者不下七八十人之多，像《大公报》那样在北平设有办事处或特派记者的外地大报，屈指数来也有五六家之多。那些大记者们个个西服革履，系着领带，有的还夹着个大皮包，相当神气，见着我们这些本地小记者不爱搭理，也瞧不上眼。唯独徐盈和他们不同，他经常穿着一身灰色中山装，采访本揣在衣服口袋里，在公众采访场合，见了我们这些本地小记者，主动过来打招呼，真是平易近人，年轻的记者都愿意和他接近。1946年底，北平发生了北京大学女学生沈崇被美军强奸的事件，引发了抗日战争胜利后北平学生第一次走上街头抗议美军暴行的活动。在这种大规模游行示威的浩大声势下，美军被迫接受了学生们的要求，对施暴美国大兵进行审判。可美、蒋又暗中勾结，不准中国记者旁听美国临时军事法庭开庭审判，一切交由国民党中央社垄断报道，这又激怒了中国记者奋起抗争，成立了"北平外勤记者联谊会"，争取中国记者的采访权。徐盈因其名望和人缘，被推为联谊会的负责人。这个事件过去后不久，天津和北平两地外勤记者举行联谊，到天津参观，徐盈也参加了。那时从北平到天津，火车大约要走三个多小时。一路上，年轻记者们在车厢中缠住徐盈要他讲采访故事和经验。徐盈口齿不太流利，说话慢条斯理，三个小时的路程，口没能停下来。

我曾经得到过徐盈一次指点。一次他在《北平益世报》上看到我采写的访问中国抗生素专家汤飞凡的报道，事后他碰到我，先问我汤飞凡的近况，接着又给我讲了许多汤飞凡的事迹，而这些事情在听他讲前我全然不知。听他这样一说，我才懂得采访工作中，尤其是人物采访中，事前的准备工作、背景资料的了解的重要性。徐盈没有直接给我上课，可是从他讲的故事中，远比一堂大学采访课要深刻得多。

1947年夏，我因报道北平国民党当局，好心人告诉我"上了国民党市党部的黑名单"，劝我离开报纸。我悄悄地辞去《北平益世报》的记者工作，回到燕京大学读书。一个周末下午，我到西单大街书摊闲逛，偶然遇到徐盈也在逛书摊。他招呼我到路旁闲谈起来。他知道我回学校读书后，突然告诉我，一位北大教授托他为一家印尼侨报物色一个通讯员，问我愿意不愿意干。又说，给海外报纸写通讯，不要求都是直接采访来的第一手材料，可以多利用些第二手材料。还说，你在学校读书，写通讯可以得些报酬，补助生活所需。他想到多么周到，又是多么关心体贴人啊！我想了想，答应了下来。他叫我把写好的稿子先交他寄出。隔了一星期，我把写好的一篇通讯送到灯市口《大公报》办事处他的寓所，请他看看能不能用。过了一段时间，我收到印尼雅加达《吧城新报》负责人宋中的来信，告诉我收到写的通讯和该报海外通讯的要求。我成了该报的特约通讯员，不断地给他们写通讯直到北平西郊解放，该报也按约给我寄稿酬和报纸。从1947年秋到1948年底北平解放我在燕京大学复学这一阶段，多亏徐盈和另一名记者胡笛介绍，我给印尼《吧城新报》和上海《时与文》周刊写通讯得到的稿酬作为经济来源，支持我的学业。这是50多年前的事了，两个前辈都已故去了，可想起他们对我的这份情谊，我一直不能忘却。

北平解放后，起先由于工作调动，后来又是政治运动不断，大约有30年的时间，我没有见到过徐盈。党的十一届三中全会后，人际关系逐渐恢复正常，我到西四北六条徐盈的寓所重访了他。那时他已年近古稀，身体精神已进入老境，可是仍在全国政协坚持工作。我知道他对中国实业界人物素有兴趣和研究，一次，我带了一本刚出版的我利用台湾报刊材料编辑的《台湾企业家谈企业经营管理》的小册子去看他，请他指教。他翻了翻，谦和地说："我现在不研究这个问题了，我给你找一个专家看看吧！"把书留下了。

子冈逝世后，一个春节时我去看望徐盈。我预料到他会很悲伤的，可没想到他的语言功能已经不行了。小保姆带我走进他的卧室，他躺在床上，看我走进，连忙要坐起。我向他问候。问他还认识我吗？他从床旁桌上拿出拍纸簿和铅笔，写了三个字"老朋友"。我和他笔谈了一会儿，怀着酸楚的心情离开了西四北六条那个小院，模糊地意识到这会不会是我们最后一次见面。遗憾的是，我当时没有把有他字迹的纸簿撕下来带回，作为纪念。更遗憾的是，我没能参加他的遗体告别，为他送行。

不久前，《大公报》成立一百年纪念时，我从电视中看到有关该报历史的纪录片，最后一章《大公报》培养出的杰出人物中摆出了徐盈、子冈夫妇合影的画面，这又勾起了许多回忆。一代名记者离开人间了，他的作品应该留给后人，不被淹没，既能作为历史见证，又能从中获得教益。

（2002年6月立秋日）

徐盈的未刊小说

金克木

徐盈终于去世了。他和夫人子冈一样，在病床上缠绵了几年以后才闭上眼睛，再也不睁开来看世界了。

徐盈和彭子冈同是《大公报》的名记者，也同是作家。徐不仅写了不少新闻报道文章，还写小说。他在中学生时期就向《中学生》杂志投稿，得到编者叶圣陶赏识，发表出来的就是写中学生的小说。在40年代，他还有一篇小说据说刊出后还改编成电影《十三号凶宅》。记不清是不是确有此事，从未问过他。他的这些小说，我都没有留意看，看过的也全忘了。只有他写的最后一篇小说，我仔细看过，到现在还有印象。我当时就提意见，劝他不要发表，最好不要拿给别人看，等一等再说。从此这篇小说就不见踪影了，当然这并不是因为他听从了我的话，而是因为他从此不能发表任何作品了。

那是1957年春天，徐盈正在中央党校学习，报上有人提出"知识分子的早春天气"的说法。转眼就是"彤云密布"，谁也料不准会发生什么事。各人有各人的看法。就在此时，一天傍晚，徐盈从党校来到我家，见面就拿出一卷稿纸，要求我能看就马上看，因为他就要赶回学校，以后恐怕会有政治运动就不能再请假出来了。我立刻翻开一看，原来是一篇小说，不长，大约只有三千字左右，不会超过五千字，还不到十页。于是当着他的面从头看起，他一声不响坐在对面等。小说题目忘记了，也许是《老农》。故事很简单，大致是村里生产出了问题，大家解决不了，最后还是请教一位老农才有结果。用意非常明显，是为"旧知识分子"说话。看完了，我把稿子还他。

"怎么样？"他迫不及待地问。

我没有答复，我不知道该怎么说。

"我刚写完，首先就要听你的意见，有什么话尽管说。"他又追加了几句。

"对小说本身我说不出什么，只劝你暂时不要拿出去，等一等再说。现在你寄到哪里，哪里也不见得会马上发表，恐怕不合时宜。再说，你现在的任务是学习，何必忙写作？"

"我看到、听到一些言论，觉得不能不说话，又不好说话。想到写成小说比较方便，就一口气写出来，自己没有把握。你这样一说，那就放下吧。我自己以为正合时机，你说是不合时宜。"

"老了就会过时，现在农业合作化已经完成，老农的经验不管用了，老话没有人听了，我们的思想赶不上时代了，人还没老，脑袋老了，学校里已经有不少的会，有人演讲，还有人贴大字报，我不看，不听，不讲，只教外语课。作协在西山八大处新办了一个作家之家，暑假我想到那里去住下读书。你现在是学生，不是作家，暂时放下笔杆，学习，学习，再学习。"

"我明白了，稿子收起来，能发表时也许要改一改，那时再找你谈。"

他匆匆走了，从此我没有再见到他们夫妇。直到1972年，由于1971年发生了意外大事件，第二年许多人都放松了。"五七干校"也陆续不声不响了，我进城时才想到去徐家看他们。恰好接着来了沈从文，还带来一包酱肉。在他家吃了一顿他们夫妇亲手当面做成的饭，这时我们全不是作家了，当然也全不谈书本，更不涉政治。子冈滔滔不绝讲儿子徐城北怎么去新疆。她说到儿子还会写毛笔字作旧诗时，三个男人都好像没听见，谁也未加评论。以后一些年中我又见过徐盈，直到他病倒。我再也没有问过他这篇小说，忘了，今天才想起来。我和他同年，1957年我们才45岁，1972年我们60岁了。现在我作独白，写老话，已经是85岁了。老话也不必说，更没人听了。

不过还有老话，没人听我也想说。

　　前面说的是徐盈写的未发表的小说遭了我泼冷水，他另有一部未完成而受到我鼓励的书是《中国工业人物志》。说这事还要提到我的早已去世的老友郑伯彬。他和徐盈在1957年遭受同样的命运，徐的回答据说是一言不发，郑的回答是九年后，1966年，自己结束了生命。

　　我和徐盈见面较多的时候是40年代末期到50年代初期。我们谈得最起劲的私事是我劝他积极写这部工业人物志。以新闻记者的文学笔调写近代中国在千辛万苦中创办"实业"的人物，从在天津塘沽办久大公司制造盐碱的范旭东和范的合作者，化学工业的前辈科学家侯德榜写起。他立志写这本书，是因为他认为那些为中国的工业化，也就是现代化，出过全力的人都是对历史的有功之臣。没有现代工业、技术和科学，单凭犁锄种地，只会有托尔斯泰式的社会主义。他说抗战胜利后在北平常见到郑伯彬，那时就有了这个意向。郑（女作家杨刚是他的嫂子）和夫人林婧（曹禺的学生，一度主演过《茶花女》）是我在抗战开始那一年和胜利后第三年曾两度一起同住的老友。抗战期间郑在社会调查所（所长陶孟和）工作，研究华北敌伪经济。日本投降，他便有机会到北平收罗工业档案资料，和随《大公报》北来的徐盈相识，成为志同道合的朋友。我们三人没有在一起讨论过这个话题，所以我的谈论中国工业化问题的朋友不是专业家的郑而是非专业的徐，但三人的意见是一致的。现在徐盈的这部记录近代企业家和科学家的书成为"未完成的交响乐"，要我来加上休止符等待未来的人续作，这是从前万万想不到的。

纪念徐盈老

王春景

在人民政协60华诞到来之际，我这个有20多年协龄的政协老兵和我的许多同志和朋友，无不欢欣鼓舞。我们这一代人跟随人民政协走过了光辉的历程，60年来，人民政协创造出了不平凡的业绩，为推动我国革命、建设和改革事业做出了重要贡献，我们这一代政协人感到无限骄傲和自豪。此时此刻，我们更加怀念为人民政协事业奋斗了一生的老前辈们，是他们这些良师益友的带路、指导和教育，使我们这些晚辈健康成长，成为了人民政协队伍中的一名战斗员。在这些老前辈中，徐盈同志就是其中的一个。

徐盈老，名徐盈，平时大家都称他徐老或徐盈老，年轻一些的同志都称他为徐老前辈。徐盈生于1912年，1996年去世，屈指数来，如果徐盈老健在，应是九十有四了。虽然徐盈老离我们而去已经十多年了，但他的音容笑貌，却给我留下了深刻的印象，他谦虚谨慎、不骄不躁、坚持原则的作风令人难忘。

1982年4月，我由北京航空学院调全国政协办公厅研究室工作，有幸认识了徐盈老。开始我们研究室在顺承郡王府的西院办公，以后机关调整办公用房，研究室由西院搬至东院，人民政协报刚刚成立，也在东院办公，于是两家成了邻居，我们与报社的几位同志见面、接触多起来了。记得当时有报社党组书记兼副总编的徐亦安徐老，副总编张西洛张老，那时的总编是萨空了，他年事已高，不常来办公室。再一个就是首任编委徐盈老。据了解，徐盈老是《大公报》的资深记者，其夫人彭子冈是中国新闻史上颇有影响的女记者，在抗日战争和解放战争中，她曾是一位叱咤风云，挥戈驰骋的女斗士。徐盈老还是一位"老政协"，他曾作为中华全国民主青年联合会候补代表出席了1949年的中国人民政治协商会议第一届全体会议。新中国成立后，周恩来同志受命组织政务院时，徐盈老是政务院宗教处，以后是宗教局的首任副处长、副局长。1957年"反右"和"文化大革命"的十年动乱中，徐盈老和夫人彭子冈受到了错误的处理和残酷的迫害，被开除党籍，遣送农村劳动改造。直到"四人帮"被粉碎之后，组织上予以落实政策，彻底平反进而重返工作岗位，直到去世，他们把一生都献给了党的事业。

1983年9月，人民政协第六届全国委员会常务委员会第二次会议，根据胡耀邦总书记、邓颖超主席的指示精神，决定对政协委员在"知情""出力"和"落实统战政策"等方面的问题进行调查并研究解决。会后，即成立了全国政协落实政策办公室，我即从研究室调入该办公室工作。因工作需要，徐盈老等经常到落办了解一些落实政策工作进度和典型事例，还不时地让我写点"豆腐块"文章，报道落实政策工作的情况。这样，接触就多了，除去谈工作，也谈一些家常。在我的心目中，徐盈老和夫人彭子冈是令人可敬佩的传奇人物，所以特别愿意找他请教，特别愿意听他讲人民政协的历史和过去革命战争中的故事。他很少谈自己，更多的是讲党组织和其他同志的动人事迹。此时的徐盈老已是年过古稀的老人了，他给我印象极深的是他冬天的一身打扮。灰色的棉衣棉裤，脚上是老北京产的五眼棉鞋，深灰色的大围脖，头顶灰色的毡帽头。走起路来，明显的外八字，因年事已高，走路缓慢，若不是那副讲究的金丝眼镜，活像一个老农民。他精神饱满，待人谦虚诚恳，平易近人，总是面带笑容。讨论问题时，发言不长，但中要害，令人佩服。发完言之后，往往是仰面大笑，笑得十分开心。

记得有一次谈到了"一二·九"爱国运动。我问徐盈，你当时在北京吗？他说，"一二·九"运动是1935年的事，那时我还不是共产党员，但我所在的中学的一部分学生参加了。

"您那时的中学叫什么中学？"

"大同中学！"

"我所在的中学的前身就是大同中学。现在叫北京二十四中。"

"哈哈！咱们还是校友呢！"

从此，我与徐盈更加密切了，自己为有这么一个令人尊敬的学长光荣和自豪。以后，对徐盈老更加敬重了。

1987年夏季，我在全国政协秘书局文书档案处任处长时，接待了四川重庆市北碚区政协的秘书长商希楷先生等三位同志，落座之后，说明来意。大意是中共重庆市北碚区委研究决定，要在北碚公园建造卢作孚先生的塑像，以缅怀和弘扬卢作孚先生的爱国主义思想情怀，学习他的崇高品德和艰苦创业、自强不息的奋斗精神。他们三人来京到全国政协是寻求关于卢作孚先生的历史功绩及党中央、毛泽东主席关于对卢作孚先生的评价史料，以此作为建造塑像的政治依据。他们之所以找我帮助，一是工作关系，作为地方政协到全国政协请求工作协助是理所当然的事；二是我与卢家还是远亲。

据我所知，卢作孚先生是我国著名的爱国主义实业家，积极倡导民族教育，躬行实践的教育家，才华卓著的社会活动家，他创建了民生公司，拓展了我国的航运事业，维护了祖国和民族航运事业的生存和发展。抗日战争时期，他坐镇危城，竭力支前疏运，特别是在组织"长江大撤退"——中国的敦刻尔克大撤退中，立下了奇功。1948年徐盈老在《中国当代实业人物志》一书中写道：没有卢作孚，没有民生公司，没有这些牺牲，也就没有这些创造，也不可能造成全民抗战的局面。卢作孚先生以重庆北碚地区为基点，实验如何把一个穷僻的山乡，建设成为"现代中国的缩影"的地区，取得了卓越成就，为以后北碚地区的发展，发挥历史作用，打下了坚实基础。新中国成立后，为恢复和发展我国交通运输业，做出了重大贡献。但毛泽东主席如何评价卢作孚先生，过去只是听说，并未见到文字资料。对此，我首先想到了徐盈老，因为他与夫人彭子冈当时在重庆的《大公报》社任职，特别是彭子冈大姐发表过《毛泽东先生到重庆》的特写。我当即给徐盈老打电话，说明情况。徐盈老在电话里说："春景同志，家中只有我与子冈，而且都是病号，不好接待来访者。请你让重庆政协的同志把来意和要求写清楚转交给我，我会按照他们的要求写成文字寄给他们。"大约不到一个月，商希楷秘书长即给我来函及建造卢作孚先生塑像的工作简报。信中说，接到了徐盈委员所写的材料，请代我们向他致以谢意。徐盈老所写的文字材料真实地提供了毛主席与卢作孚先生及卢作孚先生在抗日战争中与香港的中共地下党廖生行联系的重要线索。徐盈老还提供了50年代中期，毛泽东主席与当时政务院副总理黄炎培先生谈话，在谈到我国民族工业发展过程时毛泽东主席说："我国实业界有四个人是我们所不能忘记的，他们是搞重工业的张之洞，搞化学工业的范旭东；搞交通运输的卢作孚和搞纺织工业的张謇。"在这里，毛泽东主席不但讲出了中国近百年来工业发展的史实，也表达了中国共产党人对于富国利民的民族工商业家的追思。当我把商希楷秘书长的谢意转告徐盈老时，他说：不要谢！这是我所经历的事。同时，我也有责任对后来人说清历史事实，对历史问题，一定要严肃、认真、公正。

90年代初，组织调我到专委会二局宗教处任处长。从那以后，我比较认真地、系统地阅读了新中国成立后，我们党和国家关于宗教工作的方针、政策、工作历史资料等。从中我了解到徐盈老是我们党和国家关于宗教工作的先驱。1951年中央人民政府政务院发出指示：在政务院和各大行政区文教委员会内设宗教事务处。政务院文教委员会即成立了宗教事务处，徐盈老任首任副处长（何成湘任处长）。他协助何处长领导全处同志认真研究对天主教、基督教和汉民族地区的佛教方面的政策问题，指导全国各地处理接受美国津贴的文化教育，救济机关和宗教团体的工作。建立并保持同天主教、基督教和汉民族地区的佛教界人士的联系。协调政府部门、党委部门所涉及宗教问题的处理。同时还有力配合了国家民族事务委员会做好对伊斯兰教和佛教中的喇嘛教派的工作。1954年11月，根据工作之需要，国务院决定成立国家宗教事务局，为国务院直属机关之一。徐盈老为首任副局长（何成湘任局长）。在此期间，在国务院直接领导下，徐盈老协助何成湘局长，领导全局做了如下工作：统一掌管天主教、基督教、佛教和道教诸方面工作；贯彻执行中共中央和国务院有关宗教工作的方面政策；代中共中央和国务院草拟关于宗教工作的指示、通知；推动宗教界开展反对帝国主义爱国运动；检查和加强对宗教团体的管理，指导宗教界的对外友好活动；加强与宗教界人士的联系；调查研究国内外的宗教情况等各项工作。

徐盈老作为政协的老前辈，深受晚辈和青年同志的敬重，至今还流传着他与彭子冈大姐青年时代的爱情故事。有些事情徐盈老装糊涂，有些事情徐盈老也还解释几句，说得大家哈哈大笑，他也笑，笑得十分开心。其中冰糖葫芦的故事传得最远、最久。1934年冬天，彭子冈大姐当时在苏州，徐盈要去苏州看她，问她带什么东西，彭子冈大姐说想吃北平的特产——冰糖葫芦。徐盈老"奉命"购得冰糖葫芦即坐上由北平去苏州的火车，哪知冬天的北平天很冷，但火车车厢内的温度很高，徐盈老怕冰糖葫芦融化，于是就将紧握冰糖葫芦的手从火车的车窗缝隙中伸出去，一直坚持了几千里路。当徐盈老把冰糖葫芦拿到彭子冈大姐面前时，冰糖葫芦十分完整，没有一丝融化的痕迹，彭子冈大姐十分惊奇，她哪里知道，为了完成这"神圣而艰巨"的任务，付出了如此重大代价，确保冰糖葫芦神奇般地从北平跑到苏州。此事传得远至美国。据说晚年留居美国的我国30年代的老报人陈纪滢老先生对此故事还记忆犹新，在回忆录里还写了这件一时传为佳话的故事。

徐盈老和彭子冈大姐结婚时，举行了两次婚礼，对此事徐盈老往往装糊涂，说记忆不清了。1936年，彭子冈大姐在沈兹九主编的《妇女生活》杂志社任助理编辑，徐盈老在南京金陵大学农科毕业后，应王芸生之邀，进入《大公报》。经过研究商定，徐盈老和彭子冈大姐在上海举行了结婚典礼。结婚之前，他们已经有两年多的密切交往了。1937年，徐盈老作为《大公报》记者、彭子冈大姐作为《妇女生活》记者从上海出发，取道浙江进入江西，对红军第五次反"围剿"失败后的江西革命根据地进行采访，二人的思想发生了新的飞跃，他们从江西老区百姓珍藏的红军纸币、识字课本、列宁小学的草帽这些纪念物中，看到了中华民族的希望和不可抗拒的历史潮流。之后二人从上海回到北京，住在徐盈老父亲的家中，在徐盈老父母关切而固执的注视下，二人又举办一次婚礼仪式。尽管徐盈老说记不清了，其实他老人家清楚得很。结婚乃终身大事，岂有记不准之理。

在政协机关，人们一谈起徐盈老和彭子冈大姐这对患难夫妻，无不称赞羡慕。都说这是天生的一对，十分般配，优势互补。彭子冈大姐在中国近代新闻史上，号称是新闻界的"三剑客"之一，有胆、有才、有情，曾经是叱咤风云驰骋疆场的女斗士，新中国成立后又是新闻界的四大才女之一，而徐盈老则是有修养、有原则，无论是待人接物，还是跑新闻、写文章，都是谦虚谨慎，不骄不躁，克勤克俭，很少差池。他不迁就随和，他笔下的东西无一篇不是坚持原则，坚持进步，虽然《大公报》中记者妙笔多支，但徐盈老当数主角。在抗日战争时期，周恩来任第十八集团军驻渝办事处主任时，其所领导的工作有三个重要方面即民主人士、外事、新闻界。其活动的头面人物有沈钧儒、王炳南，而新闻界活动的头面人物，就是徐盈老和彭子冈大姐。这些头面人物对抗日战争及后来的争取新民主主义的胜利，都起了很大的作用。徐盈老之所以有这样好的修养和灵活巧妙的工作斗争艺术，与周恩来同志直接教导是分不开的。

徐盈老离开我们已经十多年了，但他对中国革命和社会主义建设事业的贡献是众所周知的，而我所述的事情都是老事，起码也是20多年前的事，有的甚至更远，如同在沙漠中，看到远处的海市蜃楼一样，模糊不清。如此草率地回忆中国革命和建设的前驱、人民政协的老前辈徐盈，是极其不恭的。

（2009年5月于全国政协老干部局）

春蚕到死丝方尽

——记全国政协文史资料委员会原副主任徐盈

韩淑芳

　　近代中国工商经济史料的征集，自周恩来总理倡导征集文史资料以来即已开始，但有规模的系统征集与出版，则当推徐盈先生出任文史资料研究委员会副主任、主持工商经济组之后。

　　徐盈先生对中国的经济问题一直有着浓厚的兴趣。他早年曾就读于河北农学院和金陵大学农林专业。三四十年代，作为《大公报》的一位名记者，他采写了大量经济新闻，如《芜湖谈米》《一个干燥的农业区》《纺织工业的复兴》《巩固工业经济国防战线》《手工业"玉碎"记》，等等，被誉为中国第一经济记者。他所编纂的《当代中国实业人物志》，至今仍每每被经济史学者所提及。六七十年代，徐盈先生在全国工商联编辑《新工商》，1979年担任全国政协文史资料研究委员会副主任。

　　近代中国工商经济史料的征集，很久以来一直是政协文史资料征集工作的薄弱环节。徐盈先生主持工商经济组的工作之后，为改变这一局面，他一方面利用自身近代经济史知识渊博和社会联系广泛的优势，积极四处联络；一方面筹备编辑工商经济史的专门刊物，以编促征。在多方努力下，1980年《工商史料》第1辑出版了，1981年出版了第2辑。自1983年起，又以《工商经济史料丛书》之名，连续出版了4辑，在这之中，徐盈老付出了大量的心血。从栏目设置、稿件组织，到史实核订、文字修改，徐盈老都投入了相当的精力。据当时曾参与其事的同志讲，有时他甚至搜集好资料请人写，自己动笔写稿救场更属常见。

我是1984年初调入全国政协文史办的。此后不久，我便开始了一段与徐盈老共处的难忘而受益良多的日子。

我进入工商经济组时，组里的工作已由征编"丛刊"转入专题史料的系统征集和编辑。徐盈老和工商经济组的几位老同志寿充一、徐绪堃等反复商议，开列了重点征集抢救的原工商经济界知名人士的名单，并制订了一系列相关选题的征集出版计划。记得当时徐盈老一再强调，一定要做好工商界"四个不能忘记"的人物的资料征集出版工作。他说，毛泽东主席在一次接见黄炎培先生的谈话中曾提到：说到化学工业，不能忘记范旭东；说到纺织，不能忘记张謇；说到钢铁，不能忘记张之洞；说到交通运输，不能忘记卢作孚。他认为，这些成功企业家的创业经历，不仅是经济研究的珍贵资料，他们的成功经验对社会主义经济建设亦有很大的借鉴作用。于是，"范旭东与永久黄""张之洞与汉阳钢铁厂""张謇与纺织工业""卢作孚与民生公司"一个个选题开始运作。当时我还是一个走出大学校门没几年的学生，虽说门出历史系，可对如此浩繁而具体的近代经济史，实在所知有限。徐盈老推荐了大量的有关书刊让我读，《中国近代工业史资料》《永安纺织印染公司》《上海民族毛纺织工业》《金城银行史料》《侯德榜》等，并介绍征稿线索，鼓励我走出去。当我与有"当代茶圣"之誉的吴觉农老人联系了一年多，终因老人年高多病而功败垂成令我懊丧万分之时，徐盈老对我说，做事都会有成有不成，不做就永远也不会成，只要努力做了的事，就没有什么好难过的。

其实，徐盈老自己也正是以这种不计个人得失、全力以赴的顽强精神来对待工作的。

大约在1985年底，《化工先导范旭东》书稿的征编工作已由全国政协和天津政协文史办联合完成，徐盈老将书稿交由我责编。这还是我第一次接触书稿的编辑工作。徐盈老给了我许多具体的指导。他教给我，编好一部书，必须有必要的知识准备，暂时的"所知有限"不可怕，但一定要在动手改稿之前多读一些相关书籍，这样才能避免把人家"对的"改"错"了。这一点给我留下了深刻的记忆，对我今后的编辑生涯产生了不小的影响，也使我获益匪浅。

正是由于徐盈、寿充一等老先生们的辛勤工作，工商经济史料的征集和出版有了很大的改观。《法币、金圆券与黄金风潮》《中国通货膨胀史》《中央银行史话》《何廉回忆录》《回忆国民党政府资源委员会》《孔祥熙其人其事》……一大批珍贵的工商经济史料图书纷纷面市。也正是由于他们的不懈努力，才有了后来的国家八五重点图书"近代中国工商经济丛书"的诞生。可以说，徐盈等老先生十来年的不懈努力，为"丛书"的产生奠定了基础。

后来，徐盈老患血栓住进了小汤山疗养院。患病期间，他还时时不忘工商经济组的工作，特地托人传话给我，希望了解工商经济史料的征集出版情况。就是在徐盈老后来病重卧床期间，他仍不时对这一工作流露真切的关怀。

那是一个春节前夕，我带着两本新出的经济史类图书和办公室的两位同志一起去看望徐盈老。老人已是记忆模糊，常常处于昏睡状态。那天，徐盈老刚刚吃过饭躺在床上休息。当我把书放在他手边、简单说明情况后，老人看上去一直茫然无神的双目，忽然放射出异样的神采。他久久地抚摸着书的封面，用含糊不清的语调喃喃："好……好……"

虽然已时隔多年，但此情此景至今想来仍是那样清晰，那样令人难以释怀……

有徐盈老十来年的奉献，政协近代中国工商经济史料的征集出版工作幸甚！我亦幸甚！

（1999年3月）

父亲徐盈

徐 东

　　徐盈，原名绪桓，1912年11月生，山东省德州市人。1934年毕业于南京金陵大学农业专修科，1938年加入中国共产党。抗日战争时期，历任上海《大公报》记者，重庆《大公报》采访部主任。解放战争时期，任天津《大公报》驻华北办事处主任。中华人民共和国成立后，历任天津《进步日报》临管会副主任、编委、主笔，副社长、社长，《新工商》杂志社编委、民族出版社编样，政务院宗教管理处副处长，1957年任国务院宗教事务管理局副局长，1963年任全国政协文史资料研究委员会副主任。系第六、第七届全国政协委员，中国作家协会会员，中国新闻工作者协会理事。著有《抗战中的西北》《烽火十城》《当代中国实业人物志》、长篇小说《前后方》等。1996年12月因病在北京逝世，享年84岁。

　　我的父亲徐盈，从事新闻工作20多年，留下了数百万字的文史资料，其中，上百篇是为人称道的各种文体的新闻作品。他在《在重庆采访》一文中，概括他们的工作，是活跃在当时的时局中心、消息的总汇、政治的复杂焦点上。父亲1937年7月与志趣相同、文笔犀利的苏州女子子冈结婚。1938年10月，二人在武汉共同加入中国共产党，遵照周恩来的指示，他们不去延安，一直坚持在《大公报》，做大后方重庆的实业界、文化界人士的统战工作。父亲历任重庆《大公报》的采访部主任，上海、天津、重庆三报社驻北平办事处主任。1949年，天津解放，徐盈又按彭真的指示，参与将天津《大公报》改组为《进步日报》的工作，任报社临时管理委员会主任。在重庆《大公报》，父亲一方面用记者采访的方式，将重庆时局、国共各方的政治军事的较量、日方情况、人民生活等问题，在民营报纸《大公报》上登出；另一方面，又将一些采集到的机要情况，单线向上级汇报。他采访到的消息，在红岩村，得到中共中央副主席周恩来、董必武的肯定及表扬。在当时有名的青年记者协会中，范长江、徐盈、陆诒、徐迈进等，都是其中的佼佼者。范长江离开《大公报》时，嘱咐徐盈、子冈不要轻易离开《大公报》，要他们注意广泛团结进步记者，协助《新华日报》打开局面。1937年秋，我父亲徐盈在山西抗日前线，访问了八路军五台山总部，采访了朱德总司令及政治部主任任弼时等，对八路军抗日战争的战略战术和坚持团结抗日的情况作了报道。其中，有对中共高级将领徐向前、聂荣臻、彭雪枫等人，及文化界人士丁玲等人的工作、生活的报道，多篇文章收入在1938年出版的《西线风云》及《第八路军行军记》中。对国统区战后北平的混乱与腐败，父亲在他的多篇文章中，都得以表现，如《十月重庆》《抗战中的中国——重庆篇》，此书已编辑成册，其中包括他抗战中走访20多个省的游记等。《宠城受降记》《北方风雪画》《北平风霜》等文，都对抗战后北平的景象作了历史性的描述。1946年5月，在北平、天津、上海、南京爆发的反饥饿、反内战的大学生运动，形成了反对蒋介石独裁政权的第二条战线。父亲在《观察》杂志上，用两篇长篇通讯，歌颂了北大、清华师生的革命行动。

解放战争时期，父亲徐盈跟随美国特使马歇尔，中共代表周恩来，国民党代表张治中，组成的军调处执行部，乘飞机飞越九省，视察各地的停战情况。他着重报道了这一重大活动，写了"从张家口说起""延安的春天""北平军调处执行部"等通讯，报道了军调部三人小组访问延安等地，会见国共双方领导人的情况。他的"从张家口说起"这篇通讯，长1万多字。这10篇通讯，后来结集成册，由文萃出版社编成《烽火十城》出版。新中国成立前夕，国民党在军事上节节溃败，中国人民解放军开始进行大反攻。在这一形势下，父亲徐盈也写了很多综述性的通讯报道。1948年秋，新中国成立前夕，国民党正面临土崩瓦解，解放战争飞速发展之时，父亲以睿智的目光，老记者独特的视角及观察力，用每天写日记的形式，生动记下了1948年12月12日至1949年1月30日北平解放前夕的日日夜夜。此书起名为《北平围城两月记》。这前后40多天的日记，从政治、经济，写到社会状况，从国民党军政要员的活动，写到北平文化界的动态，以至工厂、商店及市民生活，方方面面，皆有所触及。此书已两次出版。为了北平的和平解放，许多志士仁人在努力奔波，我的父亲徐盈及母亲子冈也在其中。他们受上级党的委托，做了大量工作，并与傅作义先生的女儿、中共地下党员傅冬成为密友。因为父亲是农科出身，又从年轻时起对中国经济发展较为关注，父亲一生还大量采访、撰写了不少经济通讯，有些是不为人关注的领域。他被人们称为中国经济报道的先行者。1938年春，他写了巩固工业经济国防战线的通讯，记述中国工业合作协会，在西北地区的成就，1939年初，他写纺织工业的复兴，通过上海三友实业社纺织厂被日寇焚毁，在后来又开工的事实，论述中国工业化的发展之路。1938年，宜昌发生了一场对抗战全局有影响的事件——宜昌盛大撤退：民生轮船公司的员工，及码头工人、纤夫们，在著名爱国实业家卢作孚等的组织指挥下，驾驶着轮船及木船，冒着敌机的轰炸，将大批文物、兵工器材，在长江枯水季节及日军铁蹄侵犯之前，转移到大后方四川。1940年，父亲在《大公报》上最早报道了这一伟大的事件。20世纪50年代，他又有《詹天佑》《詹天佑和中国铁路》等书出版问世。

　　父亲徐盈一生心系祖国和人民大众，忍辱负重，在受到不公正待遇的多年中，他隐忍而光明磊落，始终把自己放在平民百姓的位置上，淡泊名利，克勤克俭，在历史的各个时期，无愧地为人民奉献了自己的聪明才智。

（《齐鲁儿女》）

家国萦怀不计年

——纪念父亲徐盈诞辰一百周年

徐 东

《大公报》资深记者、我的父亲徐盈（1912年11月28日—1996年12月11日）离开我们已经16年了，他老人家若在世，今年该过百岁生日了。

记得1978年党的十一届三中全会后，许多干部被"拨乱反正"，恢复名誉，国家走上复兴的道路。全国政协联络处的同志在每年父亲生日时，曾带着礼品及大蛋糕来看望父亲。那时，父亲会与来看望他的《大公报》友人徐迈进、张西洛、高汾、陆慧年、吕德润及其夫人等一起合影，其乐融融，全家沉浸在温馨祥和的气氛中。

父亲徐盈在1936年进入《大公报》上海版当练习生，1938年加入中国共产党。抗日战争中的大部分时间他与母亲子冈在重庆度过。一方面作为地下党员，接受周恩来、董必武同志的直接领导，另一方面作为《大公报》的外勤记者及战地记者（后为采访部主任），写出大量质量过硬的文章在国统区发表。

当时，周恩来通过徐冰同志（后为中央统战部部长），要求他和子冈"留下来，不去延安"，在重庆"做后方的统战工作，做文化界、实业界的统战工作"。周恩来还指示他在重庆"协助《新华日报》的外勤记者打开局

43

面，在各条战线的采访工作中开辟道路。"

徐盈按照上级指示，一直在复杂的政治环境中与各方周旋，努力完成上级给予的任务。用他自己的话说，他和子冈的"工作特点是活跃在时局的中心，消息的总汇，政治的复杂焦点"上。抗战初期，他在重庆《大公报》上写各种时政报道，从抗战中期开始，他的报道重点开始转移到经济领域中。从1935年就开始写的"问题报道、旅行通讯"到关注我国农村现状调查，进而开始逐步深入分析研究我国的经济。在《大公报》上他长期发表的经济报道，对国民党时期的市场、物价、贪污腐化到粮食价格、房地产，从大沽碱厂到天津的"瑞蚨祥"，无不面面俱到。徐盈手中的这支笔逐步成为民主斗争的武器和展现社会现实的窗口。他的经济文章既有对日伪时期国民党腐败的揭露，也有对民族工业发展的赞誉和肯定，还有对我国民族实业家的宣传，对民族工业现状的思考等。

因为上级的指示及工作的投入，徐盈逐渐与当时我国优秀的民族企业家、实业界巨子范旭东、李烛尘、侯德榜和吴蕴初及孙越崎等人成为挚友。

徐盈的经济名著《当代中国实业人物志》（注：是对几十位民族实业家及他们从事的民族工业的宣传及分析），现在仍有人要求再版此书。

《北方工业》（注：是通过细心搜集由日方接收过来的工业资料汇集而成），是对当时社会工业情况的冷静分析及对日本侵略野心的一个大揭发大暴露，也是对战时经济的深刻思考。

1937年10月，徐盈按照《大公报》的安排，与一批青年记者奔赴各战区采访。他受命渡过黄河奔赴西北战场，途中遇到的南下的火车上满是达官贵人的箱子，而北上的青年却在唱着救亡歌曲徒步前进。这更坚定了他抗战的决心。

在山西，徐盈踏上五台山和其他青年记者一道访问了八路军战地总司令部。经彭雪枫将军安排，徐盈还在一片大白杨林的小楼中与敬爱的朱总司令做彻夜之谈。朱总司令"朴实如农夫，慈和若老妪，严肃似钢铁"，给徐盈讲了许多敌后游击战争的战略思想及国共两党关系问题的见解，使徐盈受益匪浅。他的名篇《朱德将军在前线》《踏上五台山》《战地总动员》等在当时都反响很大。这些报道后来汇集成《西线风云》（注：著名通讯"在西战场"也由《大公报》上海版1937年登出）。

这之后徐盈取道西安，西去兰州，沿甘新公路一直走到星星峡，考察了当时被称为"中国复兴根据地"的大西北各省战时的政治、经济状况及民族宗教的问题，写成《抗战中的西北》及多篇报道，其中，《西兰风霜》《最近的兰州》《死亡线上的喘息》《回教徒在甘肃》等篇引人深思，周恩来同志曾专门夸奖他对西北的民族宗教问题的研究有价值。

抗战中，徐盈不断为大教育家叶圣陶主办的《中学生》杂志写文章，在叶先生的支持下，他跑过中国十余个省，记下各省市的风土人情及抗战情况，这些重要报道大多登在《中学生》的《战时半月刊》上。后来叶先生将徐盈的各篇报道汇集成册，定名为《抗战中的中国》（注：此书于1943年出版）。今天看来，这是十分珍贵的历史资料。

《烽火十城》（注：也是徐盈重要的代表作之一）。解放战争时期（1946年），父亲随中共代表周恩来、国民党代表张治中及美国特使马歇尔组成的军调处执行部乘坐军用飞机飞越九省，行程一万六千里视察各地的停战情况，写出《从张家口说起》《延安的春天》《彭城走马记》《北平军调处执行部》等十篇通讯。此书让全国及世界公众了解了共产党的政绩，主张和平建国的诚意。他还用简洁的手法，描写了聂荣臻、贺龙、萧克、成仿吾等一大批中共领导者的风采。

当时，北平（北京）、天津解放后，徐盈和宦乡、杨刚、孟秋江等同志受上级指示到天津接管了天津《大公报》，他一边在《进步日报》（由天津《大公报》更名）做临时管理委员会主任，一边任国务院宗教局领导。当时他常去天津市委了解宗教改革的情况。天津较早开展了天主教、基督教、三自运动（自立、自传、自养），在他的指导下，青年记者写的天津方面宗教报道受到中央及上级的重视。

1978年十一届三中全会后，徐盈老骥伏枥，又给香港《大公报》撰写了许多文章。香港《大公报》多在"特约、专稿"栏中登出。他写地质学家李四光、尹赞勋、裴文中、黄汲清；写文学巨匠沈从文、叶圣陶；写马叙伦、蔡元培；也写艾思奇、陈岱孙……80年代他和多位作家、学者，使《大公报》的副刊园地增添生气和光彩。

80年代香港《大公报》费彝民社长来京开会，徐盈与社长、大公报友人频频举杯，欢聚一堂。母亲子冈瘫痪时，费社长还亲自批准捐赠了轮椅。

父亲是一位思想睿智、知识丰富的人，也是才华横溢的多产作家，中国作家协会会员。他热爱生育他的祖国，山山水水、沙漠河流常在他笔下流淌，民生疾苦、国家危难也总在他笔下显现。

但是很少有人知道他生命中的另一面：一个低调、平常、内心极其平静而又乐于助人的人，一个将名利、个人得失看得像鸿毛一样轻的人。

"心底无私天地宽"，在"运动"频多的日子里，他不叫苦，不喊冤，继续默默工作。有什么工作就做什么工作。无止的劳动，地位的骤降，未使他沉沦。

他善于给予，不会索取。他常常热情地帮助困难中的人找工作，以至于多少年后这些人会找到我家来，说"想看看徐盈"，"当年要不是他，我就……"2002年，业已白发苍苍的一位老人来到我家，和我这个晚辈照了相，向我们后人叙述着父亲帮他找工作的经过。在暮年还要回忆当时困苦的往事。

父亲文章好，人缘也好。《大公报》同人们都称他为"徐老大"。当年天津《大公报》的一位老记者回忆说："徐盈在1949年已经是临管会领导，可是来了新同志，他还亲自给他们倒洗脚水。"

他对朋友热情的像火一样，对社会和国家的事极其重视。他会与王冶秋先生策划怎样按照许广平女士的嘱托保护鲁迅故居，以致其中的遗物不丢失；他会在社会上辗转奔跑，帮助制碱专家侯德榜先生在公司合营的仪式上签字……对自己，却不知道参加革命时间，苦难之时也闹不清自己降了多少级别及工资……

他的智慧和精力，给了自己深爱的新闻事业和祖国；他的爱，给了社会，给了善良的人们，给了夫人子冈，也给了我们晚辈……

80年代在美国定居的《大公报》出色战地记者朱启平伯伯（名著《落

日》作者）来京时专程到我家，并立即带我去给他买下全套新被褥，说"一定要让徐老大舒舒服服地养病"。

在父亲的老屋中，挚友书画家王禹时先生的一幅字"神情既往，笑傲人生"被长久地裱在墙上。

香港著名作家曾敏之先生赋诗这样评价他：

　　　　蛰居陋巷有高贤，家国萦怀不计年。

　　　　断简残篇珍重意，拳拳都寄董狐笺。

他还说："徐老大的生命之火，曾于中国漫漫长夜中闪烁。"

是的，在生命的长河中，父亲浪险时坚毅沉着，风平时真情洋溢。他的这条船，无私、艰难而勇敢地向前行驶着、行驶着……

今年的雪花满天飞舞的季节又来到了，亲爱的父亲，在纪念您百岁生日的时候，这洁白的雪花也在为您祝福，愿您在天那边宁静安康！

（香港《大公报》2012年11月）

徐　盈：中国经济报道的先行者

徐　东　口述　吉　瑾　整理

　　我的父亲徐盈和母亲彭子冈生前都是《大公报》的著名记者，曾在新闻战线上风云一时。父亲《在重庆采访》一文中概括他们的工作是活跃在"时局的中心，消息的总汇，政治的复杂焦点上"。

　　我的父亲从抗战前夕的1936年开始进入《大公报》从事记者工作，一直到新中国成立初期。1952年，他调任政务院宗教管理处任副处长，后任国务院宗教事务局副局长，在周恩来、陆定一等同志的领导下工作。1957年，父亲曾遭遇"反右"运动的冲击，下放劳动，受尽磨难。1962年他回到北京，担任《新工商》杂志和民族出版社的编辑。1978年，他的问题被改正，不久任全国政协文史资料研究委员会副主任，兼任《人民政协报》社党组成员、编委；历任第六、七届全国政协委员，是全国作家协会会员。父亲于1996年12月因病逝世。他从事新闻工作20来年，留下了数百万字的资料，其中有上百篇是为人称道的各种文体的新闻文字。父亲不仅是一位有影响的新闻记者，他还是涉猎广泛、具有多方面知识与才干的杂家。他除了写政治、社会问题的新闻报道外，还撰写了大量的经济通讯，为时人所推崇，同时他还创作了大量的文学作品。

　　如今父亲离我而去已有10年，在无比怀念他的日子里，我希望写下一些值得记录的文字，为我国现代的新闻工作存史，同时也寄托我对他深切的哀思。

《大公报》的名记者

父亲1912年生于山东德州。他先后在保定河北农学院和金陵大学农业专修科学习，1935年毕业后在郑州陇海铁路局做过短期的技术工作。

父亲勤于思考，善于观察，喜好考察和撰写游记。他曾借在河北农学院参加实习的机会去北平、天津、山海关一带考察农林状况，写下多篇游记，发表在《大公报》主办、由王芸生和沈从文主编的《国闻周报》上。工作以后，他曾乘车沿陇海铁路巡行考察，写了多篇农林视察游记在《国闻周报》上发表。西安事变前夕，国民党当局在各地加紧搜捕共产党和进步人士，父亲因与生活书店的关系而被列入黑名单，为此他逃出郑州，潜回北平。1936年底，经王芸生介绍，父亲进入上海《大公报》馆当练习生，从此开始了他的记者生涯。

20世纪30年代中期，著名记者范长江在《大公报》上发表的旅行通讯在全国引起轰动，中国新闻界出现了"旅行调查报道"的热潮，各家报社都派记者采写旅行通讯。《大公报》更是突出这一特色。父亲初到《大公报》当练习生时就开始了他的旅行调查和采访。他从上海出发到江西，一边考察，一边写通讯特写。这一时期他的主要作品有：《"浙赣"的春天——到江西的路上》《赣东风雨》和《瑞金巡礼》等，后来他又到安徽实地考察米市和茶区。实习期间采访的成功使他在《大公报》提前结束了练习期，正式进入《大公报》任记者，并逐渐成为《大公报》采访部的主力，后来担任重庆《大公报》社采访部主任。

父亲初入《大公报》工作时正逢抗日战争爆发，凭着新闻记者的敏锐和爱国热情，他对这一历史时期中具有重大历史意义的政治事件都作了深入的采访和报道。1937年，作为《大公报》的旅行记者，他转战山东、山西、陕西等地的抗日前线。在山西五台山八路军总部他做了一个时期的随军记者，其间分别采访了朱德总司令和总政治部主任任弼时同志，在他写的《朱德将军在前线》《战地总动员》两篇通讯中，较早地公开报道了抗战初期八路军的战略战术和群众工作的经验。除了介绍解放区的情况以外，他还对徐向前、彭雪枫、丁玲等一些中共的将领和文化人士作了生动的报道。《大公报》的这些宣传报道向国统区的群众介绍了共产党和八路军的真实情况。此间，他还担任了中华全国文艺界抗敌协会理事。之后，他考察了当时被称为"中国复兴根据地"的大西北的各省政治经济状况和民族宗教问题，写了《抗战中的西北》一书。此书被收编在范长江主编的《抗战中的中国》（生活书店于1938年出版）丛书中。

父亲曾采访过国内各方面的重要人物，其中既有孙中山的夫人宋庆龄，也有新疆的军阀盛世才，他们都是很少接受记者采访的人物。

我的母亲和父亲因同是《中学生》的投稿人，又同是邹韬奋"生活"读书会的会员而相识相知。他们志同道合，于1937年结婚。婚前他俩曾经以记者的身份一起沿着江西老苏区去旅行考察，写通讯报道。1938年，他们准备到延安去学习，但范长江在被迫离开《大公报》前曾嘱咐我的父母不要轻易离开《大公报》，并要他们注意广泛团结进步记者，要他们到重庆后协助《新华日报》打开局面。周恩来也指示他们留下来做大后方的统战工作，所以父母就留在《大公报》，继续任记者。他们经胡绳介绍于当年10月双双加入了共产党。从此后，他们一直受党的领导，长期作为地下党员在《大公报》隐蔽政治身份从事记者工作。

如果说父亲以前只是一位爱国青年和有进步思想的记者，而自从1938年加入共产党以后，他就成为一名有组织的坚强战士了。民办的《大公报》是以"不党、不卖、不私、不盲"为宗旨的一份报纸。而从1939年起，父亲接受党的指示，利用工作之便秘密做文化界和实业界的统战工作，直至全国解放才告一段落。抗战胜利后，父亲告别重庆，回到北平，任天津《大公报》驻北平办事处主任。

解放战争时期，父亲跟随由美国特使马歇尔、中共代表周恩来和国民党代表张治中组成的军调处执行部飞越九省视察各地的停战情况。他着重报道了这一重大活动，写了《从张家口说起》《延安的春天》《北平军调处执行部》等通讯，报道了军调部三人小组访问延安等地会见国共双方领导人的情况。在这些文章中，他比较巧妙间接地介绍了解放区的风貌和共产党的政绩，宣传了我党我军争取民主统一的决心，也同时揭露了国民党反共的伪善面目。他的《从张家口说起》这篇通讯长达一万多字，在其中的《张家口人物速写》部分里专门介绍了聂荣臻、贺龙、萧克、成仿吾、丁玲等10位解放区的著名人物。这10篇通讯后来结集成册，由文萃出版社编成《烽火十城》出版。全国解放前夕，国民党在军事上节节溃败，人民解放军开始大反攻。在这一形势下，父亲也写了很多综述性的通讯报道。

从红军撤退后对江西苏区的采访，到抗战时期、解放战争时期写的通讯报道，父亲在新闻界逐渐成为风云一时的记者。1947年，在储玉坤著的《新闻学》中曾对父亲有这样的评价：写战地通讯以《大公报》的范长江、徐盈，《新华日报》的陆诒，中央社的曹聚仁最为著名。

1949年2月，天津《大公报》改名为《进步日报》重新出版，父亲和共产党员杨刚等人为临时管委会成员。

中国经济报道的先行者

1938年底，武汉失守，《大公报》迁入四川，于12月1日重新发刊，父亲任采访部主任。

抗战初期重庆的《大公报》几乎每天都有父亲写的各种时政报道。从抗战中期开始，他的报道重点开始转移到经济领域。

20世纪三四十年代，我国的经济以农业为主，工业落后，科技、教育也不发达。新中国成立前熟悉经济的记者不多，所以关于经济的新闻报道极少，新闻报道大多偏重于时政和社会新闻。父亲在中国新闻史上的贡献就在于他是重视经济报道的先行者。

父亲从学生时代就开始实地考察，加之农学院学习的专业特长和实习中旅行游记的历练，使他从关注我国农村现状调查开始写经济通讯，进而逐步深入、系统地报道和分析研究经济问题。

父亲的经济通讯带有时代的特色和历史的纵深感，他具有报人不怕死的铮铮铁骨，将手中的笔作为进行民主斗争的一种武器。他把经济通讯作为一个展示社会现实的窗口，以此反映国民党统治的经济现状，并揭露社会政治制度的腐败。原天津《大公报》的一位老记者曾评价说："徐盈于国民党统治时期在《大公报》发表的多篇文章都反映出他是最早的反贪标兵，揭露了国统区的许多贪污腐败现象。"

早在1935年，父亲就为《国闻周报》写出了长达一万字的通讯《滦榆问棉记》，对当时国内的主要产棉区——冀东的滦县至山海关铁路沿线地区的棉花生产销售情况做了深入的调查和报道。文中指出了滦榆地区在我国棉花生产中的重要地位，分析了棉农由于不懂保护与改良棉种而致影响生产和出口的问题。从1936年起，他的很多农村视察游记在《国闻周报》上连续发表，如《死亡线上的喘息》《饥饿线上的农村旅行》等。他经过考察，在1936年第13卷第39期的长篇通讯《内陆沙漠》中，反映了黄河故道沙漠化危机的情况，指出只有重视运用农业科学知识，沙漠才能改良，农业才能发展。1937年，他看到在稻米丰收的年头，米市却不景气，他为上海《大公报》写了《芜湖谈米》的通讯，尖锐地指出"自从洋米来了，这里就没有交易"的原因。在《皖南看茶记》中，他揭露了封建豪绅勾结外国侵略势力对民族经济的摧残。同年，他还给《国闻周报》写了记述从郑州以西到潼关农村干旱情景的《一个干燥的农业区》的通讯。其中有一节作为游记的范文还选入叶圣陶编著的《文章例话》（开明书店1937年2月出版）中。

此后，他的采访视野由乡村随即扩大到重工业、轻工业和手工业的各个行业。1938年，他写了《巩固工业经济国防战线》的通讯，记述中国工业合作协会在西北地区的成就。1939年，他写出《纺织工业的复兴》的通讯，通过上海三友实业社纺织厂被日寇焚毁又在后方开工的事实，论述了中国工业化的发展道路。

父亲非常关注民族实业家的经济状况。他在重庆《大公报》上发表《满怀兴奋看船坞》的通讯，热情歌颂了民生公司造船厂的建设和发展，赞扬了民族资本家对发展工业的贡献。谈到民生公司，他还是最早报道宜昌大撤退的记者。在抗日战争的艰苦岁月里，宜昌发生了一场对抗战全局有重大影响的事件——1938年宜昌大撤退。在日本侵略军进攻面前，宜昌民众，尤其是民生轮船公司的员工和码头工人、纤夫、船员们，在著名爱国实业家卢作孚的组织指挥下，驾驶着轮船和木船，冒着敌机的轰炸，将大批人员、大量文物和兵工、器材抢在长江枯水季节和日军铁蹄侵犯之前，全部安全转运到大后方四川。著名平民教育家晏阳初将宜昌大撤退喻为"中国实业界的敦刻尔克"。父亲在《新中华》复刊号上撰文记写宜昌大撤退，文中写道："中国的敦刻尔克撤退的紧张程度与英国在敦刻尔克的撤退并没有什么两样，或者我们比他们还要艰苦些。"父亲还通过深入调查撰写过《中国的工业——滨海工厂是怎样迁厂的》一文，发表在1939年3月11日的《大公报》上。

日本投降后，1946年父亲返回北平。他从别人不在意的杂乱报纸中收集日方的经济资料，经过整理后写出了《北方工业》的一组通讯，文中深刻地分析了日本在华北的经济问题，同时揭示华北的资源和工业潜力将成为中国产业革命的重心。1947年至1948年，他连续发表了《一个黄金时代的错过》《水泥没有出路》《手工业"玉碎"记》《在两大化工集团之间》《一个重工业建设的梦——记孙越崎九出山海关》等综述性通讯。1948年他写下新中国成立前的最后一篇通讯《哪里是工程师的用武之地》，从经济的角度分析了国民党蒋家王朝的统治已经面临崩溃瓦解的原因。

父亲的经济通讯和对经济界人士的报道不仅成为《大公报》和新闻界的一个新视点，后来也逐渐形成《大公报》的一大特色。1952年上海《大公报》遇到困难，毛主席在中南海接见《大公报》总编辑王芸生，给予《大公报》极大的支持。毛主席指示《大公报》北迁天津与《进步日报》合并，仍叫《大公报》在北京出版，由中宣部领导，坚持以财经宣传、国际宣传为重点。对此，《经济日报》前身《中国财贸报》的老报人曾对我说，这是与《大公报》几十年来一直以很重要的篇幅刊载经济报道分不开的，也是与徐盈在其中的贡献分不开的。因为徐盈与实业界人士有交往，是当时国内唯一的优秀经济记者。他在与经济界、实业界人士的往来中与他们建立了深厚的关系和感情，为《大公报》和经济界、企业界起了很好的沟通与桥梁的作用。《大公报》以前是以政治和社会问题为主要报道内容，而徐盈在其中所发挥的作用对《大公报》侧重于经济报道打下了基础。

原天津《进步日报》党组成员、北京《大公报》党委书记兼副总编李光仪还向我介绍了一个事例：1946年，他在《大公报》上曾经看到不止一篇由父亲撰写的有关国民党政府邀请美国专家沙凡奇对治理三峡水坝考察的报道。当时，由于父亲以报道经济新闻著称，所以他被《大公报》派往陪同沙凡奇到三峡做实地考察。父亲的这些经济新闻报道正是这段历史的真实记录。

王禹时和我的父亲曾是在《人民政协报》工作时的同事，他们对桌而坐，经常一起交谈。王禹时在文章《送徐盈，忆子冈》一文中记述了他们当时交谈的情况："我和盈老相坐时，话题谈过佛学、道学，由于他长期在《大公报》从事经济报道，所以他更多的是谈经济，尤其是新中国成立前国民党时的企业家、市场、物价、贪污腐化等。从每斤小米到房地产，从天津的大沽碱厂到北京的瑞蚨祥，真是如数家珍。而在这方面的学问，正是我所欠缺的。"

20世纪80年代，父亲自担任全国政协文史委员会副主任以来一直在工商组工作。他出谋划策，提出过许多很好的建议。特别值得一提的是，他主持出版了四期《工商经济丛刊》，为后代留下大量有价值的近现代中国工商经济史料。

华裔旅法中国经济史学者、法国经济史专家白吉尔的学生萧小红女士在研究中国的经济史后评价说："《大公报》有两个人的功底很深，一个是徐铸成，一个是徐盈，徐铸成偏重于政治，徐盈偏重于经济，是中国最好的经济记者。"

学者型的记者

报业同人曾评价母亲是一位锋芒外露情感型的记者，而认为父亲是有理性认识和深度研究型的记者。父亲虽是在新中国成立前的民办报社做记者，但他不像其他一些记者那样囿于当时的局限只写社会上的刑事犯罪、民事纠纷和八卦花边趣闻。他专注于人民的疾苦和社会的变革，尤其重视对于经济问题的报道。因此，他是一位比较早就侧重研究社会经济的学者型记者。

1937年，他在考察大西北各省政治经济状况和民族宗教问题后写出《抗战中的西北》一书。周恩来曾对此书有很高的评价，认为对西北的民族、宗教问题的研究很有价值。

在采访和调查中，父亲特别关注那些经济界、实业界和科技界人士对经济发展的作用。他和很多著名的经济界人士的关系都超过了记者与被采访者的关系，成为知心的朋友。通过他的沟通和交流，有好多实业家、科技专家和共产党建立起联系。因此，他也积累了大量中国经济的发展史料。从1943年起，他在《大公报》《客观》等报刊上陆续发表了实业人物的特写数十篇，后选出一部分编为《当代中国实业人物志》一书由中华书局出版。这些人物有著名的民族实业家，如范旭东、卢作孚、胡厥文、吴蕴初等；有著名的科技专家，如侯德榜、茅以升、赵祖康等。父亲对他们的爱国情怀、创业经历和专业成就都作了翔实的报道。

《法制日报》的副主编常少扬先生，1985年在社科院攻读新闻学研究生时曾经阅读了有关父亲的大量资料并重点研究了他的经济通讯，最后以《论徐盈的经济通讯》为题完成了他的硕士论文。在论文中他肯定了父亲在经济通讯写作方面的突出成就。他写道："徐盈在其新闻记者生涯中着力最多成就最大最能代表其新闻作品特色，并给他在社会上和新闻界带来更大声誉的则是他的经济通讯。"在《中国近代名记者》（复旦大学出版社）一书中有关"徐盈"的章节也是由常少扬先生编写的，并给予了同样的评价。

原《大公报》记者钱家骏先生在《新闻人》（天津社会科学出版社）一书中也撰写了关于徐盈的内容，其中的一节就以"中国第一位经济记者"为标题概述了徐盈的经济通讯报道。

父亲经常告诫年轻的记者同行说，做记者必须具备两项才能：一是要能"全身带钩"，一是要会"串糖葫芦"。所谓"全身带钩"就是在对某一事件采访时要以高度的嗅觉发现、钩出另外的新闻线索来。父亲笔下的许多新闻都是这样链接出来的。所谓"串糖葫芦"，就是要勤于记录、积累资料。采访时不仅要记下与采访有关的内容，还要把其他有价值的资料全部记下来，以后写其他文章时，尽量把过去积累的有关内容贯穿起来。我看到父亲在写文章时，总是坐在家中案前笑眯眯地思考、构思，那其实就是他在融合以前的资料，又在酝酿一篇新的好文章。

具有多种创作才华的记者

父亲不仅是一位知名的记者，还是一位多产的作家。他喜欢写作，从高中时就开始了文学创作活动。1932年，他就与"左联"青年金丁（汪金丁）一起创办革命刊物《尖锐》。他在叶圣陶主编的《中学生》杂志上发表了多篇文章。在叶圣陶的指导下，他考察了许多省份，并把考察结果写成文章，后结集成册起名为《抗战中的中国》（此书与范长江主编的 · 套丛书同名）。他在"左联"时期、抗战时期还陆续发表了小说《粪的价格》《七月流火》《口供》等，其中结集出版的有《战时边疆的故事》《苹果山》《前后方》和《新聊斋》等。他还创作过电影文学剧本《青梅竹马》。至今，我家里还珍藏着他早期散见于各种刊物中的小说和单行本的小说集。他生前曾有一部作品《鸡犬豕》，即是用小说的形式讽刺国民党内部的黑暗，很多友人读后都大加赞许。有时我读着父亲的这些作品，常感受到他在动荡岁月中除记者报道之外的另一份才情。

20世纪80年代，父亲于70高龄时曾给香港《大公报》撰写了不少回忆文化、科技界人物的文章。其中有《华北油田行》《杨振宁、钱伟长、宦乡谈四个现代化》等文，另外，还有专门记写李四光的《石头记》（上、下）等。

为了积累资料，父亲坚持写日记。有时他的一篇日记就是一篇好文章。父亲一生淡泊名利，默默笔耕。无论在什么情况下都一如既往地关心国家的政治经济状况，这一点可以在他的日记中看出。父亲一生留下日记近30本，可谓日记等身。在他的日记中很少个人私事、琐事，其绝大部分的内容记录的是在各个历史时期的重大社会问题和重要事件。在新中国成立前夕的北平围城期间，他写自1948年12月12日到1949年1月30日的日记就生动、逼真地记录了这一时期中北平社会各方面的状况。中共北京市委党史研究室根据父亲的这段日记，于1992年整理出版了《北平围城两月记》一书。编者在附记中写道：这不是一般当事人普通的日记，"而是以日记的形式，从各个侧面真实地反映了在那关系着北平这个近千年古都及其200万人命运的40多个日日夜夜中所发生的一切。"我对父亲的这本书感情极为深切，因为我本人就是在北平解放前夕的1948年10月在灯市口《大公报》办事处宿舍出生的。当时国民党搜捕《大公报》，还带走了父亲，幸好后来化险为夷被放回。如今我时常翻阅这本小册子，抚今追昔，在感受当年于炮声隆隆中新中国诞生前的历史震撼的同时，也使我更加深深地怀念父亲。

如今，值得告慰父亲的是，虽然他离开我们多年了，仍有许多人怀念他、敬重他，并且还有人专门研究他对我国现代新闻史的贡献。上海档案馆研究员陈正卿先生在多年对父亲资料的整理和研究的基础上，正在为我的父亲母亲编写一本几十万字的《徐盈、子冈传》，书中所选父亲的各类文体共约90篇文章。书中前言写道："这其中所选的文章，并非最能代表他的成就和风格，更不能称作他的几百万字著述中最优秀的部分，但能基本反映出他的新闻写作的历程。并且这一历程，又是紧贴住过往的那个伟大时代脉搏的，而我们今天还能从中获得教益和参考，这已是对他最好的纪念了。"

（《纵横》2007年第4期）

三家"抗战饭店"

徐 东

　　我父亲徐盈为20世纪30年代《大公报》知名记者，抗战八年中与夫人子冈生活和战斗在重庆。抗战中他们曾亲聆沈钧儒、邹韬奋等人的教海，受益匪浅。我在与父亲长期共同生活中听他讲到过不少抗战期间的故事，颇有趣味，现奉献给读者。

　　抗战时期，被称为"大后方"的重庆良庄一带有三家所谓"抗战饭店"，来吃饭的人吃得坦然，招待吃客的主人处之坦然，以"抗战"为话题互相切磋，革命情谊交融座间。

　　重庆良庄名为三层，实则二层。一层是两名银行职员居住，二层住的是"救国会"主要负责人、著名爱国老人沈钧儒先生和王炳南夫妇；三楼很狭小，有如上海的亭子间，通常是熟客来访谈晚了临时去过一下夜。沙千里、张申府都曾在三楼住过，沈钧儒先生之子沈叔羊也是在三楼上结婚的。

　　尽管"七君子"之一的沈钧儒先生那时年事已高，但他和王炳南两家过往的客人都非少数，对山南海北的来客十分欢迎，茅盾夫妇是沈家桌上最早的客人。《大公报》著名记者范长江做了沈家女婿之后，来客更多，大半是从昆明联大来看望"救国会"领导人的。王炳南夫妇也有不少客人，但凡是革命同志通常会挤到沈老的饭桌上去，因为王夫人安娜是德国人。沈老每餐都不择粗疏细嚼慢咽并利用较长的吃饭时间与客人谈话，客人得此机会，能够从容商谈并立获反应，此乃来客多之原因。沈老饭桌上备有字条，随时用铅笔把群众提的有关问题记下来，作备忘录。他们有时谈到深夜就搭铺留宿。其实沈老的家就是各种进步力量的聚合点。

沈府饭桌上，来客常将自带食品献出，供沈家及其他宾客分尝。"有饭大家吃"是沈家饭店形成的一种好风气。

当时，黄炎培、邹韬奋、史东山、应方卫等各界名人都住在良庄附近，可以说，良庄是当时重庆的政治、文化中心之一。

1938年秋末，我的父母亲徐盈、子冈随《大公报》来到重庆。早在1936年春，子冈就在邹韬奋先生起用下，写出了描写鲁迅出殡的采访《伟大的伴送》和描写七君子被囚苏州监狱的文章。后来他俩不断在《大公报》上发表的大小文章和评论，都已引起沈老的关注。他十分喜爱这两个敢说敢闯的年轻记者。最初他们居住在城市边缘地带的百象街，因处在郊区的编辑部与住所相距甚远，又因重庆经常处在被轰炸状态（他们的第一个孩子也死在轰炸之中），徐盈、子冈在一两年内反复迁居，当他们的第四个住所被炸成一片瓦砾之后，沈钧儒先生伸出了援助之手，让他俩搬进良庄，搬进沈老自己不满十平方米的客厅，一住数年。

以后，父母亲有幸在斗争复杂的大后方"近水楼台先得月"，常常听取沈先生及邹韬奋先生等人的教诲。他俩也正是利用在《大公报》的优势，巧妙地与敌人周旋，将抗战的重要新闻和资料适当在《大公报》上发表，让大后方的群众尽快得知抗战前线的消息，这大大锻炼了他们的新闻敏感性和对敌的斗争技巧。

当然，沈钧儒先生对他俩多年的教诲，他的深刻思想、高洁的品格和慈祥的为人使他俩永生难忘。

久在"新生活运动会"和"伤兵之友会"做革命播种工作的阎宝航先生同时也是抗战的"东北救亡总会"的领导人之一。东北籍的名人多，过往重庆的客人也多，但不少人是吃了上顿不知下顿在哪里。而"新运会"当时办有公开大众食堂，提供廉价的"自助餐"，这又是一所为大众服务的"抗战饭店"。阎老不仅向同乡中的求助者赠送饭票，同时也在自己家中招待客人。阎家的房子较宽，设备较好，这是因为他为当时的国民政府做涉外工作的缘故。他家的饭桌总是座无虚席，在外有"阎家小店"之称。这个"小店"也使一大批被国民党通缉的革命者有了藏身之地。住在阎家的常客中有高崇民（新中国成立后曾任民盟中央副主席）、于毅夫（新中国成立后曾任吉林省副省长）等，此外还有不少学术界知名人士。新中国成立后，阎老主持全国政协文史委员会东北组史料征集，我父（父亲60年代起在全国政协文史委工作）与阎老相对而谈，问他：如将住过"阎家小店"的客人列一名单，必有不少能上"史"的人物？阎老微笑着点头。

还有一位祖籍是河北昌黎的企业家杨扶青先生。他抗战中期在桂林办过供应点，天天有几桌便餐，成为供应革命群众的又一家"抗战饭店"。杨扶青是李大钊的学生，在办"乡镇企业"（罐头工厂）失败之后，又开办了一家营造工厂，赚的一部分钱便拿出来"结交天下革命好汉"，吃光用净。新中国成立后，杨先生曾任中央农业部副部长。

这些"抗战饭店"虽小，却帮助了千千万万的抗战志士，也使"大后方"及时得到了来自全国各地的抗战消息。像我们的前辈这样广交朋友广结善缘，无疑，这有助于早日取得抗战的最后胜利。

坐在轮椅上的父亲

徐　东

一座古老胡同里的古老院落，安静，仿佛总在悄悄讲述着两位老人的故事……一位老人叫徐盈，是我的父亲；另一位老人叫子冈，是我的母亲，这里是他们生活和写作40多年的老宅。

母亲子冈在六年前已经去世。现在，父亲又坐在那里，坐在母亲生前坐过七年多的轮椅上，双目凝视前方，一双睿智的眼睛透出生命的坚毅与执着，似乎想得很多，也很远……

1987年，在母亲患病后的最后一年，父亲也开始感到头晕，右腿不听使唤——他也与母亲同样，患了脑血栓病。父亲对全身瘫痪的妈妈，倾注了全部的爱与关怀！在外交部工作的舅舅曾翘起大拇指说："徐盈真了不起，一辈子不会照顾人，现在一口一口地给二姐喂香蕉和粥……"我们子女听了极为感动。

作为当年《大公报》的两位名记者的徐盈与子冈，既是情深意笃的伉俪，又是风雨同舟的战友。他俩从30年代开始，出于爱国正义感，在叶圣陶先生的提携下开始写作并参加了中国共产党。历经抗日战争、国共谈判、祖国解放、新中国的建设等一个个历史进程，也共同经历了"反右""文革"等"运动"。有一段时期，他们在湖北沙洋全国政协五七干校的田野上挑担、拔草、轰鸟。粉碎"四人帮"，他们得到平反，又一同参加了第四次文代会等重大活动。他们携手并肩、风雨相依。从重庆《大公报》采访部的年轻知音，经过风暴、经过沟坎，走到20世纪80年代，情深似海，不离不弃。

1988年初，母亲先走了。接着，父亲由于健康原因，行动不便，领导上送他去小汤山疗养院休养，在那里，77岁的父亲面对墙壁的寂寞，带着失去子冈的刻骨铭心的孤独与痛苦，默默无言地艰难地练习走路。他是多么希望自己能站起来继续工作啊！他每日用心学习书报，用病后歪歪扭扭的字体给政协文史委经济组写改进意见及未来工作设想，并让我把这些交给政协领导。他还经常对《人民政协报》的一些文章写出感想寄给报社负责人。

全国政协的领导及同志们对他很关心。他30年代的好友、全国政协委员汪金丁教授在一篇文章中写道："子冈逝后，徐盈也病了，我真不知道徐盈在怎样打发这段艰难的时光……"其他老友吕德润、高集、高汾、张启宗、李希泌等也常常探访或打电话问候。同他一起办过人民政协报的王禹时先生还将亲笔书写的"神思既往，笑傲人生"的条幅，挂在父亲的床头，父亲对这八个大字常常抬起头注视一番，脸上随之露出欣慰无悔的微笑。

父亲在这病痛难熬的日子里，耐于寂寞，刻苦奋发地度过一天又一天的漫长时光。这时，我才深刻认识到父亲是一位顽强深沉的人，是一位能够把痛苦埋在心底而脸上总带着谦和微笑的人，是一位勤于工作的人。

父亲自1933年参加"左联"后，就没有停过手中的笔。年轻时，他曾迈开记者的双腿，跋山涉水去全国各地，尤其是去江西一带红军走过的路线，考察民情，采访新闻。抗日战争中他和母亲的新闻报道是指向国民党反动派及日本帝国主义的利剑。他一生涉猎研究的领城很多，如政治经济学、历史、佛学、文学、农学等等。他一边采写新闻，一边研究并认识了许多当时的民族资本家，大企业家，学者，有贡献的知识分子，如制碱专家侯德榜；化学家、企业家范旭东、李烛尘；大企业家卢作孚，农业专家沈宗瀚等等。他研究报道了他们并把其中一些名人业绩写成专著，以供后人学习研究。父亲还把当时"北方沦陷"后的这些企业家以及企业内部的发展及矛盾，当时"内地"的国计民生情况，写成真实的分析报道。我想，在改革开放经济腾飞的今天，比较一下过去与今天的企业家，企业的产生与发展的异同，翻翻这些过去的资料文献，对今后企业及国家的发展，也能有所借鉴吧。

两年前，四川红岩纪念馆的同志来了解重庆曾家岩五十号的情况及天津来人了解企业家李烛尘的情况时，父亲还坐在轮椅上与来人笑眯眯地侃侃而谈，说明他掌握的东西于今还是有用的，他也愿再尽一份为党的事业竭尽己力之心。曾家岩五十号，这是抗战中周恩来及董必武同志工作的地方，也是父母躲开特务监视去听取指示的地方，他怎能不记忆犹新呢？

现在，父亲虽精神欠佳，但不糊涂。常常坐在轮椅上，靠着吃饭的圆桌，翻阅他喜爱的报纸、期刊及范旭东、缪公台、范长江等人的书。有时则静坐在轮椅上，温煦的阳光从窗外射进来，照着他那坚毅清瘦的面孔，就像当年母亲子冈坐在那里一样。有时他会从窗户里仰望那天上变幻的白云，有时他会紧盯住这个古老宅院中的一草一木。待傍晚，有时"最佳精神状态"来临，他则摸一摸小外孙的小脚丫而哈哈大笑，笑得坦荡开怀。

就这样，父亲坐在轮椅上，静静的，静静的，与他周围所及的一切交换着生命，交换着情思。他只有沉思，没有无奈；只有欣慰，不曾悲哀……

（《人民政协报》1994年10月6日第4版）

父亲徐盈诞辰100周年祭

徐　东

我的父亲徐盈是中国新闻史上享有盛誉的《大公报》名记者，抗战时期曾任重庆《大公报》战地记者、采访部主任等职务。他留下许多珍贵的新闻及文学作品，可以作为历史资料来研究。

父亲1996年11月去世，他离开我们至今已有16年。

一、坚决执行党的指示

1945年，当毛泽东同志去渝（重庆）参加国共和谈尚未成功时，徐盈及子冈（我的母亲）奉上级指示去北平（现在的北京）参加创建《大公报》驻北平办事处的工作。于是他们告别战斗生活八年之久的山城飞赴北平（京），根据党的指示，在那里徐盈担任了天津《大公报》驻北平办事处主任一职。

1949年1月初天津解放，徐盈接到新的工作任务。在一个寒冷的清晨，他绕道土路甚多的北平城外，辗转到达，从一个农村的小土屋里迎来了彭真同志，他将来自上级党的指示郑重传达给徐盈，要他立即奔赴天津与杨刚、宦乡等人组成天津《大公报》临时管理委员会。1953年，上海《大公报》与

《进步日报》合并，徐盈后来也走向新的行政领导岗位（他被任命为国务院宗教局副局长）。这个时期，他一边干行政领导工作一边仍关心着天津《大公报》的工作。在那里写下了不少重要的经济论述为后人们所称赞。

徐盈从事新闻工作20余年，留下了数千万字的文化资料，其中上百篇是为人称道的各种文体的新闻作品，他自己在《在重庆采访》一文中概括他们的工作特点是活跃在"时局的中心，消息的总汇，政治的复杂焦点"上。

徐盈1937年与文笔犀利的苏州女子彭雪珍（子冈）结婚。1938年10月，两人在武汉同时加入中国共产党，并共同以重庆《大公报》记者及地下工作者两种身份在重庆生活和战斗。

徐盈入党后周恩来同志向他传达了上级指示，不去延安（他俩当时坚决申请去延安）坚持在《大公报》做大后方重庆的实业界、文化界人士的统战工作。这也是徐盈后来对重庆工商业、民族工业和企业家较为熟悉的原因之一。

周恩来同志十分关心"青年记者协会"的工作。1939年春，由武汉迁往重庆的《新华日报》及《大公报》相继复刊。同年，周恩来通过徐冰（后为中央统战部部长）向徐盈、子冈传达指示，要他们带动《大公报》及《新华日报》的外勤记者，在采访中打开局面。徐盈积极努力去做了，他在当时复杂的政治环境中与各方周旋，争取和团结了一批进步记者，与其他战友一起共同突破。

徐盈及好友范长江、陆诒、冯英子、徐迈进、刘述周等人都为青年记者协会的成立做了很大贡献。1942年，青年记者协会总会被国民党反动派非法封闭之前，赢得了时间为"国际新闻社"组织了大量抗战救亡稿件。出版了教育青年记者的期刊，《新华日报》通过青记会员深入群众，组织了越来越大的通讯网。

1940年，一个意外的发现让徐盈、子冈高度警觉：他们从《大公报》元老之一的张季鸾身边的人那里得知：张参与蒋介石的某些机要事务，包括后被日本特务今井武夫称为"桐工作"的中日战时秘密和谈。张还奉蒋指示于1940年11月间到香港与日军代表见面，探询在日本全面撤军和不承认汪精卫政权等条件下妥协停战的可能性。

徐盈、子冈获悉后意识到这是一个重要的政治动向，于是徐盈便径直去曾家岩周公馆汇报，周恩来、董必武同志接待了他，并对徐盈说："很好，你要多交朋友"，徐盈受到了深切的鼓舞。他在重庆的工作更上一层楼。

徐盈一方面做上级交给的工作（活跃在时局的中心），一方面作为一个称职的采访部记者，他采写了大量与时代密切相关的新闻稿件。

1937年，抗战刚刚爆发，他带着新闻记者的敏感和爱国热情，"腿勤、笔勤"地采访八路军在山西五台山的抗战总部。对朱总司令、任弼时、徐向前、彭雪枫、丁玲等将领及文化人士做了生动真实的采访及报道。经彭雪枫将军的安排，他还在五台山一片白杨林的小楼里单独与朱总司令做彻夜之谈，他聆听了这位"朴实如农夫，慈和若老妪，严肃似钢铁"的朱总司令阐述的敌后游击战争的战略战术及国共两党关系等问题的态度。

这一时期，他写了《朱德将军在前线》《战地总动员》《踏上五台山》《访八路军总部》《五台山夜话》等文为后人称颂。他善于描写西北战场，这一时期他还写了《西战场的一角》《两度过太原》等。

徐盈正是通过《大公报》上相继发表的这些文章，向国统区的群众介绍了共产党和八路军的真实情况。这个时期，他已担任了"中华全国文艺界抗敌协会"理事。

他的一些报道后来编入1938年出版的《西线风云》《第八路军行军记》《平汉前线》等书中，单行本《抗战中的西北》也于1938年出版，那是徐盈以记者身份考察了被称为"中国复兴根据地"的大西北各省政治经济及民族宗教等问题后写成的。周恩来同志曾专门夸奖他对西北的民族宗教问题的研究有价值。全书内容真实，文字朴实，分成"西北大序（代序）""西兰风霜""最近的兰州""死亡线上的喘息"等七大部分。

二、中国经济报道的先行者

抗战初期，重庆《大公报》几乎每天都有徐盈写的各种时政报道，有时是一天几篇，也有时是"旅行通讯"或"一句话新闻"，从抗战中期开始他的报道开始转移到经济领域中。他认识到：当集中了我国工业70%的沿海地区沦于敌手后，能否在基础薄弱的内地重建工业基地，以支持长期抗战，这才是夺得最后胜利的关键。于是，他用手中这支笔将经济报道、经济通讯作为展现社会现实的窗口，作为民主斗争的武器。他的经济文章既有在日伪统治时期对他们的揭露，也有按上级指示，对民族工业的爱护和团结；既有对民族实业家的赞赏和肯定，也有对民族工业现状的调查和思考。在国民党统治时期，他用调查反映当时的国家经济现状来揭露社会政治制度的腐败。原天津《大公报》一位老记者评价说："他的许多文章揭露了国统区的许多贪污腐败现象，他早就是一位反贪标兵。"

在《四川的四川》一文中，他写道：当千辛万苦有货出世时"虚盈实税"对工业资本的桎梏重重，不能不使人叹一口长气。当然，"虚盈实税"的根子是国民党的通货膨胀。

徐盈对国民党压制民族工业政策的揭露也极为深刻。1939年，他写出《纺织工业的复兴》的通讯，通过上海三友实业社纺织厂被日寇焚毁又在后方开工的事实，论述了中国工业化的发展道路。

1946年日本投降后，徐盈自重庆返回北平工作，他从别人不在意的杂乱报纸中收集整理日方的经济资料，把日本在华北的经济问题经过整理后写出了《北方工业》的一组通讯，文章深刻地分析了日本在华北的经济问题，抨击了日本在华的侵略行径，同时也揭示了我国华北的丰富资源和工业潜力将成为中国产业革命的重心。1948年，他写下新中国成立前的最后一篇通讯《哪里是工程师的用武之地》，从经济的角度分析了国民党蒋家王朝的统治，已经面临崩溃瓦解的原因。

徐盈还根据上级关于"做工商业者、实业界统战工作"的指示，他的采访视野由乡村扩大到重工业、轻工业和手工业的各个行业。并非常关注民族实业家的经济状况。他用《满怀兴奋看船坞》的通讯热情歌颂了民生公司造船厂的建设和发展，赞扬了民族工业对发展祖国工业的贡献。1938年，在著名爱国实业家卢作孚先生的组织指挥下，船员纤夫们冒着敌机的轰炸，在日本侵略军进攻前将大量人员器材安全转移到大后方四川，这一创举也是徐盈最先撰文发表报道于《大公报》上。他在《新中华》复刊号上又撰文记写宜昌大撤退。文中写道："中国的敦刻尔克撤退的紧张程度与英国在敦刻尔克的撤退并没有什么两样，或者我们比他们还要艰苦些。"

1939年3月他撰写的《中国的工业——滨海工业是怎样迁厂的》一文中写道：这是"中国工业上的敦刻尔克"[①]，是"血与泪交织成的大场面"。1938年徐盈还出版了著名的写中国民族实业家的专著《中国实业人物志》，至今此书为不少人称赞并要求再版。

---

① 指同英国的敦刻尔克大撤退。

对徐盈《烽火十城》的评价

姜德明

《烽火十城》，徐盈著，1946年6月北平文萃社出版，由西长安街的中外出版社总经售。所谓文萃社，实际只是当时代印上海《文萃》北平版的一位同志经营，得到了军调部中共办事处的支持。徐盈先生是《大公报》名记者，当时与夫人子冈在《大公报》驻北平办事处工作，这是他的一本报告文学集，或者说是他在抗战胜利后新写的一部特写、通讯集。徐盈于抗战前在报界就享有盛名，他长期从事新闻工作，又没有放弃过小说创作。他的文学修养是一般记者中少有的。同时他还进行过某些专题研究，如对中国著名实业家的考察和研究，等等。这样，他又成为一位富有学人品格的新闻记者。然而，他主要还是写报告文学。这固然是职业的需要，说到底是时代的需要、革命的需要，因为徐盈首先是一名共产党员。抗战初期，他同子冈已是地下党员了。后来在重庆为党做了大量工作。《烽火十城》正是他在北平工作初期，跟随北平军事调处执行部采访而写成的专题报告集。

这是一个风云激荡的时代。抗战胜利了，人民要求生活安定，国家富强，而国民党则要夺取人民的胜利果实，企图消灭共产党，发动了内战。徐盈在《烽火十城》一书中，特地在书端摘引了英国作家狄更斯在《双城记》写的《开端》——

> 那是最好的时代，也是最坏的时代，那是光明的时代，也是
> 黑暗的时代，那是有希望的春天，也是绝望的冬天。

我觉得作者借用这一段话来概括当时的形势是很恰当的，那的确是黎明前最黑暗的一段日子，对于反动派来说是绝望的冬天，对人民来说春天已经不远了。

全书标题如后：《北平调处执行部》《从张家口说起》《张家口人物速写》《集宁风沙》《从济南看山东》《彭城走马记》《大河南北》《归绥一瞥》《太原印象》《延安的春天》《"中原战事"以后》。作者以民间报纸的一位记者，随时与美军、国军和中共军事人员接触，又不能暴露中共地下党员的秘密身份，这是一种特殊的心理、感情。在他的报告文学中，非常巧妙而自然地流泻着这种感情。他愿意不动声色地传达出心底隐藏着的希望和愉悦的心情。这是一本真实地反映了那个历史时代的报告文学集，连书名也带着历史的烟云。历史已逝，那难忘的斗争仍然吸引着我们。

最有趣的是，在五天之内，他曾经跟着美国五星元帅马歇尔将军的专机，先后到了解放区的张家口与延安。作为党员的徐盈是回到了自己的家。他在张家口见到了分别八年的丁玲，还有新结识的萧三。"丁玲戴了一个皮帽子，穿着士兵大衣，萧三则穿着舶来品的皮短袄。"他不能畅写所见所想，包括他从飞机上最初看到了延河，也不能为之欢呼。他要尽力表现得冷静和"客观"。

作者善作人物速写，他在书中写了周恩来、刘伯承、聂荣臻、贺龙、萧克、成仿吾、董鲁安等人。他还写了傅作义、阎锡山等美蒋军官。在延安他只能停留一夜，宴会餐厅是用马灯来照明的，他在马灯下见到了主人毛泽东、朱德，还有活跃在宴会上的江青："江青女士从在飞机场上迎接马歇尔的一刹那起，不论到哪里，她都形成为一个中心人物。她方从重庆医牙归来，她说重庆的物价吓死人，她又说在那里看了两次话剧，很不错。记者问她今后是否还要从事话剧演出，她想一想说道：'如果团体让我去做，我就做，如果不需要，就不做。'"我不知道"文革"当中，徐盈先生是否为了

这段文字吃了苦头，也不知道"造反派"和江青本人，是喜欢他这样的描写呢，还是很不喜欢。

很久不见徐盈先生了。他身体不太好，正在家中休养，很想去问候他，并同他聊聊《烽火十城》的事。

《共和国前夜——一代记者徐盈战地文选》序

曾敏之

　　自天津发轫、创刊的《大公报》，在中国近现代的历史进程中具有重大的时代影响。百年来，国家民族所历半封建半殖民地及战乱的苦难，从《大公报》的评述报道上可以说不私不盲地反映了，迄今成为中国近现代史提供史学家研究的翔实记录。

　　尽管对《大公报》历史上的贡献有过评价上的分歧，但历史的真实是客观公正的，已取得的共识是：《大公报》是中国报业史上的"文人论政"的典型。无数为争取国家独立、民族解放事业而献身的知识分子，曾通过《大公报》写下他们的生命史，著名的记者徐盈是杰出的一个。而"徐老大"的亲昵称呼表现了新闻界、文化界于悠长的时序过程中对他的尊敬。我是在70年前与他结识的，就是亲昵地称他"徐老大"的。

　　"徐老大"为人、治学、追求有其禀赋良知的特点。谈为人，可用光明磊落、淡泊忘我、待人以诚突出了他的风格；谈治学，他出身于农科，不慕时尚以求名利；谈追求，从他深深认识国弱民困沉沦落后的情状之日始，他就以一支笔，跑遍祖国的穷乡僻壤，辽远边区，写下了民生疾苦可哀可悯的图景。他的通讯、特写，曾震撼人心，因而他追求的是改变中国可悲的命运。

正因为徐老大有其卓识，他是最早专注于工农经济、科学技术的人物，他以诚信、博识结交了大批学者、专家，描述了他们生平事业的成就，从上半个世纪以来对中国现代化作了开拓、推动的贡献，留下可称道的功绩。其中卓尔不群之辈如卢作孚、范旭东、吴蕴初、茅以升、李烛尘、胡厥文……都是。

这是不平凡的描述，只要读了徐老大的人物专访，就充分证明他的智慧、热忱凝成可贵的预见。另一方面，他在文学上，也早已作品问世，与老作家的友谊见于书信交驰。

概括说来，徐老大的生命之火，曾于中国漫漫长夜中闪烁过。他为迎接新中国的诞生，经过"不怕牺牲"排除险阻，献身于革命。他的后半生却不幸，历经坎坷，终于病倒在北京一个小胡同一间陋室之中，他虽然病卧床上，景况凄清，可是仍不忘国事，当我去探望他时，他还谈到当年在重庆国共和谈中一段秘辛，他准备写入回忆录中，令我感动垂泪！

这样忠诚于职业、事业的徐老大，已不敌病魔的侵害了，终于走完了一生的长途，我曾以小诗记下这场景——

蛰居陋巷有高贤，家国萦怀不计年。
断简残篇珍重意，拳拳都寄董狐笺。

徐老大走了，但是他俯仰无愧于祖国、人民的志业，今得以文集传之于世，是值得欣幸的。通过文集，可看到一个崇高的形象在引领我们奔向实现四个现代化的明天。我不揣谫陋写下的小序，却如一瓣心香，遥向云天的故人一奠。

（2006年5月4日于广州）

《共和国前夜》中的徐盈

吴遵泉

　　徐盈是当代新闻界的名记者，他的《共和国前夜——一代名记者徐盈战地文选》一书已面世，将会受到新闻工作者和历史研究者的欢迎。

　　伟大的时代必然造就众多杰出的人物。在中国艰苦卓绝的八年抗日战争中，徐盈、彭子冈夫妇双双献身中国新闻界，依托著名的文人论证报纸《大公报》，发表了若干报道，记录了那个风云变幻时代的社会万象。他们两位的部分作品，多年前曾分别结集出版，但由于时代较为久远，已经难以寻求，其中徐盈的作品，更难找到。现在出版的《共和国前夜》，将为读者呈现那个时代的影像。徐盈（1912—1996）自1936年进入《大公报》之日起，同记者徐铸成、范长江、孟秋江、杨刚、朱启平等杰出人物，齐足并驰，铸就了《大公报》的新闻报道水平，他平生的新闻作品有几百万字之多。由于篇幅所限，这本集子共选集了一百余篇侧重对他的新闻写作做一回顾性的总结，也希望可以基本反映他的新闻写作历程。

　　这本书分两大部分，第一部分《北平围城两月记》，是作者1948年12月12日至1949年1月30日的日记，记述了自1948年底傅作义宣布"倚城野战"至1949年初北平和平解放、解放军进城前夕的北平围城期间的政治、经济、社会状况。读《北平围城两月记》仿佛自己置身于紧张的围城之中，它记述了当时围城中物价飞涨，时不时听到的隆隆炮声，城中的坦克，住进百姓家的撤退下来的国民党军队伍，为清除射界（原注：指火器发射时上下左右所及的范围）而拆除城门外一里的民房，造成一片哭声中流离失所的难民。记述作者采访了国民党军政人员的言行，知名人物胡适、梅贻琦等人的行止，各国国旗仍然高挂的使馆区和外国记者的动态，无人涉讼法院的冷清，因缺乏囚粮而释放了全部囚犯的监狱，而"特刑庭"却还禁闭着几百名进步学生，城中停水、停电、公交车瘫痪，从京剧演员到三轮车夫生活都陷入了极端的困境。这种情况下促进和平的人们在积极活动，徐盈笔下的紧张局势也逐渐透露出和平的曙光，直到1月22日傅作义与中共签订协议宣告停战，人们高兴地传播着喜讯说："和了，也就是活了。"七百年文化古城得以保全，地下共产党员徐盈在1月30日日记中记下了扫雷的爆破声，响得非常可怕又非常可爱。这本日记当时未能发表，1992年经北京市委党史研究室整理出版，成为北京地区革命史、回忆录丛书的一部。因为日记中许多人物、事件不为读者特别是今天的读者了解，此次出版时由当时的具体编注者张润生重新核定书稿，并补充了一部分注释内容。

这本书的第二部分（通讯·特写·社评）收集的是作者从1936年到1948年所写的部分通讯、特写和社评，内容十分丰富。

从1937年至1945年，时值抗日战争时期，徐盈著作中相当的篇幅是描绘抗日战争烽火情景。报告抗战各个战场的感人事迹，1937年9月25日到27日，《大公报》刊出徐盈的《今日山东》记述了山东人民踊跃应征入伍的情景。在《潼关一瞥》中，描写了群众欢送抗日将士踊跃出征。《在西战场》是徐盈访问共和国元帅徐向前的通讯。在《请看今日之山西》中，他还访问了八路军参谋长彭雪枫，访问了丁玲领导的战地服务团，访问了"牺牲同盟会"。

《在八路军五台总部》中，徐盈访问了总政治部主任任弼时，又经他介绍到八路军总部访问了朱德总司令。

他写道："朱总司令穿着一套旧的灰布军服进来了，两眼打量了我一下，握了握手……问我一路上看见的敌人飞机滥炸的情况，他说：'我们的总部就安心地在这里'。"在此篇通讯中，徐盈报道了朱总司令介绍的平型关歼灭板垣师团的经过。他写道："（总司令的总结）是群众掩护着部队，在敌后做了急行军，像鱼在水中游似的，深入到平型关山地，才能把板垣师团包围起来……"这个日本的精锐师团是个机械化师团，两万多人中只有四千多名步兵，其余都是驾驶兵。他们被打得落花流水，飞机帮不上他们的忙。

解放战争时期收入这本书的比较重要的报道，有以下几组：《和平播种记》三篇、《沈阳的春天》三篇、《北大复员记》五篇。《和平播种记》《沈阳的春天》记述了军事调处执行部的活动。《北大复员记》五篇，叙述北京大学复员工作，表现他对北京大学复员十分重视。作为一个记者，徐盈心中时时怀念着国家科学教育事业的发展，尊重自由和独立的思想。

在中国近代新闻史上，徐盈是重视经济报道的先行者。他长时期采访报道了范旭东、李烛尘、卢作孚、侯德榜、茅以升等经济界著名人士，反映了我国经济建设中的众多问题。他关于经济问题的各个方面的报道形成了当时《大公报》的特色之一，也是研究中国20世纪三四十年代中国经济状况极有价值的珍贵史料。这本书最后的九篇文章中，除了《东北的七次攻势》之外，都是关于经济问题的重要文章，徐盈致力于经济研究的热情可见一斑。

这本书的序言，出自他70余年的老友、也是《大公报》的杰出记者曾敏之的手笔，文情并茂。曾敏之以"光明磊落、淡泊忘我、待人以诚"概括了徐盈的为人特点。文中特别提及了"徐老大"这个称呼，"徐老大"是新老朋友对徐盈的昵称。我们当年初入报社时，得到过徐盈的亲切关怀和谆谆教导，时至今日记忆犹新。他同我们聊天时指导我们，当记者要目光四射，全身带钩，会穿糖葫芦。我们的理解是，采访一件事时不要单打一，而是要把与那似无关而有价值的情况以及采访时遇到的有价值的所闻所见，都要"钩"回并记录下来，存入自己的"资料库"，一旦日后采访另外的事件，就可以像穿糖葫芦一样地，将过去记录的有关资料联系在一起进行报道，这样就比专记当时的采访，更能说明事件的来龙去脉。《两月记》就是徐盈"钩"回并记录下来的珍贵资料，每一天的日记都是一页生动的历史。从《两月记》可以看到徐盈对工作的用心和勤奋。

《共和国前夜》的主编是上海档案馆研究员陈正卿和徐东。徐盈在世时陈正卿不止一次到北京访问他并借走一些资料，这本书《前言》可以说是他对徐盈研究的概括。徐东长得酷似子冈，老朋友见她如见故人。现在她刚退休，正在继续整理徐盈的文章，希望第二本、第三本徐盈文集早日出版，让那些压在箱底、纸已发黄发脆的珍贵剪报，成为新书提供给读者。

（《博览群书》）

喜读徐盈文集《共和国前夜》

董遵良

　　大约20年前，在中国社会科学院新闻所，常少扬由导师高集指导，以徐盈（1912—1996）的新闻写作为研究课题，并选编了一本徐盈文选，可惜由于种种原因未能出版。现在好了，徐盈的第一本新闻文集《共和国前夜》由中国文联出版社出版了。这本书将受到读者，特别是新闻界、史学界读者的欢迎。

　　伟大的时代必然造就众多杰出的人物。在中国艰苦卓绝的八年抗日战争中，徐盈、彭子冈夫妇双双现身中国新闻界，依托著名的文人论政报纸《大公报》，发表了大量优秀作品。他们同记者徐铸成、范长江、孟秋江、杨刚、朱启平等杰出人物，齐足并驰，铸就了《大公报》的新闻报道水平。

　　徐盈自1936年进入《大公报》，平生的新闻作品，有近千万字之多。由于篇幅所限，这本集子共选集了一百余篇。编者在前言中说，所收集的作品，侧重对他的新闻写作作一回顾性的总结，希望基本反映他的新闻写作的历程。

　　这本书分两大部分：第一部分为《北平围城两月记》，是作者1948年12月12日至1949年1月30日的日记。日记中无私事，而是记录了自1948年底傅作义宣布"倚城野战"至1949年初北平和平解放、解放军进城前夕，北平围城期间的政治、经济、社会状况。徐盈一生记有几十本日记，这本日记不曾在报刊上发表，1992年经北京市委党史研究室整理出版，成为北京地区革命史、回忆录丛书的一部。因为日记中许多人物、事件不为读者了解，此次出版由当时的具体编注者张润生重新核定书稿并补充了一部分注释内容。

读《两月记》仿佛自己置身于形势紧张的围城之中。但当时围城中的居民恐怕只能感觉到日益严重的物资匮乏，惊心动魄的物价飞涨，时不时听到的隆隆炮声，远不及徐盈日记中记述情况之丰富。他记下了北平城外的战壕，城中的坦克，住进百姓家的撤退下来的国民党军队队伍，为清除射界（原注：指火器发射时上下左右所及的范围）而拆除城门外一里的民房，造成一片哭声中流离失所的难民；他采访了国民党军政人员的言行，知名人物胡适、梅贻琦等人的行止，各国国旗仍然高挂的使馆区和外国记者的动态，无人涉讼法院的冷清，因缺乏囚粮而释放了全部囚犯的监狱，而"特刑庭"却还禁闭着几百名进步学生，城中停水、停电、公交车瘫痪，从京剧演员到三轮车夫生活都陷入了极端的困境。在这种情况下促进和平的人们在积极活动，徐盈笔下的紧张局势也逐渐透露出和平的曙光，直到1月22日傅作义与中共签订协议宣告停战，人们高兴地传播着喜讯说："和了，也就是活了。"

本书的第二部分，收集的是从1936年到1948年间，徐盈所写的主要发表在《大公报》上的通讯、特写和社评，时间跨度很长，涉及抗战时期和胜利以后的时期。虽然内容较为庞杂，但时代的脉络清晰。特别值得指出的，是几篇关于经济方面的文章。在中国的新闻史上，徐盈是重视经济报道的先行者，他的关于经济问题的各个方面的报道构成了当时《大公报》的特色之一，也是中国20世纪30—40年代中国经济状况极有价值的珍贵史料。

一本书的序言。是他70余年前老友，也是《大公报》的杰出记者曾敏之的手笔，文情并茂。他以"光明磊落、淡泊忘我、待人以诚"概括了徐盈的为人特点。文中特别提及了"徐老大"这个称呼。徐盈是朋友们敦厚、热情、亲切的老大哥，"徐老大"是新老朋友对徐盈的昵称。我们当年初入报社时，得到过他的亲切关怀和谆谆教导，记忆犹新。他同我们聊天时指导我们，当记者要目光四射，全身带钩，会串糖葫芦。我们的理解是，采访一件事时不要单打一，而是要把与那些无关而有价值的情况以及不是采访时遇到的有价值的所闻所见，都要"钩"回并记录下来，存入自己的"资料库"，一旦日后采访另外的事件，就可以像串糖葫芦一样地，将过去记录的有关资料联系在一起进行报道，这样就比专记当时的采访，更能说明事件的来龙去脉。《两月记》就是徐盈"钩"回并记录下来的珍贵资料，每一篇日记都是一页生动的历史。从《两月记》可以看到徐盈的工作方法和勤奋。

　　《共和国前夜》的主编是上海档案馆研究员陈正卿和徐盈的女儿徐东。徐盈在世时陈正卿曾不止一次到北京访问徐盈并借走一些资料，本书《前言》可以说是他对徐盈研究的概括。徐东的面貌长得酷似子冈，老朋友见她如见故人，同她握手可以感到她多年洗尿布手的粗糙，因为子冈卧病八年，之后徐盈又卧病八年，都是她与保姆侍奉。现在她刚退休，止在继续整理徐盈的文章，希望第二本、第三本徐盈文集早日出版，让那些压在箱底、纸已发黄发脆的珍贵剪报，成为新书提供给读者。

端木蕻良赠诗慰徐盈

申　春

徐盈，山东省德州人。他1932年在保定农学院读书时加入保定"左联"小组。不久他转赴北平与汪金丁合编"左翼"文艺刊物《尖锐》，因很有特色而受欢迎。其间，他与端木蕻良相识，结下了深厚的友情，他们之间的友情延续了近半个世纪。新中国成立后，又同在北京，曾多次晤面恳谈。

1990年6月间的一天，笔者为考证30年代保定"左联"组织情况，前往北京西四北六条一处旧式平房拜访了病中的徐盈同志，那天他谈了在保定加入"左联"的一些史实，我还得悉他的夫人著名记者彭子冈同志已在1988年辞世。不久，徐盈同志也因脑血栓一直卧病在床。

1991年6月27日上午，著名作家端木蕻良在北京西坝河寓所，邀约从西安来京的已故诗人高敏夫的夫人迟竹森，还有已故诗人方殷的夫人郑梅小酌叙旧。那天笔者有幸忝列末座，躬与雅集。当我向端木老谈到徐盈同志病卧在床的情况后，一向珍视友情的端木先生对徐盈的病情表示关切；不一会，他起身到书房挥毫写了一方墨迹，嘱我代为转赠给病中的徐盈，诗写道：

仲夏敲窗绿影森，神驰原野看庭荫。

细草粗筹占勿药，骨作铜声玉作心。

徐盈兄病中相慰

端木蕻良

"病中相慰"使我联想到，眼前这位卓有成就的文坛老将早在1963年突患脑血栓左身偏瘫以来，在他的夫人钟耀群精心照料下逐渐好转，他以顽强的毅力带病坚持写作完成了《曹雪芹》中卷早已出版。端木老平时说话声调不高，慈祥随和的仪态，嘴角总是挂着旷达的微笑。

我仔细读着这首不同寻常的慰友诗句，它折射出这两位文坛老将的深厚友情，我作为一个"友情"的传递者，第二天上午匆匆前往徐盈的寓所，当时他的女儿徐东见到我说了声，爸爸刚睡下，请您代向端木叔叔深表谢意！我想，徐盈同志醒来后读着这诗，他会感到欣慰的，他也会同样思念抱病的端木老友的。

1996年徐盈在北京不幸辞世。也就在同年10月5日，端木蕻良也在北京辞世。我尊敬的两位老前辈先后安然地走了，但愿他们能魂归一处相聚在一起继续倾诉未尽的友情吧！

忆子冈：彩笔江湖焰黯然

回忆徐盈与彭子冈

HUIYI XUYINGYUPENGZIGANG

记母亲子冈（代生平）

徐城北

一、雪 珍

在家庭，她是个勤俭贤能的主妇；同时，她也够得上说是良妻和雪珍他们的贤母。她有坦白的心地和真挚的性情。近年来更受了一些新潮流的熏染——她被感化了；很了解除了看护抚养之外，还有个绝大的义务给她的孩子们——那圣洁永恒的母爱。

雪珍（即后来的子冈）：《雪珍的姆妈》

（原载《中学生》，1932年10月）

1920年11月某日，惶恐笼罩着北京西城的一座四合院。女主人吴映玉面临分娩，尽管接生的庞太太一再劝慰，可耳边还是轰响着丈夫那句语气未见得严厉的话："你要是再生女孩，我可要娶姨太太了……"

丈夫彭世芳，号型伯，出身苏州彭氏大族，前清时考中秀才。与粗通文墨的吴映玉结缡之后，应说感情尚佳。映玉先生了一女，取名萃英；又生一对双胞胎，皆是女孩，但先后都夭折了。在萃英一岁多的时候，丈夫世芳考取官费留学日本的资格，去东京专攻博物学（即生物学）长达四年。学成直回北京，在高等院校中任教授，便接映玉与萃英北上。不料映玉次年分娩，竟还是女孩——分娩时天降大雪，遂名雪珍。六年过去，映玉再度临盆——这一次但愿天降麒麟！那句"娶姨太太"的话，丈夫说时曾显着被迫，甚至有点难过，但又绝不是出于一时冲动。他对映玉一直很好，对待萃英尤佳——每去西郊三贝子花园采集动植物标本，总忘不了要带上长女。看到身材修长的萃英沉浸在大自然中，他也由衷地高兴。归来回到东屋书房制作标本，萃英凑过来问这问那，他便不时停下手，慈爱地瞩望着，仿佛看到了希望。然而丈夫又生活在冷峻的现实和无情的舆论之中！他辗转在几个大学教书，近来又获得一些兼职，事业、声名和经济收入都达到前所未有的巅峰状态。如今在这个有十几间房的四合院中，仆人的数目与主人相等——厨子、老妈子、奶妈、黄包车夫各一。如此种种，再加上故乡苏州彭氏祠堂族长们的目光，都使"娶姨太太"的事情变成轻而易举。只要这次映玉再生女孩，今后这个平静小院的生活秩序就会被彻底推翻……

伴随一声清脆的啼哭，男主人彭型伯一个箭步，从东屋书房中奔到院子当中。庞太太也从正房中走出来，满面春风地喊道："恭喜恭喜，添了一位小少爷！"彭型伯笑了，当即为儿子取名"麟之"，乳名就叫"阿麟"。跟在父亲身边的萃英也笑了，12岁的她懂得这一条——如果父亲娶了姨太太，等待母亲和自己的将是什么；然而那危险的可能性已不复存在，自己依旧可以理直气壮地在这个家中当"大小姐"，依旧可以率先享受父母的慈爱；她甚至可以断定，正房中疲惫和衰微的母亲，此际也一定把头埋进温软的被子，去做那无声而甜蜜的微笑。与这一切成对比，"二小姐"雪珍——她已经六岁——却显得无动于衷，她坐在西厢房的一个角落，静静地翻阅着儿童画报。她自幼体质孱弱，走路一多两个膝盖就会打颤。她摒弃热闹而习惯幽静自处，儿童画报上面的画图能带给她无边的喜悦。在这个家中，她是个无足轻重的角色，但是她毫无自卑感，她有着自己的追求与满足。

一个月后已入隆冬，这个小院热火腾腾地为"阿麟"做"满月"。夏天支架的天棚没有拆，仿佛早知道怀孕的女主人会生下一位小少爷！到处挂满了客人送的贺喜礼物和帐幔。院里用砖砌了两个很大的炉灶，离三尺远，就把人烤得暖烘烘的。院子当中拉出电线，挂了电灯泡，照得夜晚如同白昼。请来五个唱苏州滩簧的艺人，在院中心吹吹打打、说说唱唱。在正屋中摆起了酒席，父亲和客人在撤席之后又打起牌，每当一圈完毕需要换换手气，才来到院中去听几句滩簧，并给几个赏钱。萃英拥靠在母亲身边，望着熟睡的弟弟。仆人们也穿堂入室，各司其职地忙碌着。全院之中，唯一的"闲人"又是那"二小姐"，她只身躲入东屋父亲的书房之中。由于当时需要自带教具、标本去教授博物学，所以这里早就是一个生物的世界。死的制成标本，或贴在纸页间，或站在木架上。活的，或植于花盆，或锁在笼子里。雪珍徜徉其间，享受着这一切。尤其是靠窗铁笼中那几对鸽子，扑棱棱拍打着翅膀，把雪珍的视线引到窗外，一直引向那无穷无尽的夜空……雪珍痴痴发想："鸽子，你想到哪儿去？能不能也带我去？……"

二、燕子思飞

金风起了哟！仁慈的朋友，你知道小燕子就将离开江南了！请回答小燕子的祈求：在这离别之前让它告诉你一些关于它的故事吧。

雪珍：《我是燕子》

（原载《中学生》，1931年2月）

1930年1月，上海开明书店出版《中学生》，由叶圣陶等名家担任主编。次年，《中学生》举办命题文艺竞赛，雪珍时为浙江松江女中初中三年级学生。在这一篇题为《我是燕子》的作文竞赛中，她的文章在十篇入选作品中名列第二。

在弟弟出生后不久，家道开始中落。父亲虽然改任教育部视学并兼农业大学教授，但因严重欠薪，家中开支日渐紧迫。四名佣人先辞去一半，饲养的动物——如那只最逗笑的猴子——也被送了出去。这样做仍感入不敷出，同时父亲在年近半百之后，更增添了"叶落归根"之念，于是毅然带了妻子儿女，水陆兼程返回苏州。雪珍也转学到苏州振华女中的小学部读书。父亲在苏州赋闲了一段时间，后得到浙江松江中学校长的职位，便携家前往。雪珍便在松江女中读书。用姐姐萃英的话说："雪珍到了松江，身体变健康了，智慧也突然出来了。"《我是燕子》是她的"亮相"之作，使学校的师长同学都为之一震。而三个月之后，《中学生》再度举行命题文艺竞赛，题为《学校生活日记一则》，编辑部将入选的十篇（内有雪珍一篇）匿了作者名姓，按一至十的编号同期发表出来，组织小读者们自由投票。结果雪珍的这一篇获票最多，一举夺魁，大出风头。松江女中的校长特地在一柄丝质团扇上题下"为校争光"四字，赠与雪珍。

从《我是燕子》到《学校生活日记一则》其间仅隔三月，但文章的意蕴却显示出"飞跃"，很值得稍加评析。

《我是燕子》记录了一只南来的燕子，怀念在南迁途中不幸失散俦伴的由衷之情，那俦伴西塞丽也是一个"娇好而伶俐的姑娘"——"淡红的嘴喙，颈际茶红色的润泽羽毛，低回宛转的歌喉，是我永远不能忘怀的！"作品中的"我"回忆了故乡的家，那是一个"破瓦凋零的古坊"；回忆了与西塞丽"半载檐前相伴"，曾经留下"尽情欢笑的微痕"和"曼舞轻歌的余音"。"我"在作品最后悲怆地呼唤："我的可怜的西塞丽啊，在这茫茫大地孤云野鹤分飞的当儿，谁知西塞丽不在天涯那岸泣着呢？这孤茕的生活却怎能挨过？恨西风无知，令人无处传话，天使在哪里？万能的天使在哪里？"不难看出，幼时喜与大自然中的生命直接交流心事的习惯，上教会学校受到的心理影响，几度迁居对于风土人情的认识，都融汇于"我"的感情之中。西塞丽是谁？与其视为儿时在北京的一位知交，还莫若看成是在古坊中度过的那个童年的整体。雪珍在写此文时已十六七岁，和童年（甚至是少年）已经告别，马上就要步入青年。今后的生活之路到底应怎样走？通过此文，她表现出她的惶惑与焦灼。

《学校生活日记一则》写于高中一年级时。在用形象入微的笔触描绘了严格的校方对这一班活泼的女孩子的管教与约束后，雪珍忽然改用振聋发聩的声音大声疾呼："现在的中国教育是离开社会的，这优闲的士（大夫）阶级的学校教育，难怪要产出一般高等流氓来！我是有血性的人，这常使我独自恼恨，但结果只使我起了更强烈的颓废。我的魄力呢！我那狮子般的魄力呢！"这与雪珍的一贯文风多么不协调，与当时社会的主导思潮多么不协调！看得出，"我"的反叛性格已经孕育成功，只是还不知道如何以具体的方法和内容去进行反叛。在本文的结末，作者又恢复了她习用的口吻："全宿舍都静了，几颗挂在黑魆魆的天上的星儿在努力挣脱周遭的黑云，我也低低地微吁努力啊！"

这种反叛精神更表现于两年半之后。雪珍第一次使用"子冈"这个男性式的笔名，在《中学生》第四十一期上发表了小说《狱囚》。这篇小说在取材及技巧两方面，均被誉为当年《中学生》上同类作品的"代表作"。子冈开始冲出描写个人情感及学校生活的狭小圈子，开始思索和探讨社会问题了。

三、探监风波

> 我还有前途，我不能为盲目的爱而牺牲。我将抓住了人生，抓住那仅有的生命之力，向前去奔，奔！虽然也许在奔程中一无所得，满怀空虚而归，但奔是仍得奔、跑也仍得跑的！与其投进那盲目的爱的旋涡而随波沉沦，还不如拿"力"来努力比较有轮廓。可捉的人生，或许那是有光的，我始终憧憬着呢！
>
> 雪珍：《我与异性》
>
> （原载《中学生》，1932年2月）

雪珍在《中学生》举办的两次文艺竞赛中名列前茅，不仅引起文坛师长的高度重视，而且使她经常接到"热情少年"的追求信件。她先是一概置之不理，然后又于1934年发表了一篇《坦白的话》，文中她坦白地说："因为咱是有志有野心的人，对未来事业上的进取心，比这些情感上的玩艺儿来得厉害，我不会太迷沉，我相信，我是能依着爱情的自励励人为原则去做的，更何况在未来的新社会中，恋爱是自然而坦白，算不了一回事的。人们有更要紧的事去做，有更大的努力方向和目标，在正轨的工作与辛劳之外，来一点露水似的安慰，这是可能的，是愉快而又干脆的。"

雪珍的行动实践了自己的诺言。《中学生》创刊之后，她从众多同年龄撰稿者中注意到一个署名"徐盈"的人。他时常在《中学生》和《文学月报》（周扬主编）上发表散文、小说，目光冷隽，剖析深邃，与自己那热情秀逸的文风恰成对比。不久，"中学生问题讨论会"成立，雪珍和徐盈同时成为第一批会员。经通信，雪珍知道他比自己大两岁，在北平大同中学读书，父亲是铁路高级职员。徐盈其时与师陀（即芦焚）、汪金丁合办了一个文学刊物《尖锐》，雪珍受徐盈之托，设法在苏州进行推销。徐盈中学毕业，去保定河北农学院林学系读书，后又转入金陵大学农业专修科。雪珍与他联系更多，并且见了面。1933年汪金丁因宣传进步思想在上海被捕，送到苏州反省院关押。反省院位于盘门附近的司前街，是专门关押政治犯的地方，一般人宁愿绕路也不肯走近这座可憎的建筑物。雪珍所在的振华女中，是个半教会性质的学校，校规很严，但声名颇大。教务长和校长是一对曾留学美国的亲姐妹。为专心办教育，她俩一生都没结婚。雪珍平素是学校中的活跃分子，爱管闲事，爱发议论，更爱打抱不平。她常受到姐妹俩的训斥，但训斥中又包藏着某种钟爱。因为一则雪珍相当聪颖，在社会上已经有了点"文名"；二则父亲为留日的博物学教授，从资历上与她俩还有点相似。雪珍深知自己的家庭——既有甘避尘嚣的清高，也有息事宁人的软弱，所以在决定探监之前，根本没有征求父母的同意。她从徐盈信中获悉汪金丁在反省院中的关押房号，竟然穿着振华女中的校服——黄色的短衣裙，挑了条最近的路，径直踏上那湿漉漉的条石台阶！狱吏开门打量起她——目光澄澈无畏，那身校服又起到身份保证的作用，再看其双手，除了拎着衣服、书籍之外，居然还拿着一客冰激凌（其时天很热）！狱吏没有过多盘诘，只问了一句："你和那个姓汪的，是什么关系？"雪珍面不改色地撒了个谎："表兄妹！"说毕，还目不转睛地盯着狱吏。在简单的登记之后，雪珍被带了进去，进入一间狭长的"会见室"。隔着两道铁栅栏，并在狱吏的监视下，雪珍与汪金丁首次相逢了（以往只是从《尖锐》和其他报刊上读到对方的文章）。两人真像表兄妹般闲扯起来。为了使表兄妹更"像"，雪珍在一个月中又连去了几次。谁知没过多久，校长和教务长把雪珍召去，着实训斥一顿，还威胁说，再如此就不许按时毕业。家里获悉后，一向温和的父母也动了肝火。这一切对于雪珍都无所谓，一则她看到金丁和他那班左派狱友（如徐迈进、李楚离等）信心坚定，整日乐呵呵的，真正提前实现了"共产主义"——不管从外面给谁带来钱、食物和书籍，都由大伙"共产"；二则与徐盈的关系更加密切。据老报人陈纪滢回忆——那一年的冬天徐盈准备从北平去苏州看她，她要徐盈带几支北平的特产——冰糖葫芦。当后来徐盈把完整的冰糖葫芦拿到苏州雪珍面前时，曾告诉她：因车厢上温度很高，自己为防其融化，就将紧握冰糖葫芦的手，从车窗缝隙中伸了出去，一直坚持了这几千里地……

　　雪珍和徐盈又暂时分开了。1934年高中毕业，雪珍改用"子冈"做名，考入北平中国大学英语专业。大约是无法忍耐那种刻板的学生生涯，半年后自动退学。她在北平坚持了一段自学和写作相结合的生活，就转赴上海找到了昔时松江女中时的手工老师沈兹九，此时沈正在主编《妇女生活》。子冈在那里当了助理编辑。徐盈在南京金陵大学农科毕业后，应王芸生之邀进入《大公报》。他俩于1936年秋，在上海结婚了。

四、"魂"的思索

太阳在头顶上闪，人的心阴着。一片黑暗，人有点昏眩。
……

"哀悼鲁迅先生……他是我们民族的灵魂，他是新时代的号声……"用《打回老家去》的调子的哀悼歌不断地从队伍中发出……时常压住了前面的哀乐……

望着前面的路，人们记起这是送鲁迅先生去"安息"的……"路"还远着，要迈过多少阻挠与艰险……记起鲁迅先生的遗志，肩胛上觉得有个担子压下来。大家不自觉地把手挽臂挽得更紧，失去父母的孩子不是会更亲热的吗？

子冈：《伟大的伴送》

（原载《生活》星期刊，1936年11月1日）

子冈在大学只上了半年便主动退学，对她来讲是意中事。她读小学，由于家庭南迁之故，曾从北平转至苏州；读中学，又因父亲任职之故，由苏州转到松江，复又转回苏州。她上过贵族式的教会学校，也上过普通的平民学校。幼年的她从不把转学视为畏途，反而"转"出了兴趣，即便从条件"好"的转向"差"的学校也是一样。她19岁时在苏州，曾向北平的徐盈谈到对转学的看法："根本我不承认上学只是念书，要紧的还是学习群众的生活啊！有活力的生活，才是可讴歌的呢！我之换学校，无非是想看一看更宽广的世界——其实也只能说是瞧瞧中国青年学生生活的一般情形而已。"幼年间多次的转学，并未能实现子冈的凤愿；而这一次从大学退学，却使她彻底投身于"宽广的世界"，认识并加入了那"有活力的生活"！《妇女生活》并没有几个人，所以她这名助理编辑一进去便可以拳打脚踢，独当一面。她在上海采访并参加了妇女界为庆祝"三八"节的游行活动，看到何香凝如何带病讲演和史良如何领队游行，归来写出通讯《三月的巨浪》；她曾去往陇海平汉两路驻足的郑州，采访一家尚未被洋人霸占的纱厂，一方面看到萌芽期的民族工业在帝国主义节节进逼中举步维艰，同时又通过接触女工和参观"保婴室"，对种种非人的待遇愤懑不已，归来写成《在机器旁边》。在1936年的《妇女生活》中，子冈还写了反映缉私活动的《热流》，写了执行"农教"成绩卓著的《山海工学团》。她不再使用纤弱秀美的笔触去刻画自己，而尽可能客观、正确地去表现这个宽广无涯又深不可测的世界。她的文风在变，她的气质在变。1936年10月，鲁迅先生在沪逝世，子冈参加了10月22日上海各界为鲁迅先生安葬的仪式。据老朋友回忆，她走到送葬队伍的前列，仿佛参加了执旗——但记不清是什么旗了。

子冈"时常回望，一幅鲁迅先生的白竹布上的画像在闪动，那后面是柩车，缓缓地开着，喇叭声嘟嘟地刺着送葬者的心灵。"

子冈看到"经过日本同文学校同文书院时，许多学生在门口围观，有的穿了睡衣拖了木屐。宣传队员把印刷品也分给他们，对鲁迅先生他们是熟悉的，微笑着展读。可不是，在中日青年中并没有仇恨，大家是社会的幼芽，从没有想到相互摧折"。

子冈看到"在一些服装怪异的天主教徒的注视中，大队走进了万国公墓，门口上有'丧我导师'的横幅。太阳已消失，残留着的树叶稀疏地盖着云天，枯黄的败叶在人脚下起着碎响，老树、挽联和队伍一起在摇撼，感情质的青年遏不住悲凉，把下唇咬得紧紧地"。

子冈看到"主席蔡元培先生报告说这是一个国际性质的纪念会，有欧美人参加，也有日本人参加。对此日本人用鼓掌致着欢迎"。

子冈看到"×××先生在演讲中提到鲁迅先生没有受到当局抚慰的遗憾，同时也可以说是一个民众的葬礼"。

子冈看到"孙夫人在热烈欢迎中与群众见了面"。

子冈看到"从几位救亡团体中的人把一面白缎黑绒的旗帜覆在棺上，上面是'民族魂'三个大字……"

此时的子冈，心中或许有过这样的闪回——三年前，自己19岁，曾在《中学生》上发表过一封给桓（即徐盈）的公开信，其中写道："我感到一层漠然而又深刻的怅惘，中国是缺少着国魂呢！你说是不，桓？"国魂，是他与自己所孜孜探求的，也是每一个处于觉醒状态的中国青年所孜孜探求的。国魂与民族魂是一回事，鲁迅先生无负"民族魂"的称号，当然也无负于"国魂"。然而，鲁迅先生又是如何成为万众心目中的民族魂即国魂的呢？22岁的子冈惶惑了、迟疑了，她相信走在自己身前身后的同龄青年的心头，对此也不会有明确的答案。初出茅庐的记者子冈，在这篇通讯的结末，忠实地记下自己（也即是这一代青年）的感受："堵在大家心头的是空虚，苍凉。望望前面，是没有走过的辽远的路……"

五、江西之行

"给工钱吗？"

"怎么不给？我拿十七八块一个月，就可惜这些钱到国军收复后全不通行了。那时物价高得很，吃一顿客饭，要五毛大洋。朱德、毛泽东都常来这儿，问资本多少，再问生意好不好？他们不许哪个店资本太大……"

"这儿的人怕当兵吧？"

"可不是！打土豪分田地的确好，就是当兵——讨厌！当地人就怕这个！后来盐也断了，如果国军不封锁——"他扣着旱烟袋，不知怎么说下去，却低低地结了："我积的一些钱全作废了。不过，在那个时候的确不必积钱似的。"

子冈：《赣南的凄怨》

（原载《妇女生活》，1937年5月）

　　江西所谓"共匪"控制的根据地，在第五次反"围剿"失败之后，国民党的势力深深渗透进去了——打出一面"农村复兴"的旗帜。具体讲，就是"管、教、养、卫"四件事。"管"，是采用保甲制度，政治上严密控制；"教"，是要洗农民的脑筋，消共产主义之"毒"；"养"，是指在省农业院等有关技术机构指导下恢复生产；"卫"，当然就是护住疆土，免受侵袭了。国民党开动了宣传机器，江西老区所正在进行的"实验"情形，不断被送上大都会的报端——当然，免不了要"梳洗打扮"一番。

　　子冈作为《妇女生活》记者，徐盈作为《大公报》记者，1937年春自上海出发，取道浙江进入江西。他们在南昌下了火车，取得了蒋驻南昌行营的证明和省农业院的介绍信，便乘汽车向南进发。抵达赣州，汽车线也到了终点。他俩又租用车行中的自行车，一路骑向瑞金、宁都、零水等地。子冈面对这满目的红土、红水、死尸、蚊子、瘟疫，极不适应，有时甚至想呕吐。但是她强忍住了，振作精神，剪齐未烫的短发，穿一身布质旗袍，推起那没有前后瓦圈和链套的自行车（三脚架尺寸也大，很像目前农村的加重车），爬坡、涉水，开始了她艰难而又充满魅力的征程。

　　她看到的是无边的白色恐怖，以及死灰复燃并且燃得变本加厉的迷信活动——许多人家的墙角里，都摆有画着小儿的鸡蛋壳，人们朝它默祷，大约是希望自己当红军出走的亲属平安无事。国民党在许多地方建立了国军纪念亭一类新建筑，以"纪念"在历次"围剿"中丧命的"剿共"将士；然而红军时期的纪念碑，虽经火烧却依然屹立。子冈在采访中很难听到完全的真话，却从这种现实景物的鲜明对比之中，感受苏区人民的真实心情。她曾把"国军纪念亭"和"红军纪念碑"都拍成照片寄回上海，并排发表在《妇女生活》之中。作为记者，她当然不能放弃采访，尽管极其艰难。本节开头引录的，就是她和赣南一个小镇饭馆中的伙计的谈话。店伙计的话颠三倒四、遮遮掩掩，恰好表达底层人民怀念红军却又不能高瞻远瞩的复杂心境。作为女性，子冈自然会把更大的期待和关注，放到对江西农村妇女命运的采写之中。她在《她们在巨变里》（载《妇女生活》，1937年4月）中，曾有细致而深刻的表述。她先介绍了以往妇女的悲惨地位——童养媳普遍存在，还可以预娶"望郎媳"。甚至有按童养媳娶过来、小丈夫死了再转做"望郎媳"的——等婆婆再生出一个男孩子出来做丈夫。但是作为红军在这里扎根的结果，一批青年农妇首先伸腰挺胸，不再肯听从满脑子封建迷信的婆婆的摆布了。子冈在文章中记叙了一个听来的故事——有人在观音堂中碰见一个独自烧香哭泣的老妇人，她在向神佛"控诉"那因翻身再也不听话的儿媳妇："她说我老了，没资格管她，越来越疯，居然也要认字明事理，被我说了一句，她就跟着我儿子跑了。我媳妇可以不要，可怎么能把儿子也丢掉啊？"说完就不住地向观世音叩头，请她送回儿子来……这个故事的内蕴十分明显——通过长辈对晚辈"不孝道"的"控诉"表明苏区中的年轻人更易接受革命思想。苏维埃政权虽然暂时不存在了，但红军和这些青年人还在，所以有朝一日，苏维埃还会回来的。更加难得的是，子冈在揭示生活本质的同时，不忘表现生活的复杂性。上面的故事说明了老年人的顽固保守，但青年人内部是否就全体先进呢？尤其是当年轻的妻子起来向夫权挑战时，在当时的江西农村，许多年轻的丈夫却成为封建思想的卫道者！子冈对此，也毫不留情地给予披露——在反"围剿"失败之后，国民党的"别动队"进驻了农村。"许多丈夫全去告发老婆因参加工作而不复温顺为羔羊，要官方代为惩治，甚至要请代为砍头的。所以有些妇女吓得不敢再哼一声。如今实业部办的农村服务区有时召集妇女开会，她们也不敢出来了。"这是对事物的客观描画，表面上是宣传反"围剿""胜利"所引发的"成功"，实质则揭示军事高压带来政治上的反动。有良心的读者，必然会由心悸转为深刻的叹息，最后又形成对封建礼教的强烈愤怒。

江西之行，使子冈的思想有所飞跃——从老百姓珍藏的红军纸币、识字课本、写着"列宁小学"的草帽这些纪念物中，看到中国的希望之所在，看到了决不亚于鲁迅葬礼中腾腾而飞的民心民意，看到了最能体现当代"民族魂""国魂"的历史潮流。同时，顶抗高压向读者反映生活底蕴的许多方法、策略——这是子冈后来作为一名战斗于国统区的秘密共产党员的最重要的特点，此时也模型初具了。

六、入党前后

高尔基的《母亲》里的母亲，是儿子做革命工作的友伴，在推翻沙皇的魔座的艰苦斗争中，她也是一个刻苦工作的战斗员。崇高的母爱在这儿升华了，超越了那些嘘寒问暖的琐碎事情。一个神圣的大目标横在前面！儿女奔向它，母亲也不两样。母爱扩大了，这仁慈广被到全人类儿女的身上，发挥出更温暖的热力，如同透过砂石的清冽的泉水，母亲的涵义更伟大了。

子冈：《给母亲们》

（原载《妇女生活》，1937年第11期）

和徐盈一起由江西返回上海不久，子冈又奉《妇女生活》之命，单人去往苏州，冒称史良的"堂妹"去到看守所，探访这位"七君子"中唯一的女性。归来化名"小梅"，写出《堂姐史良会见记》。随即她和徐盈一同前往北平，住进徐盈父亲的家里，在长辈关切而又固执的注视下，补行了婚礼仪式。不到一个月，"七七"事变爆发，交通断绝，他们被困在沦陷了的北平。徐盈父亲是铁路高级职员，曾任北平前门车站站长和北平至山海关段段长，后弃职经商。凭着他的特殊关系和潜势力，买到两张特别票——使他俩能够混迹于日本人的列车中抵达天津。乘船去烟台，再乘车到济南，然后两人便依依分手。子冈直赴汉口，加入了武汉《大公报》，同时单枪匹马主编起一个杂志《妇女前哨》。徐盈则几乎又辗转奔波了一年时间——先去太原，见周恩来；再去五台山，访朱德；转道开赴兰州，结识了中共驻兰办事处的谢觉哉、杨静仁；又搭乘羊毛车（一种苏联汽车）去星星峡，采写接苏联军火的新闻；返回兰州后再经河南，最后在1938年春也来到汉口。子冈、徐盈重逢了，并肩为《大公报》服务了。

　　不久，武汉《大公报》采访主任、青年记者协会负责人范长江，与《大公报》老板产生矛盾，决定离开报社。子冈、徐盈平素与范思想相近，关系密切，便想与范同进退。这时，仿佛是两位好朋友——《新华日报》的石西民和刘述周，提出"不要轻离《大公报》"的忠告。不久，正在武汉的周恩来、董必武、邓颖超又接见了子冈、徐盈。子冈、徐盈提出了入党请求，并希望能考虑调他俩去延安。周恩来同志对他俩的入党请求表示欢迎，但认为他俩不宜此刻去延安，因为《大公报》的工作极其重要。从这个时候起，他俩开始与周、董、邓建立起"单线联系"——每星期都要去采访中共驻武汉办事处，实际上是把自己从国民党军政要人处得到的消息汇报给党。他们没能去延安，倒是通过董必武的介绍，把子冈的弟弟辗转送到延安上"抗大"去了。1938年8月某日，他们被通知前往汉口的德明饭店，在那里见到了中共中央宣传部长凯丰。在空空的一间房子里，凯丰讲："你们的入党请求得到批准，今天就举行仪式。"子冈、徐盈填了表，念了誓词。凯丰告诉他俩一句："你们的介绍人是胡绳"（胡绳并未出席），全部入党仪式就算结束。考虑到他俩的具体工作环境，派来与其单线联系的何伟同志（他平素做工人运动），便宣布党组织对他俩的三条规定——不过组织生活，不发展新党员，不交纳党费。何伟每次都以"会客"的形式约见他俩——在武汉《大公报》的会客室里，向他们传达文件，或通知他们何时去接受周副主席的约见……

　　子冈入了党，感到周身血液发烫和流得更快。当武昌被日寇飞机狂轰滥炸之后，她一方面用形象如昔的笔触陈述惨状——"在三四点钟以前，他们全是活泼乱跳的小商苦力和辛勤的妇孺。现在，他们身边是担架，是救护队，是薄皮棺材，是啜泣的亲属骨肉，是在淌泪的和死者并不相识的女人们"；同时，也禁不住要站在共产党和中国人民的立场上，坚定地高呼战斗誓言——对于疯狂了的侵略者，我们要以牙还牙，以战争消灭战争！和平在抗战胜利以后！即使是在平素那种"例行公事"般的采访中，子冈也显得格外有激情和想象力。比如，由十五六个孩子组成的新安旅行团，一年多遍走了江浙、绥远、宁夏、甘肃、陕西，最后抵达武汉。子冈在一次茶会上耳闻目睹这些孩子以自己的热情和技能宣传抗战建国的道理，她忽然觉得在讴赞那千万忠勇的士兵之余，也应该"推崇孩子，从许多儿童团体中我们发现了新中国的曙光，他们飞跃地前进，使人难以相信地在执行伟大的救亡任务。我们看到新中国的光辉，在弹烟炮火中升腾起来了"。"子冈还走访了汉口第五陆军医院的伤员赵仁发，见到了赵母写给儿子的信——"没有一句气短的话，也没有一句向儿子泣诉年迈无依的怨艾"，而是"叮嘱她的独子伤好了再去战场"。面对此情此景，子冈由衷地激动了，她在《给母亲们》一文中打破了新闻采访的通常写法，在后半部离开事件本身大发议论，她就"母爱"问题说了许多话，她激昂地指出："把那些养而不教、溺爱纵容的弱点去掉，不要把儿女看作是自己的珍宝，在敌人的侵占伤害之中，我们再也不要希望幸免，中华民族的儿女是同命运的。"显然，这些思想已与早年她在教会学校里对母爱的那种膜拜大相径庭。子冈是个正直而勇敢的人，在十几年血与火的考验面前，在对于共产主义的追求之中，她勇于不断开拓，勇于否定过去的"自我"。这些关于"母爱"问题的言论，就是她离开"上帝母亲"而奔向"时代母亲"的一颗赤诚的心。

七、良　庄

　　叔羊先生是沈钧儒老人的三公子，是我和徐盈的多年朋友，今年72岁了。在他1943年所绘《渝城山景》长卷上，郭沫若氏曾题过一首七言古诗："陪都有屋号良庄，中有一老国之光。温质如玉貌安详，自言七十身康强……"郭氏诗中的良庄，是重庆市中心枣子岚垭的一所三层小楼。抗战时期，沈钧儒、王炳南及我和徐盈都住在二层上面。叔羊当时和乃父住在一起，后来他就是在这个小楼上结婚的。

子冈：《沈叔羊和他的画》

（原载香港《大公报》，1981年春）

　　1938年冬，子冈、徐盈随《大公报》来到重庆，最初他们居住在城市边缘地带的百象街。《大公报》编辑部设在郊区，在城内没有宿舍，所以居家问题完全要靠记者自己解决。由于轰炸，子冈、徐盈在一两年内反复迁居，一点点向市中心挪。当第四个住所被轰成一片瓦砾之后，著名爱国老人沈钧儒及时伸出了援手，让他俩搬进良庄、搬进自己不满十平方米的客厅，一住数年。

　　子冈如何与沈老相识？回想1935—1936年在上海的时候，沈是著名群众团体"救国会"的主要负责人，又是后来的"七君子"之首。子冈那时仅是救国会影响下的生活书店里的一名低级职员——《妇女生活》刊物的助理编辑，由于沈兹九的引荐，子冈接触到史良等人，但还未能有机会与沈老相识。但子冈在那一时期的许多通讯，尤其是记叙鲁迅葬礼的《伟大的伴送》及后来写史良等七君子被囚苏州的几篇文章，却也引起沈钧儒的注意。子冈与沈老相识，还是在1938年的武汉，是在她开始担任了《大公报》的外勤记者之时。上海沦陷后，沈钧儒来到武汉宣传自己的政治主张。他与《大公报》的"三巨头"（吴达铨、胡政之、张季鸾）都熟，其中与张关系尤密，常常要通过《大公报》来披露自己的活动及言论。而子冈的特殊地位——一方面是《大公报》的"新秀"，同时又是救国会暨生活书店的旧人——就自然赋予她更多的宣传任务。抵重庆后，沈钧儒担任了国民参政会的参政员，需要经常发言表态去抨击政府，更需要经常把这些言论公诸报端。面对当时三大报——《中央日报》《新华日报》和《大公报》，当然以后者最为相宜。在《大公报》诸记者中，沈老又因历史的关系与子冈、徐盈最熟，并且早已建立起一种忘年的朋友之情。所以一当闻知子冈、徐盈居所被炸，尽管自己居住条件也不宽裕，还是毅然邀请他俩迁往了良庄。大约沈老也未料到，自己此举对这一对青年记者，特别是对子冈，起到难以估价的重要影响。

　　良庄本身并不出奇。名为三层，实则两层。一层是两名银行职员居住。二层则住着沈老和王炳南两家。三楼很狭小，有如上海的亭子间，通常是熟客来访谈晚了临时去过一下夜，沙千里、张申府都曾在三楼住过，沈叔羊结婚也是在三楼上面。良庄的可贵之处，则在其地理位置。良庄之前，则有犹庄，史良庄住在那里。良庄之后，则是漱庐，那是国民党的一个特务机构。漱庐前的平房中居住着邹韬奋，漱庐后的大楼里住着陈立夫、陈果夫。漱庐再后面，则是文艺界抗敌协会、青年新闻协会一些群众团体所在地，经常举行各式各样的活动。另外、黄炎培、史东山、应方卫等各界名人都住在良庄附近。因此可以说，良庄是当时重庆的政治、文化中心之一。子冈搬进良庄，如鱼得水，几乎天天要到韬奋家中，韬奋也不时来良庄看沈老。沈老的家是各种进步力量的聚合点，各种消息在这里汇拢、比较、评析。由于良庄没有防空洞，所以一遇空袭，子冈就得去犹庄或漱庐的防空洞暂避。防空洞中汇集的人更杂，消息也更多。由于这是犹庄及漱庐的防空洞，由此获得的消息自然就更有分量一些。在这样的环境（生活环境与工作环境密不可分）中，子冈脱颖而出。她是女记者，却首先采写政治新闻和重大的文化新闻；她也写妇女、儿童和一些容易引起悲天悯人的冲动的题材，但都是放到了面临全民抗战这样一个大背景下。联系到当时《大公报》对于外勤记者的态度来看，尤能感到子冈迁居良庄的幸运及自身拼搏之可贵。《大公报》素来有一种"传统"：对外勤记者不出题目，不划范围，但凭他个人依自身条件、兴趣和毅力去拼、去闯。如果你写来的稿子合《大公报》的路子，自然会经常采用和发表，你就可以出名并继续干下去。如果你写不出来或写的总不合用，那么对不起，出路只有"卷铺盖走人"一条。在战时的重庆，政局混乱，生活条件混乱——子冈、徐盈每天要在那间不足十平方米的小屋点煤油炉做饭，后来有了孩子曾请过一个保姆，晚间也在那十平方米中搭铺……说到工作条件更是可怜，记者一切行动都靠自己的双腿，首先要挖空心思去找、去抢各类新闻——那种发表在报上只有豆腐干大小的消息！这种事倍功半的工作是任何外勤记者不能拒绝的。子冈不但称职地完成了"豆腐干"消息的采写，而且在积累、消化之后，又写出独具慧眼的系列通讯、述评。"时势造英雄"。是沈老把她引进良庄，引进这个当时重庆的政治、文化旋涡之中。但反过来，子冈又运转起那支生花妙笔，多层次、多方面地描绘起陪都一切有特点的事物！啊，她不能辜负这个时代，她也不能辜负自己的感觉！

八、浦二姐

　　抗日战争的40年代，在重庆山城，浦熙修和我，无形中成了新闻界的一双姐妹——并肩采访，分别写稿，人家看见我问她，看见她问我，好像我们之间不存在什么新闻竞争，合作得倒很融洽似的。有人猜想彭子冈是一名地下党员，而浦熙修也愈来愈赤化了。……敬爱的邓大姐1946年有一张和熙修的合影，她不知怎地没忘记熙修和我的友谊，解放后曾特地签名送我一张，居然保存到现在。

子冈：《熙修和我》

（原载《文汇增刊》，1980年第6期）

　　浦熙修是重庆民营报纸《新民报》的采访主任。它的版面只有当时各大报的一半，但是老板陈铭德、邓季惺都立志使之成为"第三方面"。这很不容易，陈与四川军阀关系很深，邓的胞弟则是国民党中央的宣传部副部长。浦颇受陈、邓赏识信任，在她手下有各式各样的记者，背景都不简单。因此在平衡人事关系及坚持"政治路线"上面，她费了很大功夫，也显露出许多才干。

　　《新民报》与《大公报》的政治立场相近，是熙修与子冈并肩采访的基础。携手工作，或许还能彼此"取长补短"。熙修随子冈一道行动，《大公报》这张全国性大报的牌子，肯定比自己这张地区性小报要"亮"，反过来，熙修在社会活动方面的经验，不仅可以是同年龄的子冈的姐姐，甚至可以当子冈的老师。

　　熙修当时住在犹庄，丈夫袁子英是政府经济部工矿调整处的职员。子冈和熙修每次取得联系，只要跑出住所几步，喊一声就能听得见。从个人感情来讲，两人也有相似之处——子冈之弟彭华，其时还在延安，而熙修的弟弟通修和妹妹安修，当时也在延安。她俩又偏是最重同胞之情的。

这一对姐妹记者的社会关系和采访对象也是大体相似的。她们都认识邵力子（当时参政会的秘书长），邵竟然允许她俩躲在屏风后面，偷听参政大员开会论政，然后去向读者披露；当然这要做到分寸恰切，而邵对她俩在这一点上的"功夫"又完全信任。

她俩还巧妙地躲过新闻官的检查，向社会披露了国民党要人"重狗轻人"的丑闻，那是在太平洋战争爆发后，国民党一些头面人物相继离港飞渝。她俩一次去机场，听到一些"大官"们在窃窃私议——孔祥熙夫人带着二小姐的洋狗和大批行李走下飞机，而许多重要文件及在野知名人士王云五的家属却杳无踪影。于是熙修在次日《新民报》上并列刊出三条独立的消息——一是孔夫人由港抵渝，二是王云五接着失望，三是重庆出现喝牛奶的洋狗。明眼读者顿时大哗。紧跟着，子冈把消息告诉给王芸生，王则在《大公报》社论中公然提出，使孔氏家族狼狈不堪。为了此事，重庆警察局长徐中齐大怒，差一点就要查封《大公》《新民》两报。

九、我行我素

蒋夫人在白宫招待记者席上说："中国人民在社会方面素持民主精神，目前中国正倚赖报纸协助完成政治上之民主。"这也许真是人民心中的愿望，但是报纸要尽这个伟大的职责，尚有待客观环境的开展。叶楚伧氏要求新闻界多做积极的建议，勿做消极的批评。可是要把这两种工作划分清楚，是不能如水与油那样容易辨明的。而且读者与政府对报纸的期望，往往是相反，或者可以说读者的要求更多些，更愿意接受民主政治的熏陶。

子冈：《重庆低唱》
（原载桂林《大公报》，1943年3月7日）

　　前文提到子冈进入战时重庆五次迁居至良庄，这件事对她后来的采访生涯得以向纵深发展，曾起到不小的影响。而她以记者形象进入"陪都"的第一次"亮相"，同样因一件如同沈钧儒伸出援手似的偶然因素而获成功。这偶然因素就是，《大公报》总编辑张季鸾在1939年初——抗日战争刚刚进入相持阶段——的时候，要求子冈以记者身份去采访蒋夫人宋美龄。子冈去了，忠实地记下了自己的感受，并用善于抒情的笔法传达给读者。文章一开头先引录了一段宋美龄的讲话："伦敦圣保罗大教堂的南面入口之前，有一块奇特的石碑，上面镌刻着一个拉丁字，'Resurgam'，它的意思是：'我将再起'……这一个碑文，那么强劲有力的一个字，对于我们，对于目睹着同胞伤亡、家残国破的我们，尤其富有特殊的感动力，它将要深深地印刻在我们每个人心头，鲜明地照耀在旗帜之上！"这是多么漂亮的一段话！将近半个世纪过去，初读这篇《蒋夫人访问记》的人，都不得不佩服地承认：宋美龄真会说，而子冈也真会写！张季鸾是欢喜这篇文章的，它对《大公报》的"小骂大帮忙"是起作用的，因此便宣布对子冈实行"晋级加薪"的奖励。作为子冈——一个入党还不到半年的新党员，我以为她在文章中说的也并不是假话。人都是复杂的。她除了新党员，还是《大公报》记者，自然不能拒绝老板的指令；同时宋美龄那种西方文化渗入骨髓的气质教养，对自幼成长于教会学校的子冈，又怎能没有一点吸引力？24岁的子冈在此之前，曾拜访并采写过史良、冰心等各式各样的女名人，但这一次是去见"第一夫人"啊！于是憋足了劲儿去"露一手"，文章还能不精彩吗？对于宋美龄的个人风度，史良晚年曾这样评述："如果抛开政治见解，我对宋美龄个人印象是好的。她能干、大方，说话、做事得体，我深深地怀念她。"（见史良：《我的政治生活》，《纵横》，1985年第二期）由此可见，子冈这篇文章记录了宋美龄一个侧面上的真实形象，是子冈"我行我素"一贯性格的一次成功的显现。

　　或许使年轻的子冈自己都没料到的，是这一次采访无形大大提高了她作为记者的"格"或"档次"，使她今后不需要再去专跑那些琐屑的"妇女、儿童消息"。1940年4月1日，宋氏三姐妹刚自港飞渝，"我行我素"的子冈便闯进蒋介石官邸，面访宋美龄。这一独家新闻的获得，正是前一次采访成功所带来的殊遇。

随着抗战的深入，国民党权贵的政治态度以及生活上的奢侈行径，逐渐暴露无遗。子冈感到震惊和气愤，"我行我素"的个性使她要利用手中的笔进行批刺。本节开头引录了宋美龄在白宫记者招待会上的讲话，子冈在重庆就不客气地给以讥讽。同年7月4日，宋美龄自美经印度乘专机飞回重庆，孔二小姐同机到达。子冈报道说："她们的行李极多，自然有许多重要文件，两卡车装得满满的。有人走近一大而四四方方的盒子，受到了叮嘱：'小心点，这里面有手表。'"一句"闲话"，揭开了权贵走私的内幕。更有甚者，在重庆嘉陵宾馆，国民党政府行政院副院长孔祥熙主持过一次节约储金运动的集会。进茶点时，孔起立致辞："今天讲节约储金，所以准备的茶点也很节约，只有一块维他饼和一杯红茶。但必须向诸位说明，这种维他饼是用最富于营养的大豆制成的，又是新生活运动总会总干事黄仁霖先生发明的。当年我在美国遇见汽车大王福特先生，他告诉我，中国的大豆，含有维他命ABC多种成分。总之，诸位吃了维他饼，不但实行节约，而且有益于养生之道。"这一席话说完，子冈立刻起立提问："这几年，前方将士浴血奋战，后方老百姓节衣缩食，都是为了争取抗战胜利。孔院长，你可以看一看，在座的新闻界同业都面有菜色，唯有你心宽体胖，脸色红润，深得养身之道，可否请你继续深谈一下养身之道？"对此突然"袭击"，孔祥熙瞠目不知所措，只得以"哼哈"之声作为掩饰，匆匆就宣布散会。……

子冈这些言行，早就引起当局的不满。他们几次向《大公报》老板"交代"：彭子冈"文字不妥"，要报社"采取手段"。报社对子冈还算关照，没有解雇她。因为拥有若干"进步记者""为老百姓说话"，正是《大公报》自我标榜的一种重要标志，也正是它的"小骂大帮忙"态度换取国民党最高层青睐的一种重要手段。但是，子冈那些过激的言论便逐渐被扣下不发了。自"皖南事变"之后，这种情形更加严重。怎么办？子冈焦虑、愤怒，但终于想出了办法。由于当时桂林新闻检查较松，她于是应邀为桂林《大公报》撰写重庆航讯。她的视线转而朝下，迈开双脚奔波在重庆那起伏的山路上，采访那"战时首都"疾苦潦倒的底层社会！在这些呻吟着苦痛的人们面前，子冈感受到一个新的世界，觉察出民族国家的出路和期望。她开始表现他们，在"抗战"这一个大背景下去细心雕刻这一群渺小却值得尊敬的"小"人物群。子冈写得很活，很广，又很快，一年间就写了近百篇，这些后来被同行们称为"重庆百笺"，把大后方人民的心声和雾重庆的真相，及时而形象地透露给更多的读者。

"我行我素"，仿佛一直是子冈的性格的"核儿"。其实，子冈的性格从不是一成不变的，时代推着她去看一些她从未接触过的新地方和新阶层，推动她去写一些她从未想到和知道的新人物和新事情。她依时代潮流去做了，做得自然、主动并有创造性，她对时代做出应有的贡献，也在做贡献的过程中不知不觉地改造了自己，尽管从某一个历史的横断面来看，她仿佛仍是在"我行我素"。

十、真善美

记者像追着看新嫁娘似的追进了张公馆，郭沫若夫妇也到了。毛先生敞了外衣，又露出里面的簇新白绸衬衫。他打碎了一只盖碗茶杯，广漆地板的客厅里的一切，显然对他很生疏。他完全像一位来自乡野的书生。

子冈：《毛泽东先生到重庆》

（原载《大公报》，1945年8月）

子冈在重庆拼搏、战斗了八年，她和全国人民一起，激动地迎接了抗日战争的胜利。紧接胜利的就是不安——蒋介石三次电邀毛主席来渝和谈，而毛主席偏偏就答应了！在毛主席抵达重庆九龙坡机场的那一天，子冈有幸目睹了这一历史镜头。她作为一名工作于白区的地下党员，在长期热烈的向往之后，终于平生第一次、却又是在敌窟中见到自己的领袖——这种复杂的激动之情是难于抑制的，然而又是必须抑制的，因为她当时的身份是国共之外的"民营"报纸记者，新闻第二天就得见报，何况还得通过国民党新闻官的检查！到场的中外记者很多，"美国记者们像打仗似的，拼着全力来捕捉这一镜头，中国摄影记者不多，因此强调了国际间关心中国团结的比重。塔斯社社长普金科去年曾参加记者团赴延安，他们也在为'老朋友'毛泽东先生留影"。子冈手中只有一支笔，但是毫不慌乱，面对中外记者共同采访的强烈"竞争"，她心中涌现一股豪迈的愿望——自己要坚持"真善美"的标准去写毛主席，要用自己的风格和优势去赢得这次竞争。

她赢了。她用了不到一个半小时，写下1500字的特写。她敞开诚实的心，睁着一双大后方人民特有的眼睛，力求客观、然而又是有选择地记录下一个又一个的场面——

"没有口号，没有鲜花，没有仪仗队，几百个爱好和平自由的人士却都知道这是维系中国目前及未来历史和人民幸福的一个喜讯。

"毛泽东先生，五十二岁了，灰色通草帽，灰蓝色的中山装，蓄发，似乎与惯常见过的肖像相似，身材中上，衣服宽大得很，这个在九年前经过四川边境的人，今天踏到了抗战首都的土地。

"'很感谢'，他几乎是用陕北口音说这三个字，当记者与他握手时，他仍在重复这三个字，他的手指被香烟烧得焦黄。当他大踏步走下扶梯时，我看到他的鞋底还是新的。"

尤其使子冈感到得意的一笔，是自己记录了毛主席在张治中那间有广漆地板的客厅中打碎一只盖碗的细节。在十多年的采访生涯中，子冈尊重名人却从不盲目崇拜名人，写名人也力求写出活生生的性格。所谓"真善美"，其中"真"是第一位的。她相信自己的观察，她善于记下并"发挥"自己的独特感觉。对于这一次采写，她自己事先曾做过这样的考虑：把毛主席写成一个亲切随便，甚至对重庆官场感到不很适应的人，大约符合毛的素来性格；同时这样写，对于破除国民党长期在大后方人民中对共产党那种洪水猛兽式的宣传，肯定会有积极的作用。因此，子冈在为毛主席以后在渝活动所写的报道中，再一次运用了这种手法：

"毛嗜纸烟，手执一缕，绵绵不断。到渝的朋友大多有以舶来品赠之，座上客恒发现其敬客者皆名贵品。

"毛氏寓所处新建一礼堂，中秋日举行落成典礼，有盛大晚会，毛氏是晚并参加跳舞焉。

"毛氏生活简单，对米面均无偏爱，在北方吃惯了麦面小米，彼虽生自鱼米之乡，来渝后对大米亦殊淡然。"

子冈不仅以白描手法记录了上述这些生活的微枝末节（大后方的普通人民对之却有极大的兴趣），而且还巧妙地把毛主席的某些带有决策性的行动，以偏锋笔法按照"闲文"规格写出，夹杂在生活情趣的记录之中。比如"渝中友朋，咸感一别二十载，毛氏湘音无改，故十月八日军委会大礼堂里，毛氏谈话，全部听懂者亦不多，唯其强调'和为贵'一点，则悉能领会"。这种写作方法，不能不说是一种创造性，它和前文提到的浦熙修在《新民报》上并列三条独立消息以揭露孔家权贵重狗轻人的做法，真有异曲同工之妙。

子冈在长期单枪匹马，孤军奋战的实践中，既锻炼出讲求效率和创造性的长处，也使主观任性的缺点得以蔓延。毛主席在渝期间活动很多，有些宜于重彩浓墨加以报道，有些则不适合公开披露。有一次接见中国妇女联谊会，毛主席谈到了联合政府、国民大会、中苏条约等项问题，阐述了共产党的原则立场。子冈以记者身份参加了这次会见，徐冰事先叮嘱她："不要发新闻。"但子冈听了之后，认为有重大的新闻价值，职业习惯压倒了纪律观念，于是一回报社便发了新闻，结果受到徐冰的批评。

在毛主席来渝参加国共和谈尚未全部结束之时，《大公报》决定调子冈和徐盈去北平参加创建北平办事处的工作。于是在1945年5月和9月，子冈、徐盈先后告别山城，飞赴北平去了。

十一、回到北平

一位新从重庆来的朋友独自下小馆，吃了一千八，他付了一千八法币，外加小账一百，事后才知道他多给了四倍。

子冈：《北平岁寒图》

（原载津版《大公报》，1945年12月）

子冈在8月份带着儿子，偕同《大公报》上海馆营业部的几位同事，自重庆飞抵南京，又一起乘火车去上海。她在沪逗留了一两个月，其间还独自回苏州看望过一次双亲。俟她飞抵北平时，徐盈却先一步到达了——他晚一个月离开重庆，却直接经南京飞抵北平。他俩在西城六部口附近的大中府租房住了下来。天津《大公报》刚刚恢复，北平办事处开始就他俩维持。后来张高峰参加了工作，不久就转道去了东北。在张之后，吕德润、谭文瑞、戈炎棣、萧离、萧凤等次第参加过北平办事处的工作。

子冈一离开重庆，最大的感觉就是外边物价便宜，在南京大吃螃蟹的事使她记忆了许多年。然而到了北平，等自己重新又以记者的眼光打量周围的一切时，那颗兴奋的心便很快凉了下来。一块法币拿到北平，可以折合五块联币——这种兑换意味着什么！？"五子登科"和"三洋开泰"（即骂东洋、亲西洋、抢大洋），使"接收"大员变成了"劫收"大员！

子冈、徐盈很快开始了工作。通过胡政之的女婿，原重庆金城银行一位姓王的经理，他们在西城西旧帘子胡同的一座小四合院设下"北平办事处"的办公地点。他俩白天蹬着自行车，或者乘坐那几条线路极有限的有轨电车，各自去"跑"新闻。每天晚上都要去到西旧帘子胡同的电话机旁，口述自己刚刚写成的消息文章——一词一句都要念清，甚至连每个标点都要交代清楚！靠电话念文章常常要搞到半夜，而第二天一早的津版《大公报》上就会出现"北平电话"的专题热门文章。子冈用这种方式，把"重庆百笺"的"传统"继承了下来，在抵达北平不到半年中，又次第写出如下的"社会相"——《北平小事》《北平岁寒图》《如是我闻》《北平二三事》《烽火北平》《北平的春天》……子冈在文中记道——

"本月已小雪两次，气温低到零下十七度。大街小巷的垃圾山上，有大群人以冻僵的手指拾煤渣，男女老幼蓬头垢面，甚至为争夺一点点目的物而厮打，只这一幅'踏雪寻煤图'，就够为惨胜做写照的了。

"这件案子中内幕新闻是，在商会中早有'飞来派'与'土著派'之争，呢绒与理发都是'土著'，在国代选举时'土著'未选'飞来'，所以警备部要开刀时，'飞来派'便如此举荐，以后如何，要听下回分解。

"北方穷，初复员时街头孩童在抽陀螺时常唱：'抽汉奸，抽汉奸，棒子面，卖一千。'如今棒子面卖到六千一斤，又该抽谁呢？

"当蒋夫人过平转长春的时候，我听到一位家庭主妇问：'粮食卖到这样贵，蒋夫人知道么？你们当记者的可以告诉啊！'她想了想又说：'夫人不管柴米油盐，她不会知道的。'

"物价在飞涨，记者来平两月，平均物价涨了四五倍，是有法币美金人的世界，可怜一般北平的薪水阶级是联币计值，普通薪水只一万，合法币二千，在'涨涨涨'的飓风中颠簸得快翻了船！一个老头子摸着肚子说：'努力，努力，我叫我的肚子努力！'孙连仲长官兼主席说：'奇怪，重庆人走到哪里涨到哪里，又和重庆一样了！'救济分署的白面与旧西装，人民不敢仰望……"

子冈在上述报道中，尽量抑制住愤怒让事实自身说话。但有时也放开笔，把批刺的矛头直接指向了"政府"："这是经过沦陷八年后的第一个春节啊，照理说，二百万人民应该多么欢喜，多么骄傲。可是，除了天上隆隆的盟机或自己的飞机声音不断，与偶尔挂出的国旗外，我想问问老百姓们：你们触摸到我们的国家了吗？你们贴依到我们的政府了吗？这个春节与那些个春节有什么不同么？"

除了民生疾苦之外，另一件引起子冈关注的大事就是——她一到北平就赶上捉汉奸。在1945年12月，天津《大公报》上发表了她的"北平电话"——"平津汉奸，闻已由主管当局开列名单，计二百余人，即可拘捕。华北政委会"三王"皆安坐故都，静候裁判。王克敏病腿，闭门谢客。王揖唐住中央医院。王荫泰曾与记者谈话，极力表白。"子冈对这件事，最初也和老百姓一样地兴奋，认为"善有善报，恶有恶报"，希望一切都能水落石出。不料这"三王"之中，除王克敏后来病死之外，余下"二王"都受起优待。子冈十分愤懑，她主动去采访"二王"，用记者的犀利的笔揭露了他们身上的画皮。应该说，子冈这两篇报道都是相当成功的。然而在1947年11月——女间谍即将被枪毙之际，子冈曾赴监中写出的专稿《初晤川岛芳子》，却与对"二王"的批刺成鲜明对比，竟然对女间谍个人性格上的特点给予了过分的关注。子冈向来有种"同情弱者，爱打抱不平"的脾性，她曾经参加了在花园中公审她的那一幕闹剧——"树上房上棚架上都是人，群众基于一种不健康心理而时时起哄"；她还曾在10月8日初审未果时，看到川岛芳子登上警车前随手抛下的一封离奇怪诞的信，信写给一个叫"励生"的人，信中痛畅而又错乱地抒发她那"仇日亲中"之情……由于这两件事，子冈在川岛芳子被判死刑之后，决定"去发掘一下这声名赫赫的'间谍'的人性"。进入监狱后，典狱长告诉她，川岛芳子"没钱，吃着囚粮，没有像许多巨奸那样包饭或每日由家属送饭"。初晤川岛的刹那，又只见她"穿了和尚领的灰布棉衣，十分臃肿，正和另一难友提三大桶水""……这一系列的奇遇，使子冈对川岛芳子不再有防范和仇恨之情，以致在两人对话之后，子冈便不再插话提问，一切都沿着川岛的思绪恣意蔓延了。子冈为其谈话做了记录，发表时安上这样四个小标题："一切都是上当""我比勇士还爱国""邹所长还我的牙""我叫中国人打死也光荣"。通过以上介绍，不难看出子冈在这一篇采访中强调表现"自我"出了格。对于像"审奸"这样的大事，尽管"政府"的态度也不够严肃——在花园中审判，甚至在最后宣判时没有拿出任何有关川岛的人证与物证，但严肃的记者却不能如子冈那样任其自流，而应展开全面认真的社会调查，以求得到客观公允的结论。

十二、翠明庄

再过不多久，这个人便要来了，想想看，多不可能的！她把孩子安排妥帖，坐在书桌前佯作整理书桌，却从一面小圆镜中看见了自己。整整的八年，阿林该也由少年变成青年了！姐姐呢，怕是做母亲的痕迹已然深镂在眼梢眉角。最大的变异不是容貌，而是旋转在头脑里不可捉摸的情绪以及不敢发掘的思想。阿林在延河游泳的照片还并无多大改变。信里是不能也不敢谈得深长的。虽说自己也曾有过光明的理想，可是长年的平淡生活怕已和弟弟小脑子早所转所想的断隔了，凤日以为自己的理想的一半已随阿弟带走，今天幸从天外飞回，却又慌张得不敢接受了，因为怕从弟弟手中接过来时，已然走了样，自己的一双愚钝的眼睛会认不得它了。

子冈：《惆怅》

（原载津版《大公报》文艺副刊，1946年11月）

子冈来到北平不久，由国共美三方组成的军调部成立了。办公处就设在北平东城协和医院大楼中。军调部的标志是三个相互套着的圆环，三方共处于这一幢楼中，却各走一个门，门前皆有卫兵把守。每一个门内都发布新闻，同一事件从不同的门出来之后，都会有所区别。北平的新闻记者由于自家报社立场的规定，通常都不把自己局限在一个门里。子冈、徐盈由于《大公报》的关系，三个门经常出入，经过他们手中的消息实在是太多了。

共产党方面参加军调部工作的人员，当时有两处住所——比较高层的住在北京饭店，那里由徐冰同志负责；其余的则住在东城南河沿的一座日本式三层小楼，楼外的围墙外砌有绿瓦，于是起了一个很好听的名字：翠明庄。子冈的弟弟彭华，这时突然从延安奉调来此工作——暌违八年的姐弟重逢了。

上一次相聚是在1937年的汉口。其时，子冈、徐盈尚未入党却一再渴求去延安工作，他们的愿望没有得到批准——党认为他俩在白区工作会对革命更有利。子冈虽没有去成延安，却通过八路军驻汉口办事处董必武的关系，把弟弟彭华介绍到延安去上"抗大"了。彭华走了之后，曾在来信中讲述了延安的情况，子冈觉得很生动，只从文字上稍做整理，便在当年12月及次年1月的汉口《大公报》"战线"副刊中，两次发表了署名彭华的"延安散记"。在散记之一"我们受责备了"当中，这样记叙了这些国统区青年初到延安的生活场景："十二个人住在一间屋里，一个大炕，睡觉的时候翻个身会影响别人的睡眠。看书坐炕上，菜盆和洗脸盆都放在地上，蹲着吃饭，蹲着洗脸。大家吃完了饭，或是有空暇的时候，依然兴高采烈'咧咧啦啦'地唱着。"这些青年出自对国民党的义愤，把刚发的军服上的国民党帽徽扯下来，并生气地抛到了地上。大伙围着队长，七嘴八舌吵闹着，要求发个"红星星"来代替帽徽。"同志们，我们办事不能光凭热情"，队长压低了嗓子，眼中射出严肃的光芒，"我们爱我们的党，对的；我们更要遵守我们党的方针。现在民族统一战线的口号之下，由国民党来领导抗日，我们没有权利把帽徽摘下来……"在散记之二"红鬼"当中，记录了一个只有16岁，却已有五年革命经历的小"红鬼"。他当过儿童剧团的演员，给毛主席演过戏；他13岁开始当勤务员，经过了二万五千里长征；在这（国共）"合作时期"，他穿上了不合身材的国民党军服，但把自己"那红星星的帽子，还包在包袱里"……在这两篇文章发表之后，子冈、徐盈于1938年夏在汉口入党，彭华几乎是同时在延安入党。姐弟此后的联系基本上处于中断状态——子冈去到重庆，经常在日寇飞机的轰炸下写稿，彭华则在"抗大"毕业之后，去太行山根据地工作了若干年。此际相逢，彭华作为李克农同志领导下的一名工作人员，主要从事情报工作。他住在翠明庄，子冈、徐盈常以《大公报》记者身份去到那里。子冈把自己了解到的各种消息和盘托出，徐盈则根据彭华的要求，为他介绍一些经济界人物。因为中共当时要借来北平参加"军调部"时机会，顺便为解放区购置电料、医药和金属器材。为此，就必须和北平这方面的人物搭上关系，必要时好做掩护。在这种革命的姐弟关系日益进展的同时，细心的子冈仍然不减心中的那一缕骨肉柔情。当她第一眼看到弟弟"那流萤一样的眼睛，灵秀之气显得和肥大的棉布军服不能衬配"之时，便感到那"眼睛黑乌乌的比丝绒更柔和"，她忆起当年母亲怀弟弟时曾有意多吃了桂圆，因为"母亲迷信象形的东西可以优生，桂圆核就被假想作黑黑的眼瞳"。彭华在北平工作了大约一年，子冈也几乎在这种神奇而浓郁的姐弟情中沉浸了一年。她爱弟弟，由于弟弟的缘故更倾向去延安。这种情绪早为弟弟所察觉。为了避免不必要的波动，弟弟只得不告而辞。这使子冈很恼怒，但转瞬接到弟弟离平前预先写好的信时，她的心又软了。彭华在信中写道："记得九年前的冬天，我匆匆离开汉口，为了祖国的独立和解放，我到了敌后……没有想到这次来平又匆匆离去，还是为了祖国的独立民主与和平，我必须回到××区去，更好地贡献我的力量。你们则在这个环境里可以生活和斗争得更好些，只好再一次的别离。两次别离怎么这样相像啊！我们既然有决心八年打倒一个日本帝国主义，我们也有一个决心再花八年消灭中国的买办与封建独裁！假如九年前在离开汉口时我还流泪，那时因为我还太幼稚，而今天我离开北平时，却充满了憎恨与胜利的信念。胜利后再见，和平民主实现时再见！黑夜茫茫，你要珍重！为了少让二姐踟蹰苦恼一次，原谅我撒了一个谎，你看这信时我已向太行老家走去了……"

子冈记得弟弟临行前的最后一次嘱托——要自己和徐盈今后代订北平的各种报纸（种类越多越好），按时送到东安市场的一家不起眼儿的书摊，那是中共北平市委领导下的一个地下联络点，报纸即从那里辗转送到延安……子冈又于1946年11月，写了一篇自传体小说《惆怅》，记叙了自己和弟弟年来的这一度相逢。子冈的小说笔法并不高超，只是因事情本身相当集中并具典型意义，所以这篇小说经沈从文先生润饰在《大公报》发表之后，影响是空前地巨大。周恩来同志后来因公回到延安，曾专门召见彭华，嘱其"要给你二姐去信，安慰她一下"，并说这篇小说"把革命之情与骨肉之情融到了一起"。

十三、从梁家园到张家口

就在又一次新闻发布会上，我又巧遇到蔡文治将军。说"巧遇"并不确切，我是主动凑过去的——准备欣赏他大动肝火。不料，这一回他只是无可奈何地打了个招呼："彭子冈，你的文章真有煽动力啊！"

子冈：《乡愁》

（原载《文汇增刊》，1981年第12期）

子冈在回到北平之后，文风较前更为泼辣。她常常在公开场合顶撞国民党方面的军政要人，并且还把顶撞的情形公诸报端。在《北平的春天》一文中，她直言不讳地写道："蔡文治参谋长嫌新闻记者们太喜欢滥发军事三人小组去来的新闻了，他是不能了解人民想知道这些事是有多么迫切。"

就在此文发表后没几天，国民党军警以漏报户口为由，突然闯进共产党驻北平《解放》三日刊编辑部，抓走总编辑钱俊瑞等20多人。子冈与钱不仅相识，并且还多次向《解放》三日刊提供过重要的政治消息。她闻讯后，当即与《大公报》北平办事处记者张高峰，一道骑车奔往宣武门外梁家园，要求会见警察分局的分局长。代理分局长杨恩禄过去在重庆时认识许多《大公报》记者，此际极力表示友好："彭先生，咱们是老朋友了，你该认得我吧？"子冈应声附和："老朋友又在北平巧遇，难得！"子冈随即单刀直入询问拘捕理由，答曰："漏报户口。"子冈："说句笑话，在北平没有户口的人都抓起来，警察局可要挤破。"杨恩禄："啊……"杨表示如何处置被捕者是总局的权利，子冈告辞，杨送她出大门。路过前院，见到大敞棚里坐着一群共产党人，子冈机智地将了杨恩禄一军："我可以与他们见个面吗？""可以，可以！"子冈说："谢谢！"伸过手去又说："再见！"杨也只好"再见"，让子冈自由地去"探监"，竟没有人监视她。子冈进入大棚，与钱俊瑞等人一一握手，并接过他们事先写好的一封信，答应立即送交叶剑英同志。子冈说到做到，立即骑车赶往景山东街十五号"叶公馆"，将信当面呈交。叶读了信，决定晚7点在北京饭店举行中外记者招待会。他还对子冈指出："政府"此次捕人是非法的，公然破坏了和平民主。子冈很能理解这一表态的政治分量和新闻价值，便以叶剑英对记者谈话的形式，写成专电，立即发往天津、上海《大公报》。在叶公馆，子冈还得知——滕代远公馆和《解放》三日刊发行部也被无理搜查，并被抓去些人。于是子冈在离开叶公馆之后，当天又先后采访了滕公馆、《解放》三日刊、北平行辕、北平市政府和警察总局，在充分掌握材料的基础上，她次第选择了这样一些内容的新闻发给《大公报》——①国民党出动九十二军一四二师四二六团一营二连、宪兵十九团及军警特务三百多人，分两次对共产党人进行搜捕；②被捕共产党员共计四十八人，分押三处；③中共代表叶剑英、罗瑞卿、李聚奎等分别访问或写信给李宗仁、孙连仲及熊斌，以示强烈抗议；④滕代远代表叶剑英主持中外记者招待会。由于中共方面的强烈抗议和舆论界的及时呼吁，第二天被捕的共产党人胜利归来。

就在这"梁家园事件"结束后不久，在一次新闻发布会上，国民党方面代表兼参谋长蔡文治，曾严厉地盯了子冈好一阵儿，才换用玩笑口气发问："彭子冈，你究竟是不是共产党？！"子冈心中一惊，冷静地要蔡拿出证据。多亏新闻界同人从旁打圆场，才把这尴尬局面对付了过去。子冈素来有种"一不做、二不休"的脾气，于是单人匹马闯到"军调部"中美方人员那里，经过美国新闻处处长孟用潜的介绍，并与另外三名西方记者一道，搭乘美方飞机去张垣（即张家口）访问起晋察冀边区去了！在此后短短的几天中，她受到聂荣臻、罗瑞卿等领导人的接待，记录了边区人民的四十四队秧歌、霸王鞭、跑龙船欢庆春节的盛况，介绍了正在开展的扩大生产和坦白、清算各项运动，还在《晋察冀日报》举行的聚餐会上，见到了丁玲、成仿吾、艾青、萧三、萧军、草明等文化人……子冈飞返北平之后，立即写了一组《张家口漫步》连载于北平、上海和香港的《大公报》上。于是在不久举行的再一次新闻发布会上，再次巧遇蔡文治将军，便发生了本前开头所引录的那段颇见机锋的对话。

时间过得很快，形势发展得更快。国民党当局一再警告《大公报》："徐、彭文字不妥"，要报社迅速"采取措施"——即解雇。看到《大公报》采取"拖而不办"的态度，当局便在1948年12月底，派人搜查了他们的家，并把徐盈带走关押了数日。《大公报》老板面对此种情形，决定由戈炎棣代替徐盈出任北平办事处主任，准备把徐、彭调到天津甚至是上海的《大公报》馆。由于子冈当时怀孕"不利于行"，这一调动就拖了下来。谁知这一拖，辽沈战役和淮海战役在弹指间取得胜利、津京的围城局面迅速形成。子冈渴望了多少年的"新中国的光辉"，马上就要从东方的地平线升起了！

十四、面对新生活

在等待接洽进入兵器厅之前，我们在克里姆林宫里听戈宝权同志报告新华社电讯，毛泽东同志当选为中央人民政府主席，同时选出六位副主席，以及举行百年以来人民英雄纪念碑奠基典礼等，大家欢喜得要叫要跳，可这是在庄严的克里姆林宫里啊，大家只有抑制住感情的激动。向导员和译员们听了这好消息也向我们祝贺不止。

子冈：《克里姆林宫印象记》

（原载《人民日报》，1949年10月）

当英雄的人民解放军攻克天津，旋即北京也获得和平解决之后，徐盈奉党的指示，立即从北平城中步行至丰台，搭乘火车进入天津。津版《大公报》被接管，徐盈担任了管理委员会主任。随即，津版《大公报》改为《进步日报》，徐盈每周必须往返津京之间，除必要的稿件外，他把更多的精力放在管理事务上。报纸驻北平办事处主任的位置出了空缺，子冈不愿当这个"官"，仍愿做一名无拘无束的记者。由于她英文基础不错，更由于她自重庆时代起，就曾协助龚澎、乔冠华等向英美记者提供中国抗日的真实情形而与许多国家的新闻界较为熟悉，所以从1949年夏天开始，子冈就逐年有机会出国访问。她先后参加了中国作家代表团、中国青年代表团、中国保卫世界和平代表团和中国妇女代表团，访问过苏联、东欧、北欧及印度近十国。由于代表团性质的差异，使每一次出访接触到的社会面都不尽相同。子冈兴奋异常，经常从一登上出国的飞机开始，便用英语与外国飞机（当时我国还没有自己的远程大型客机）上的空中小姐攀谈，在国外的各种场合，她依然力争与懂英语的人谈话，还常常把对话写入自己的文章，增加了文章的活泼气氛。后来她感到英文在苏联、东欧国家中普及程度有限，便又抓紧在北京的日子，自费向一名苏联侨民学俄语，每周三次，从不间断。两年后，不但能够做简单的俄语对话，而且开始学习将俄文译成汉文。她曾把爱伦堡访华时关于写作经验的谈话，翻译、整理成中文发表，她还曾把发表在苏联刊物上的朝鲜小说，从俄文转译成中文，发表在中国的文学刊物上。每次出国，她都写出大量的新闻特写。她写得极快，就整体看比较粗疏，但仍力求汇入一些文学笔法及清新流动的思绪。她在1950年出版了一本《苏匈短简》，几十篇特写向刚刚解放了的中国人民介绍了社会主义国家的无数从政治直至生活的生动场景，甚至一些干巴巴的数字也能叫读者感到振奋。子冈自己在国外，惯于与外国朋友用白酒干杯；她开展采访的照片，被用为国外刊物的封面；每次出访归来，都带回诸如像章、织绣、手绢、图书等纪念物，以及割不断、理还乱的回忆……

与出国访问相映照，子冈在国内的写作情形则不尽相同。首先是报刊对记者的要求有了变化，子冈昔日那种"重庆百笺"式的写法已不允许。各种报刊都充满了社论、报告、方针政策的阐述及实施的辉煌效果的大块文章，新闻版上不再允许发表带有披刺性质的"社会相"。子冈为此在新中国成立初期曾经有一段时期感到惶惑。但她毕竟对新生活是有感情的，她要努力熟悉自己从未接触过的事情及人物，她要努力摸索掌握自己并不谙熟的方法。她开始走出家门去采访各条战线上的模范人物，她进入了这些人的家，也时常把他们请到自己的家。她写了一篇《雪亮的眼睛》，记述北京天桥一位刻字工人智擒匪特的故事；她写了《官厅少年》《老邮工》，把满腔热情注入到社会主义建设活动中去；她还写了《盲人模范工作者黄乃》，介绍了一位帮助盲人找到路、自己也同时找到路的盲人革命者……子冈这些文章，有的收入50年代初期每年选编一本的"散文特写选"，有的收入了中学语文课本。子冈在中国作家协会成立时，她是第一批会员中的一个，她这些散文特写，带有鲜明的报告文学的性质，她在文学领域中为自己蹚开一条新路。然而，作为记者的她又该如何办——如何继续坚持已经形成风格的做法呢？在丰富无比也生疏无比的崭新生活面前，在当时各大报纸那些不容有半点逾矩的规格（许多是从"苏联老大哥"处学来的）面前，子冈感到力不从心。因此，当1953年经范长江点将，把子冈从《进步日报》调往《人民日报》文艺部的时候，出许多人意料——子冈选择报道戏曲界动态，作为自己分管的主要项目。

十五、深入梨园

> 我祖籍江苏吴郡，本与京戏无缘。只因上学在北平，加之后来新闻采访，时时触及文化，所以就借报馆得到的观摩票，看过一些"最佳阵容"的京戏。看得稍多，也就上了瘾有时兴致飞逸，甚至哼上几句"青衣"唱腔。
>
> 子冈：《电视前的遐想》
> （原载《团结报》，1984年9月29日）

1937年第一期《中学生》上，曾发表一篇长达万言的《子冈论》，称当时只有22岁的子冈是自"五四"运动之后新涌现的"青年作家中很有成绩的一个"。文中指出，子冈"初期作品中似乎很受了一些旧诗文的熏染。在《我是燕子》那一篇里，时常夹着很多文言的句子，所以通篇词藻虽很美丽，却不能真率地表现出那委婉的情绪。但似乎只有这一篇，以后这个毛病便洗脱了。她的笔法渐渐显出受了西洋文学和新文艺作品的影响的痕迹，慢

慢地练成一副精熟圆浑的写作手腕"。（著者：高山）

这话说得相当中肯。子冈虽生长于一个古城苏州的旧式家庭，但古典文学、吴侬软语对她影响不大；当她走上文学及新闻道路之后，她刻意朝着白话文和新文学方向进行探索。在重庆躲轰炸的防空洞中，她努力从《铁流》《毁灭》等苏俄文学中汲取营养。婚后，只有大姐与自己的某些"私房话"需要避开在场的徐盈时，她才肯重新去说苏州方言……尽管如此，她对包括京戏在内的一切旧有民族文化，却没有采取蔑视的态度。因为就在她所尊敬的新文化人田汉、洪深那里，她也曾看到古诗、京戏对这两位新型戏剧家潜在而深刻的影响！抗战八年，她偶然看过一点"厉家班"的演出。胜利后到了北平，看京戏的机会大大增加了。她曾广泛地写过北平的失业现象，尽管几十万失业人口中梨园界只占三千，但是她在深入探查后惊觉"平剧（即京戏）之存在是构成这古老的文化城因素之一"，于是便下决心、用力气写了一篇《记北平国剧界》的特写。她显然从捧名角的狂热表象中挣脱出来，她摸准了梨园人物的心灵与脉搏——"他们从广播里听到日本投降的那一刻起，便准备旗帜标语欢迎国军。据说曾经一连十多天每天有几百人聚集在国剧分会等候去欢迎国军的命令，热心的人给自己这一行打气说：'这还不该振作起来发挥一点国家民族的思想么？'……"然而无止无休的"慰劳"或"赈灾"义演扑灭了梨园人心中的热望，子冈在文中引用了一位女伶的话："似乎只有我们唱戏是税源和财源，救灾是每个人民的天职，不一定非演戏募款不可呀！我们自己都需要救济呢！"子冈对梨园界寄予无限的同情，但又痛感他们与自己之间仍有一条鸿沟。她认为："他们的全部教育是戏，大半充满了封建意识的戏，而且恐怕大部分从业者也不过是借此作为生计。"她访问了几位住在深宅大院里的名伶，披露了萧长华"依靠当年有包银、现在吃瓦片作房东"和叶盛章"依靠封建的师徒关系，从徒弟张春华在沪演唱四百万一月的包银中取得一份不小的孝敬"……

子冈在新中国成立后到了《人民日报》之后，不仅满怀热情一次再一次地去观摩"最佳阵容"的演出，并且深入到若干位京剧大师的家庭，对梅兰芳、程砚秋、萧长华、郝寿臣等以及他们周围的人，都作过多次采访。子冈惊异地感到，这些名伶在台下的魅力，决不亚于在台上时所给予观众的。在护国寺梅宅，面对高朋满座，梅兰芳亲切地为每一位客人亲自斟茶。"梅斟茶时依次走过每一个客位，他每一个动作、每一次寒暄虽都处在不同角度，却都非常美，非常优雅，非常具有文化气息！"子冈每当这种时刻，都感到他确确实实是"梅先生"、是"梅博士"，全然不像旧社会梨园行中对他的称谓——"梅大爷"！子冈曾在心里问自己：京剧艺人何以产生如此巨大的变化？是过去自己对他们的看法不全面？还是文艺工作者的社会地位及革命责任感，使这些古老剧种中久负盛名的伶人焕发了青春？……这个问题的答案，子冈获得于1955年对梅兰芳进行的集中采访之时。子冈了解到——梅在近四年中演出了三百几十场。天津的工人看了戏给他写信说："我们能够看到你的表演，要感激共产党和毛主席！"在石家庄，当地和安阳、德州、太原的农民卖了棉花或麦子赶来看戏；有时梅出场时，农民会一齐摘下头上的白毛巾，向他致敬。在上海，梅曾为志愿军和解放军在沪伤病员献艺，志愿军代表赵晓春扶了双拐上台致辞，梅兰芳从旁小心地扶持。……梅兰芳就在这连续几年的巡回中，嗓音逐渐洪亮痛快了，多年的胃病不治而愈，他抛弃一切药物，把舞台活动当作运动，可以防止发胖，而且温故知新，每场都有所领悟和创造。最让人不可思议的，是一次在天津演《霸王别姬》时，"有一段《夜深沉》的歌唱用笛子，笛子一高就是一个笛孔，因此造成了提高一个调门的记录。那个晚上他的知音立刻发现了这个进步，他们说：梅兰芳舞台上的青春恢复了一大步"。子冈从中受到启发：梅兰芳不仅属于他个人，京戏也不仅属于那些戏迷，革命的文艺事业首先属于时代和人民！自觉地把自己艺术与革命联结的艺术家，又怎能不创造奇迹并焕发青春呢？子冈又进一步联想到京戏一类古老艺术本身——它们本是一切"近代艺术"的基础，当革命开始触及这些古老艺术时，它内部的积极因素膨胀了，发光了，升华了——从而也应该重新估价了。对于像自己一样对古老艺术显得"底儿薄"的人，也就有了一个重新学习的任务。

十六、《旅行家》

在病床上想起了司马迁和李白，他们算不算旅行家呢？倘无那番壮游，便不可能有《史记》和飘飘欲仙的记游诗篇。从这个意义上讲，凡是通过游历，进行实地考察而帮助自己事业取得成就的人，都可以称为旅行家。于是，我又想到了徐霞客、李时珍、马可·波罗乃至陈毅和李四光……

子冈：《旅行家·个性·游记》

（原载《旅行家》1981年）

旧中国的上海，有一家中国旅行社和一家由旅行社主办的《旅行杂志》。这份杂志办了几十年，有些影响，直至新中国成立后还办了一段时间，但后来终于办不下去，宣告了结束。到1954年，全国经济建设全面铺开，人民对文化生活（包括依仗旅游知识进行神游的要求渐次提高，于是在新的时代下开办旅游刊物便成为一项急待实现的工作。经胡乔木同志决定，其编辑方针为八个字——"上下古今，图文并茂"。他把这个刊物交中国青年出版社领导，并"点将"彭子冈来当主编。这个刊物，就是1955年1月创刊的《旅行家》——50年代全国仅此一家的旅游刊物。

等子冈交割了《人民日报》的工作而走马上任时，《旅行家》已在原《中学生》（也是中国青年出版社的一家杂志主编叶至善的主持下出了一两期。叶至善是叶圣陶先生的长子，编辑部里的各种工作十分熟悉，而这方面恰是子冈的不足。出版社安排叶至善辅助子冈工作，还因为知道一层内情——叶圣陶在30年代主编《中学生》时，对还是中学生的子冈多有提携，故子冈后来经常出入叶家，并与至善很熟。子冈到任不久，原《旅行杂志》主编潘泰封也自沪奉调来京，加入了《旅行家》，编辑部也由七八人逐渐加到十三四个。

出色的记者与称职的主编之间，确有一条不浅的鸿沟。子冈属热情气质的人，常常想起什么干什么，工作无周密计划，不善于管理和调度他人，但是50年代前半期那种和衷共济的同志关系，不但弥补了子冈作为主编的个人素质的种种不足，而且充分发挥了她作为出色记者的种种长处。她相当敏感，不仅在做计划定选题时常有高见，而且在自己的游记文章中仅只勾勒几笔，时代感就出来了。比如在"回到重庆"（写于1956年）一文中谈到为"新重庆人引为骄傲的无轨电车"时，顺便写道："电气开关车门，娃儿们睁大了眼睛纳闷。"这个只有一句话的细节，使叶至善在30年后还记得很真切。子冈还相当勤奋，虽已是四十几岁的人了，仍像当年记者"跑"新闻那样去约稿。她动用了全部"老关系"，施展出"钻、磨、泡"的种种本领，并声明"如果敷衍成文，则要退稿"这一点，她后来果真执行了，为了《旅行家》的声誉，她曾带着退稿去名流府上道歉。在那几年的《旅行家》上，名家有分量的文稿不断，使刊物在读者的心目中地位日重。这当然决不是子冈一人之功。一次她约来郭沫若的"游西安"，其中引用了"秦中自古帝王都"的唐诗。编辑部同人感到郭老把诗作者的名字记差，后经核实（这是件很麻烦的工作！）证明确是郭老误记。子冈得知便决定删去作者名字，事后告诉了郭老，郭老又特嘱秘书打电话向编辑部致谢。子冈还具有学术民主作风。一次她约来张恨水的"游故宫"。发表后，沈从文来信，列举了文中与史实不符处。子冈并不讳疾忌医，断然决定将沈函全文发表，其出发点是对读者负责。子冈为了搞好《旅行家》，还有两件"轶事"。一是缅甸总理吴努访华，子冈灵机一动，忽然在一个外交场合径直上前约稿，而吴努也竟然答应，后来果真寄来稿件。文章发表后，因无外汇付稿酬，子冈遂选购一套漆器茶具，送到缅甸驻华大使馆，请其代转。二是在1956年夏天，党中央在怀仁堂请各界人物吃饭，毛亲自到场，说明规格之高和气氛之隆重，席间子冈一眼瞥见朱学范（其时为邮电部长），便要拉叶至善上前与朱谈《旅行家》的发行问题——长期以来，子冈因刊物的销路不能大幅度增长而苦恼，断定是邮局的发行上存在问题。叶表示席间不是谈这类事的场合，且为刊物发行事找部长也未必有效。但子冈是个执拗的人，硬是独自上前，"扭"住了朱学范，絮絮叨叨讲了很久。

子冈除了注意在实践中向同事们学习编辑工作外，还每周花三个半天，自费向北京的一名白俄学俄文。在编辑部中，她从不以主编自居，她不像"官儿"，没有一点架子，对所有的人都一视同仁，以诚相待。她希望每一个人都努力掌握自己的业务，只要努力，她就敬重，并在可能的条件下给以帮助。她促成了一对勤奋好学的年轻编辑的婚姻，她帮助把一名踏实肯干的编辑在外地的家属调入北京，并安排到编辑部工作。对于那些依仗"党员"牌子或革命资历而不努力工作的人，在劝说无效之后，子冈就不客气地将其调出——这当然成为她后来在反右中的一桩"罪状"。而对于确有专长之人，她总是放手使用，并极力倚重，例如对原《旅行杂志》主编潘泰封，她曾向上级保荐潘做《旅行家》的副主编。此事未果，但到1957年时又成为她的另一条罪状。

子冈是个直人。不管对谁，她都能滔滔不绝把心里话一点不剩地掏出来。由于这一股热情之火的"点燃"，与子冈对话的人，也常常没遮拦地讲出自己的心里话。但这种情形延迟到1957年，延迟到不正常的气氛已经渐显端倪之际，一些城府较深的人开始对子冈有所保留——怕她把自己的心里话再"倒"给第三者，同时更担心起子冈的脾性可能会给她带来厄运！

十七、"复出"更忆"人之初"

在海棠树的"废墟"上，钻出了一棵枣树，和我的孙女一同接受着阳光、空气和水分。如今，枣树高达数丈，孙女已然八岁。她时常像日本电视连续剧《排球女将》中的小鹿纯子一样，不断地从地面跃起"摸高"——争取触到枣树下垂的枝叶（小鹿是争取触到高悬的排球）。当她刚刚触到枣叶中的最低一片，儿媳总是立刻摘去这一片，叫她蹦得再高一些，争取触到新的高度。每次看到妈妈摘树叶，孙女总是跳着脚"抗议"，然而一旦摘过，她很快又鼓足勇气继续"摸高"……

子冈：《我坐在轮椅中》

（原载香港《大公报》，1984年11月）

1979年底秋冬之交，子冈"右派"问题获彻底改正了。徐盈也是一样，党籍和工资级别也都恢复了，《旅行家》再度复刊，自己重任"主任编委"……最让子冈激动的，是无论走到哪里，人们都尊敬而亲热地呼她"子冈同志"了。

许多朋友一而再、再而三地劝她赶快提笔，许多报刊向她约稿，并郑重声明——"无论写什么，只要您的名字一在报刊上'亮相'，就是对极'左'路线的有力批刺！"子冈动心了，但没有急于向国内"亮相"，而是开始磨砺已经锈钝的笔，向香港《大公报》的读者介绍了叶老圣陶近况及自己怀念韬奋和小白玉霜的心声。这反而更刺激了国内编辑约稿的热情。1980年夏，上海《文汇增刊》（后改《文汇月刊》）负责人谢蔚明连续电报催稿，子冈感奋之下，一挥而就《熙修和我》。刊出之后，舆论界一片"宝刀不老"的赞誉之声。然而就在此时，子冈猝然患脑血栓入院，因医治不及时，留下半身瘫痪的后遗症返家静养。艾青探病来了，并送上其新作《彩色的诗》。徐铸成、陆诒乘到北京开会的间隙，也到子冈的病床前表示问候。香港《大公报》获悉子冈偏瘫，费彝民社长写信致候并派人送来精巧轮椅。昔日的朋友，如今活跃在美国及香港的报人陆铿也来探望子冈。昔日的"对头冤家"，前国民党军政要员蔡文治，也在赴京期间托人捎来问候。国内新闻界的朋友们几乎都来过了。林钢（这时已成为《人民日报》的记者部主任）带着他1957年后最困难时组成的新家庭来了；前《旅行家》杂志编辑周沙尘夫妇来了，筐中辗转了21年和五六个省份之后，从南京扶着他患有癌症晚期、但是忠贞不二的妻子来了。最使子冈感动不已的是，敬爱的邓大姐已经三次当面向徐盈表示了对子冈的关切，要徐盈给子冈捎回中南海西花厅院中的芍药花、美国朋友送给她的苹果……

　　半瘫五六年来，子冈口述、儿子整理的文章已有近十万字。其中的抒情散文居多。其中第一篇《人之初》曾获《人民日报》散文奖，讲述自己"垂暮之年住进了医院，一句古老的话忽然新鲜起来——这就是人之初"。这是子冈的真实心情。当她坐在轮椅之中，隔窗望着院中的孙女不断奋起"摸高"的时候，她羡慕孙女正处在"人之初"的最佳年龄！当她读着报纸、看着电视、听着家人议论着"三合院"外的每一项变化时，她禁不住会回忆起人民共和国的"人之初"——50年代前半期清明政治的生动图景！当一位又一位老友扶杖到自己床前殷勤致意之际，她脑海中会浮现出一幕又一幕自己的"人之初"——当年如何与故人都是风华正茂地冲闯拼搏……

　　基于这种"复出更忆人之初"的心理，她忍不住回顾了自己的一生路程，并嘱儿子依据自己一贯的思想脉络，去"延伸"出几篇大文，如《记者六题》《我坐在轮椅上》。自己由《中学生》走进《大公报》，又由《大公报》走进《旅行家》，这当中有着一条自己如何成才、识才和用才的道路，自己本应再做些说明和研究，但可惜的是，已经没有这个力气了。可惜哪！子冈常常想起两位亲爱的老师———一位叶老，一位沈老。两位老师的晚年都是安定幸福的。叶老年近九旬，长住北京医院，四合院已经大修，随时欢迎他痊愈归来。沈老住房问题经胡耀邦总书记的亲自过问，终于得到解决。听说沈患脑血栓后，恢复得比自己还好！两位老师已经完成了历史赋予的任务，可以心安理得地走向人生终点。自己则不然，如果那场脑血栓晚来一二年，或者"改正"早来一二年，自己都会多做许多工作，多做五六年甚至十来年的工作！然而外界的事情自有其规律，凭盼望是企求不来的！所以办法只应是一条：自己抓紧时间，从"人之初"的时候就抓紧一分一秒，主动为人民去做自己应该做的事情！

子冈二三事[*]

徐铸成

在关系着国族的兴衰存亡的抗日战争和解放战争这一段历史时期，也和其他各界一样，我国的新闻界曾发生不少可歌可泣的不朽业绩，也出现过不少无愧古人的卓越报人；其中，在汉口、重庆以及后来的上海、南京主战场上挥戈驰骋的两位女斗士——彭子冈和浦熙修，最为世人所称道。她们不仅英勇善战，而且有机智、韬略，有过人的才华，可称"一时瑜亮"。

我有幸和这两位卓越的名记者，先后有过长期的同事关系。关于浦熙修同志的事迹，我已写过几篇回忆的文章，略寄我的哀思。其实，我和子冈同志认识得更早，在30年代末期，我们就同在一个报馆工作了。我在孤岛时期主持《文汇报》编辑部，直到1939年该报被迫停刊。是年秋应邀赴港，任《大公报》港版编辑主任，就常常收到子冈和徐盈从渝馆寄来的稿件。以后，直到1946年4月我再度从《大公报》离去、重回《文汇报》——这七八年期间，我对子冈以及徐盈等名记者的写作，都得到先睹为快的机会。

有几件事是我终生难忘的。

---

[*] 《挥戈驰骋的女斗士》序。

一、我在《大公报》桂林版任总编辑，当时桂林版也发行六万余份，相当于其他各报的总和，湘、粤、桂、滇乃至与重庆等距离的贵阳，几乎也基本是桂林版的发行范围。其原因，一是桂林为当时所谓文化城，文网较疏；我们比较敢于讲话；二是几乎每周必登出一篇子冈通讯，成为桂林版的一大特色。这些通讯，大概都是重庆版的"漏网之鱼"。有的，甚至渝馆曾特别来信"关照"过，我们还是照样刊出了，可见重庆当局对此的苦恼。写到这里，想起前年出版的《子冈作品选》中没有收集这一时期子冈天量的通讯，即少录的少数篇章，也未注明出处，使读者不易明了其战斗锋芒，也容易失其历史的真实。

二、1944年桂林沦陷，我到重庆主编《大公晚报》。徐盈、陆诒等同志都专为晚报工作，子冈也不时写点特稿。子冈文笔犀利，而说话更豪爽，她和徐盈都肯关心人，态度平易，我那时绝没有想到他们早就是中共的党员，是在巧妙地为党和人民的利益进行战斗。

三、抗战胜利后，我奉派首先到上海，和李子宽兄一起筹备上海版复刊，我任总编辑。当时因交通困难，同事能来沪工作的极少。我自己写社评外，兼和朱启平兄一起编要闻版，杨历樵兄主持翻译外兼编国际版，副刊则可请蒋天佐同志主持，此外的内外勤，延请少数由内地飞沪的同志担任。当时的星期论文，特请马叙伦、郑振铎、傅雷、周煦良、夏丏尊等先生撰写，社评也一般不转载重庆版的。初复刊的这几个月，正值多事之秋，如昆明惨案、重庆沧白堂事件、较场口事件相继发生，我们的态度特别鲜明，子冈、徐盈、高集、曾敏之、张高峰等同志都以渝版刊不出的真相，电告上海版，我们显著刊出，并配以义正词严的社评、短评。可以毫不夸张地说，当时的上海《大公报》是突破了一些新局面的。所以能做到这点，主要得自子冈、徐盈等同志的支援。

新中国成立以后，子冈主编《旅行家》，迄今这一刊物受人怀念；我仍主持《文汇报》。不久，在那个二十年中，我们都遭"错划"之灾，被抛弃在阴山背后，因此，更有共同的语言。

我觉得子冈的文章，除立场、观点正确外，文如其人，爽直、豪放，而细密处则丝丝入扣，绵里藏针，皮里阳秋，所以当时即吸引广大读者，篇篇耐人寻味，是富于战斗效果的传世之作。将来我们纵有千千万万优秀的新闻工作者辈出，而必然会在子冈这些作品中学习表达艺术，磨炼基本功，大概一定会得益匪浅的。

我郑重地向一切有志于传播事业的青年朋友推荐如上。

（1986年2月17日于上海）

彭子冈的爱憎

陆　诒

　　1936年在上海，抗日救亡运动日趋高涨，我从生活书店出版、沈兹九主编的《妇女生活》上首次读到彭子冈从江西苏区参观归来的旅行通讯，写得文笔流畅，热情洋溢，令人耳目一新。

　　这年10月22日下午，鲁迅先生出殡，上海成千上万的各界群众都参加执绋，宋庆龄、蔡元培、沈钧儒等走在出殡队伍的前列，从胶州路的万国殡仪馆走到虹桥路的万国公墓，悲壮肃穆，秩序井然，实际上是由救国会出面组织的一次群众示威游行。事后，子冈在《妇女生活》上，我在《救亡情报》上都写了纪实的特写，尽管我们都参加了这次游行，但彼此还不认识。

　　抗战爆发以后，一直到1938年5月底，范长江和我从徐州突围归来，在汉口原法租界的《大公报》职工宿舍中，经过长江的郑重介绍，使我认识彭子冈和她的爱人徐盈。子冈活泼、爽朗，说话坦率，有丈夫气；而徐盈诚恳、热情，乐于助人。当时，我是《新华日报》记者，相识以后，在工作上长期得到他们强有力的支持和帮助。不论在武汉还是重庆，《新华日报》是在国民党的压迫、封锁和歧视下进行战斗的，如果没有党内外同业的支持和帮助，采访工作很难突破严密的封锁。回忆艰难的岁月，我对徐盈、子冈夫妇的无私援助，铭记在心，历久难忘。

　　在武汉时期，我和子冈一起采访的机会还不多，当保卫大武汉的外围战斗打响时，我又出发上前线去了。

1940年秋季，我从华北敌后战场采访回重庆。有一次，同子冈一起到嘉陵宾馆参加节约储金运动的集会。会议由国民党政府行政院副院长兼财政部长孔祥熙博士主持，到会的党、政、军官员和工商界、文化界人士约百余人。席间，孔博士大讲节约储金之道，讲到后来竟说："平时，你们如果买点东西存放在家里，这也是一种储蓄。"大家觉得他值此物价飞涨之时，还公然提倡囤积居奇，真是莫明其妙。

进茶点时，他又起立致辞："今天讲节约储金，所以准备的茶点也很节约，只有一块维他饼和一杯红茶。但必须向诸位说明，这种维他饼是用最富于营养的大豆制成的，又是新生活运动总会总干事黄仁霖先生发明的。当年我在美国遇见汽车大王福特先生，他告诉我，中国的大豆，含有维他命A、B、C多种成分。总之，诸位吃了维他饼，不但实行节约，而且有益于养生之道。"这一席话说完，我看到子冈站起来向孔博士当场提问："这几年，前方将士浴血奋战，后方老百姓节衣缩食，都是为了争取抗战胜利。孔院长，你可以看一看，在座的新闻界同业都面有菜色，唯有你心宽体胖，脸色红润，深得养生之道，可否请你继续深谈一下养生之道？"经她突然一问，他瞠目不知所答，只得连声哼着："哈哈！哈哈！"匆匆宣布散会。从此，有人在背后称他为哈哈孔。

子冈疾恶如仇，爱憎分明，不仅敢于顶撞那些国民党的要人，还经常同国民党新闻检查所办交涉、争论，责问他们为什么无理扣发和删改她的新闻报道。为了反对新闻检查，争取言论自由，我们曾经通过中国青年记者学会向国民参政会提出呼吁，但国民党反动派对这一点毫不放松。特别在1941年皖南事变以后，他们对《新华日报》和进步文化事业的封锁和迫害变本加厉，在这紧急关头，子冈夫妇为了维护党的事业，千方百计支援党报克服种种困难，做了大量工作。

记得当时子冈夫妇住在枣子岚垭的良庄二楼，同住者有沈衡老（钧儒）、茅盾和王炳南等三家；从他们家中下坡再向南走十几步就是犹庄，史良和《新民报》记者浦熙修就住在这里。可以说在子冈和浦熙修的周围都是新闻人物；我们一面提高警惕，随时注意周围的情况，一面始终同她们保持密切联系，在采访中加强合作。当然，子冈和熙修还经常同进同出，关系更加密切。据我的看法，熙修在政治上倾向进步，主要是接受了子冈的影响。从武汉时期起，子冈夫妇已经入党做地下工作，因此他们当时同《新华日报》和曾家岩50号周公馆都有来往，这些在今天来讲不再是秘密了。

有一时期，子冈常为桂林《大公报》写通讯，揭露那些重庆所不便发表的政治内幕；而徐盈则在重庆《大公报》的《渝市点滴》中透露若干政治信息，和《新华日报》配合战斗。当时当地，他们夫妇两人不仅敢于斗争，还善于运用巧妙的新闻艺术与国民党反动派进行不懈的斗争。

抗日战争胜利以后，1945年8月28日，毛主席偕周恩来、王若飞同志到重庆举行国共两党谈判，争取和平、民主。这是具有伟大历史意义的新闻。这一天，子冈亲临九龙坡机场和毛主席寄寓的张治中将军公馆里作现场采访，细致深入，写出了翔实的新闻特写《毛泽东先生到重庆》，文章朴素自然，反映真实，又充满了诚挚的感情。

她首先是一位光荣的中国共产党党员，其次又是一位在新闻工作上有过卓越贡献的著名记者。

新华出版社即将为她出版《子冈作品选》，汇集了她从1932年至1982年期间撰写的83篇文章，乃是历史的真实记录。我这里仅仅是写她记者生涯的一个片断。

（《学林出版社》1985年8月第一版）

彩笔江湖焰黯然

——悼子冈

袁　鹰

　　近六七年来，子冈一直因脑病导致瘫痪而缠绵床榻。先还能从报刊上读到她"病床口述、徐城北整理"的散文《人之初》等篇，依稀能见到她当年的文采，后来就渐渐少了。每次遇到城北，都说母亲病情日见恶化，几乎濒于昏迷中。我因此常想到黄仲则的一句诗：彩笔江湖焰黯然。黯然的不仅是子冈那支曾经熠熠生辉、名满江湖的彩笔，也是她那曾经闪露过不同凡俗的才华的生命火焰，而且，也是她的老同事和朋友们的心境。大家心情沉重，却仍然惴惴然希冀能出现奇迹，使她能摆脱由病魔带来的厄运。然而，灯油耗尽，火焰终于熄灭了。

　　抗日战争胜利后，我在上海刚刚开始报纸生涯时，就已熟悉徐盈、子冈这两位夫妻记者的名字。子冈那篇轰动大后方的通讯《毛泽东先生到重庆》，也是在上海读到的。我们这些年轻记者，都很钦慕子冈的敏锐的"新闻眼"和具有文学色彩的笔墨，也听到过一些她在重庆同国民党军政要员和上层人士巧妙周旋从而采访到独家新闻的逸事。那时只知道她是一位能干而有才华的进步记者，并不知道她是1938年就已入党的老同志。她是以国共之外的"民间报纸"《大公报》记者身份，活跃在错综复杂、斗争微妙的政治舞台上，并且取得出色战果的。

1952年底，我从上海调到《人民日报》工作。来以前，已经从袁水拍同志信中得知，文艺部除我过去熟识的朱树兰以外，还有子冈和其他几位同志。能够同自己钦慕已久的名记者一起工作，我心里很高兴。元旦假期刚过，在东安市场门口恰巧遇到树兰和一位身材较高、体态丰盈的女同志，树兰一介绍，才知道就是子冈。我对树兰说，到北京已经四五天，报社领导还没有找我们谈工作分配的事，每天东游西逛，心里有点不大踏实。子冈在一旁忽然笑起来，插了一句："着什么急呢？你这人真逗！"这是与子冈第一次见面的第一句话。我那时虽然还不大清楚"逗"字的含义，无从体会这句北京口语的全部韵味，却为她的热情、爽朗感到亲切和温暖，事隔35年，记忆犹新，好似上星期发生的事。

那时文艺部只有八九个人，分工却很细。子冈负责戏曲的报道和评论，发稿量并不多，整个文艺方面的稿件在当时报纸第三版上也不占多大比重。但是子冈工作很认真、很细致，有新戏必看，同京剧和地方戏曲界不少人都交上朋友，成为他们的座上客。我到北京以后看的第一出戏，就是由子冈带着去鲜鱼口大众剧场看新编京剧《猎虎记》，子冈娓娓介绍张云溪演技的特点，其实是对牛弹琴，我并没有怎么听懂，现在是一点也不记得了。

我们都在一间临街的大办公室，门外就是王府井大街的人行道。那时王府井虽不像现在这样摩肩接踵，人如潮涌，也已是繁华的闹市。每天上班，子冈一进门，就带来轻松的欢笑气氛，她或者介绍一点儿头一天采访某位戏曲演员的印象，或者评说一出新戏，或者讲一点她住的西四北大街一带的街巷琐闻，还从拎包里掏出两副芝麻烧饼夹焦圈当早点，边吃边说。那神情、那模样，加上一口清脆纯熟的北京话，活脱脱是位京城老大姐，哪儿像一个出身于书香门第的苏州小姐？哪儿像一个曾使国民党军政要员头痛的泼辣的女记者？

我不止一次地纳闷：这位当代杰出的女记者，时刻关注群众疾苦，观察锐利，才思敏捷，文笔优美，更善于独立作战和应付各种复杂场面，这种种素质，完全可以而且应该在记者的岗位上继续大展身手，发挥特长，为何却来搞她并不熟悉、也未必有多大兴趣的戏曲报道？今天回头来看，她当年的选择也许是正确的，虽然内心未必没有发生过波澜甚至痛苦。当年在桂林《大公报》上连续刊载的漫写战时首都近事的"重庆百笺"，敏锐地展示社会众生相的社会新闻，以及渗透了浓郁的文学色彩的新闻报道，在50年代初期报纸上几乎已是凤毛麟角，甚至成为记者头脑中的禁区。报纸大都按固定的模式在编，社论、消息、通讯也大体按统一的要求在写，很少有显露个人特色和风格的文章，也没有副刊。子冈那支多彩的笔，没有用武之地。何况党中央机关报的环境和气氛，毕竟不同于《大公报》。她的文章，反不如出国访问时写的那样清新活泼、挥洒自如了。我们虽然得到几篇很有见地的戏曲评论和调查记，但同时也失去了多少精辟而生动的通讯和报道啊！

也有偶然的例外。1954年春天，傅作义先生当水利部长的时候，水利部负责干部中有几位新中国成立前北平市政当局的要员，同子冈很熟的。他们邀请子冈一起去正建设中的官厅水库视察和参观。她欣然前往，回来后连续发表了《官厅少年》和《老邮工》两篇人物特写（现在可能算作两篇报告文学）。要不是这个机缘，这两篇优美的散文肯定也是不会产生的。

相比之下，后来她调去主编《旅行家》，我们好些同志都为她高兴，她能够在那个岗位上显露才华、纵横驰骋了。她曾说自己是"一不做，二不休"的人，刊物编得很有点主编大刀阔斧的风格。她找到不少类似张恨水这样几乎已被遗忘的老作家，请他们重新拿起笔，刊物上发表了不少当时报刊未必能见到的稿件，引起读者的瞩目。在党中央正式提出"二百方针"的一年前，《旅行家》上已经透露出百花齐放的新气息了。

子冈比在报社时忙碌了，又先后参加代表团出访芬兰和印度，见面的机会更少。偶尔遇到，或者有什么事通个电话，就会感到她神采飞扬，对她的刊物有许多美妙的蓝图。然而，正当她似乎颇有信心地举翼高飞的时候，1957年那阵倏然自天而降的龙卷风，一下子就折断了子冈那矫健的羽翮。

1979年四次文代会上重见时，面对着一位鬓发斑斑、步履艰难的老太太，怎敢相信这就是当年生龙活虎般的子冈？那年她也不过65岁，尚未到古稀之年。四次文代会期间，文艺界许多老战友、老同志劫后余生，重聚京华，拄手杖的，由别人搀扶的，踽踽缓行的，触目皆是，那光景实在令人酸楚。那些天，住在西苑旅社的代表，常能看到一对互相依扶着的老夫妻（确切地说，是徐盈扶着子冈），最后走出饭厅，缓缓走回住所。子冈行动虽然不利索，神情却一如往昔，说话时声音清脆洪亮，好似冬天的"心里美"萝卜。我有时从他俩身边经过，想停下来陪着走一段，子冈总是摇摇手，平静地微笑："你快回屋休息吧，甭管我们，没事儿。"

没事儿就好。但愿从此以后，她真的"没事儿"了，重新拿起那支多彩的笔，如同过去写过杭州的春天、重庆的春天、北平的春天，张家口的春天和官厅水库的春天一样，描绘祖国大地的第二次明媚的春光吧！

万没想到，我们才欣喜地读到《熙修和我》和不多几篇文章，她就被脑血栓缠绕，被迫放下了笔，而且就此卧床不起了。有次我们几个人去看望她，在她家那间小北屋里，她仰卧床上，两眼直直地望着脱落白灰的天花板，喃喃细语，声若游丝，凑到枕前，才听出是在说："谢谢。好吗？"以后就再没有声响。我心里一阵凄然。回来路上一直在苦苦地问自己：子冈还能拿起她那支笔吗？

文章千古事。她的笔，她的作品，她的心，她的全部的爱，都留给人间，留给我们，同她用笔、用心血参加创造的春天一起永在。

借用艾青同志挽子冈的诗句为她送行吧：

你在冬天走了，为迎接春天。

（1988年大寒之日送子冈远行归来
原载《新观察》1988年3月总第419期）

青春常在

——读子冈病中近作有感

金 丁

　　子冈同志因半身瘫痪，卧病已经四年了。

　　她属虎，算来今年整整70岁了。但每次看到她坐在轮椅上，仿佛还像十八九岁的样子。是我的错觉吗？不然。我深感病痛并未能夺走她青春的活力，她朝气依旧，对未来满怀憧憬，而且由于多年经受的磨难，她在病中表现出的毅力，显然更加坚实多了。

　　或许看过她近四年间发表的文章，读者将会和我也有这样的同感吧？

　　从1980年12月，我陆续读过她的《人之初》《探监》《毛主席到重庆》《聂绀弩和他的旧体诗》《姐弟情上的疤痕》直至于今年的《记者六题》，大约将近30篇了。我以为，任何有才华的作者，都会从她的作品中唤起丰富的联想，我读子冈这些文章，每篇都不止一次，而每次都使我得到更多的新的理解。

　　子冈给人生的幸福下了个定义。是啊，对一个记者来说："通常，见到自己准确、生动的采访文章及时地发表了，那就会感到幸福。""而现在，我仿佛感受到的是境界更高一层的幸福——自己曾作用于这个世界，这个世界又反过来作用于自己。"在作者看来，衡量这作用和反作用的标准，只能是不离开"自己所背负的'土地'"，换言之，必须有效地"服务于人民的最根本的利益。"

这确是触人深思的肺腑之言，也是作者以极大的代价得来的深切的感受。

我读子冈的文章，始于1931年在《中学生》上的一篇散文，署名是彭雪珍。其文笔的清新和内容显示出的鲜明个性，曾给我留下难忘的印象。当时徐盈同志也是《中学生》热心的投稿者。

1932年春，徐盈、芦焚（即师陀）和我在北平办了个名叫《尖锐》的文艺刊物。第一期印出后，我们希望在外地也有人代销。徐盈说：苏州方面可由他写信给雪珍，她会倾力相助。不久，我接到上海来信，说是在南京推销《尖锐》的那位同学"因病入院"（意即被捕），接着，《尖锐》在北平也被禁了。我急于想知道子冈的消息，等了几天，徐盈接到回信，说本来盼望下一期的《尖锐》给她多寄，竟没料到发生这样的意外。

没有料到的意外，对子冈偏偏那么多，1933年夏，她居然是最先知道我从上海被押解到苏州监狱，并且是探视我的第一位"亲属"。我羡慕有些同志能保存几十年前老友的书信，而子冈给我寄到监狱的信，早已荡然无存。不过信里多少砥砺情深的语言，迄今难忘。我有时想，她那时候给我寄过多少本书？如果那本厚厚的八彬贞利的《露西亚语教程》而今还在手边，我该感到怎样的庆幸？徐盈当时每月都是以我胞弟之名，把信和零用寄到狱中的。四年如一日，因而我感到与外间的世界息息相通。但他信中很少谈到子冈和自己。新中国成立后，我那年迈的母亲告诉我，子冈在北平中大念书时到家里看过她，而如果不是我读了《探监》，我会永远不知道子冈因我而惹起的"轩然大波"。

子冈在文中谈到了"终生的友谊"，这样的友谊，也许非三言两语所能解释。它首先要经过时间的检验，并且更重要的是那友谊结成的基础。我曾简单地把它归结为，一事当前，无论是子冈还是徐盈他们都不是先替自己打算，而是关心别人。正是这种有利于人的精神，它使我受到的教益终生难忘。可惜而今却在一些同志之间也少见了。

我重读《姐弟情上的疤痕》时，心情是沉重的。子冈和她的同代人一样，在两个不同的历史时期生活过，她经历了白色恐怖和烽火连天的年月。为着一个信念，多少可敬的前驱，视死如归，他们却没能看到五星红旗。我有幸在上海分手的11年之后，又能第三次见到子冈，而且是在我的家乡，在她的出生地。她当时35岁，那确实是生龙活虎大有作为的年纪，难道还有什么艰难险阻能挡住她的前程？那时我们见面多了，可很少叙旧，更多的高谈阔论，都是有关现实和未来。我不愿忘记一些谈论的细节。例如我们是怎样谈起北平第一次的"七一"纪念大会啊，我们说起那天晚上突然的暴雨，先农坛会场四周飘扬着红旗，红旗上浸满了雨水，又染红了她的衬衣。我们谈得真是无拘无束呀。而直到1957年的春天，徐盈不是也还从西郊党校跑来，照例谈着见面总是谈不完的话吗？从我的《海外奇谈》，说到他的写作计划，他甚至带着几章写好了的初稿。

这以后有多久我没有见到子冈和徐盈？我母亲不止一次叨念着怎么奚行这么久也没见来？徐盈名绪桓，字奚行，从1930年我住到东城根，他差不多经常到我家，他念书的学校离我家很近，几乎一有什么新书，他总尽快地介绍给我，我们那时候讨论过多少问题？

然而一年、两年过去了，谁都没有料到，在我们自豪的这个解放的大地上，又同是住在一个城市里，彼此却失去了见面的可能。直到向沈衡老遗体告别的那一天，我才见到了徐盈，他告诉我在山西的时候很少写信，而今总算回来了，后来我又知道子冈在1957年去过安国劳动。安国我去过，那还是在大刮共产风之前，去那里"体验生活"，从最北的淤村，直到南楼底，时值严冬，迎着大风雪，我披着被子坐在胶皮轮大车上，连马也不愿往前走了，可是我看到村里的干部，正在号召社员们凿穿冰块，挖掘塘泥。是不是子冈在那里劳动，比一般社员要加倍辛苦？她从没有说起过。我只知道她整个冬天房里都不生火。

大约1962年初，在政协前厅里，我遇到子冈。她说起在那里搞文史资料，是和浦二姐一起。不久，我去她家，她正忙于家务。徐盈不在，我发觉她说话很少，甚至不问她什么，好像就不想多说什么。我了解她的性格和心情，一个人身处逆境，并且不是一般的逆境。我也有过。我坐在那里等徐盈。我不知道所谓无言的慰藉，是否也能减轻她内心的苦寂?

到1969年，在所谓"总动员令"下，我听说她和徐盈都下放到湖北沙洋，我也到了江西余江。然而我们谁都没想到，在1974年，我们终于又见面了。多么难得的见面啊。

和徐盈不同，子冈见面时，很自然地谈起家务事和儿女情，女儿那时还不曾物色到适意的对象，儿子媳妇也仍然两地分居。徐盈说，子冈腿部关节有时疼得令人揪心，我看她还要亲自去买菜，买菜是多么不易啊！不过有一次，子冈也谈到新的话题，她谈论起徐盈来，谈徐盈的烦闷，谈徐盈在居委会学习的时候，如何主动争取给大家读报，可竟得不到主持人对他应有的支持……她愈说愈动感情："我总是有过20多年党龄的人，怎能对党没有感情?……"

多少往事都过去了，回想子冈在改正后写给我的信，她告诉我她的支部生活也可能就近编在政协，不过还没定。信写得那么平常，丝毫不见感情的色彩，但我能想象她下笔时心情的激动。

1980年我在病中得悉子冈突然住进医院。徐盈再三嘱我不必去看她，甚至不告诉我她住的哪一家医院。有同志去看过她，回来说那病房挤了十多位病人，条件很差，徐盈却告诉我不久她就会出院了。待我读到她的《人之初》时，我知道她只能卧床，文章是通过口述由儿子代笔了，不过她头脑极清醒，我注意到她床上还放着英文杂志。

是的，她依旧有朝气，满怀憧憬："在能够明白过去一切到底是怎么回事以后"，她认为"一个革命者，首要的任务是阻止历史实行反动，而促进历史进行飞跃。就在这阻止或飞跃的过程中，势必会付出代价"，因而，她寄希望于年轻的同行，都有"独创的见地，鲜明的爱憎。不随'风'转，有自己性格的棱角，讲真话，有抱负，视天下为己任，有学识，不落得自己一生，像水上浮萍、墙头草。"我以为这些热切至诚的心愿，是子冈多年来拼着血肉换来的由衷之言。

（1984年7月3日）

附记：写完这篇短文，我去看子冈，她正在看电视，精神比前些时好，说话明了清楚。但房里极闷热，她穿着短袖线衣，颈下还放一块擦汗的湿毛巾。但我却想到了冬天，因为冬天房里很冷，每年都须设法找个医院过冬。我衷心希望她能有个差强人意的安身之处。

（1984年7月5日）

哀子冈

朱启平

今天打开《人民日报》海外版，看到著名女记者彭子冈逝世的消息，并不惊讶，但深深悲切。

并不惊讶，是由于子冈已经病倒，不能起床多年了。开始卧床时，去看她，还有说有笑，笑眯眯对我说："我呢，躺在床上不能动，所以长胖；你呢，好吃，也胖。我们都是胖子。"她的调侃，使我高兴，因为由此可以见到她的心情愉快。但后来多次去看她，病情虽然发展不快，但始终没有转机，越来越严重，渐渐地，生活的一切，都不能自理，见了我这远来的老友，也不说话，两眼盯着看，双眸中凝聚着似在思索中的什么言语。再后去看望，她的面容也变了，对照她以前才华敏捷，傲笑公卿的风姿，实在不能在她对面久坐。最后一次见她是去年8月，她侧身躺着，也不好再惊动她了。她的老伴徐盈，在我们告别离去时，挣扎着从椅子里站起来，凄然低语："子冈不久了，我也最多两三年……"伉俪情深，子冈要先走一步，徐盈准备紧跟，相从于地下。

深深悲切，子冈的一生，决不应该有此遭遇。我认识他们夫妇是在抗战初期重庆，同在《大公报》社工作。他们白天采访，晚上一个信封里装着许多稿件，送到编辑桌上。我上夜班编报，他们写的重庆每天的脉搏，最有内容。子冈的稿子，往往锋芒毕露，在总编辑命令下，有时要降温。她坚决主张全国民主团结，抗战到底，争取最后胜利；关心人民生活，反对贪污腐化，痛恨发国难财，谴责特务横行，快言快语，不避权贵。报纸声誉日隆，她的报道是有功劳的。

那时她住在枣子岚垭，离不远就是又一名女记者浦熙修的寓所。她俩在这战时首都十分活跃，报道深受读者欢迎。子冈还是个管家婆，家里事徐盈不问。又是个慈母，对那时出生不久的儿子毛毛，十分钟爱。看见她在外面，特别是在政治场合飒爽英姿的人，很难想象她在家里是这样一位贤妻良母。

抗战八年，子冈的工作，有益于人民，有益于国家，是中国新闻界杰出的代表。

50年代后期，子冈任《旅行家》杂志主编，要我写稿。我译了一本航海历险实录名著给她，刚登几期，杂志夭折。她、徐盈和我，都在各自的工作岗位上，被打成"右派"。

后几年，当都在北京时，我们经常来往。腥风血雨、大起大落、瞬息万变、朝不知夕的岁月中，真心的朋友如徐、彭两位太少了。即使是没有芥蒂的亲友，那时也彼此有意避嫌。

"四人帮"垮台，邓小平主政，神州复苏，阳光普照，子冈很愉快，但不久即瘫痪卧床。

生老病死，人人难免。但一生中最可以好好工作的20年，平白无故地被耽误——对子冈这样一位英才，命运太残酷了，令人心碎！

我们经常称子冈为冈姊，徐盈为徐老大，老大哥之意，不仅由于年龄，更出于对他们的敬重。一个新闻工作者，一生以人民的利益为重，以国家的利益为重，独立思考，说真话，不计个人得失，无愧于心，可以告慰矣。冈姊，你已乘风归去，请回首人间，不也有你洒下的光与热吗？

万里外寄语徐老大，说什么好呢？如果我这时在北京，到你家中，执手泫然，说什么呢？保重，保重。

1月14日晚于美国加州南部阿纳罕

（原载1988年1月22日《大公报》）

又走了一个

——悼念子冈

戈　扬

电话铃响了，急忙拿起话筒，是徐城北的声音："我妈妈……去世……了。"

"啊！"我惊呼一声，眼泪不觉如泉水似的涌了出来。我不知道我和城北说了些什么，只有一句话是记得的："又走了一个。"

呆呆地坐在写字台前，我的眼前到处是子冈的影子。年轻的，年老的，神采奕奕的，迷迷瞪瞪的，卧病在床的，坐在轮椅上的，面对面谈心的……

那是1935年吧，我在镇江师范学校读书。偶然在一本叶圣陶先生主编的《中学生》杂志上，看到一个苏州女子师范学校的学生的名字——彭子冈。两年后，抗日战争爆发了，我到了武汉，又在沈兹九先生主编的《妇女生活》杂志上，看到彭子冈的名字。还从旁知道她是这个刊物的编辑。后来到了重庆，我又在《大公报》上看到彭子冈的名字。那几年，我好像跟踪追击似的，不但和她走了同一条西去的路线，也和她一样，做编辑，写文章，在不同的报社当记者。

尽管我知道彭子冈，也知道杨刚和浦熙修，但见到子冈是在1949年开国大典时。

我和子冈有了真正的相互了解，是1956年春天去昆明参加中缅通航仪式。我们同坐一架飞机，同住一个旅馆，同去看望朋友，一同参加会议。使我纳闷的是，彭子冈，在国统区战斗了10多年，她的那支笔，她的采访行动，曾使反动派丧魂失魄，人们总认为她是一个多么厉害的女记者，原来却是如此的朴实、诚恳、温柔、可爱，有时还有点傻乎乎的，天真得像个孩子。在我的心目中她就是这样的特殊材料制成的。

啊，子冈，我们是同时代人，走的是同一条道路，有着共同的理想，可是我们说什么也没有想到，还有着同样的厄运！

从那以后，我们熬过了23年，再见面时，她老了，我也老了。

在西苑饭店，我们一同参加第四次文代会。20多年，仿佛弹指一挥间，我们谁也没有去提它。见面交谈，我们仍然是笑呵呵的。只是有一次洗澡，我看见她坐在一把带去的椅子上，才知道经过反右、"文革"，她的腿已经不行了，膑骨去掉了，行动很不方便。她和徐盈住在我隔壁房间。有一次突然传来叫声，我走去一看，子冈坐在地上无可奈何地仰脸望着我。我去扶她，她说："你不行，叫徐盈来。"徐盈不在，几位粗壮的小伙子费了九牛二虎之力，才将她抱了起来。

我在《人民日报》上读到她写的《人之初》。文如其人，出于子冈的手，文章仍那样清新动人。原来她又住院了，住在一个10多个人的大病房里，病友们是那样的亲如手足。都是老百姓，无话不谈，心心相印，仿佛又回到了人生的最初阶段。我在不久前肺切除时，有过同样的经历，读起来不仅十分亲切，更钦佩她的毅力，虽然病卧在床，还不肯放下她那支心爱的笔。

最使我难忘的是，1984年初去看她。她家住在西四六条的一座平房大院里，我去过几次，这一次却使我非常动心。走进子冈所住的西房，只见她直直地仰卧着，盖着极厚的棉被。屋角有两个铁炉，我想等她醒来，说几句话，告诉她，我们敬爱的邓（颖超）大姐很关心她，让我来看望她哩！

在这等待的片刻，我的心情是多么沉重呵！老保姆告诉我："胖老太

（指子冈）已经糊涂了，先前天天看报纸杂志，现在给她，她也看，两手举着，字是倒着的。她的女儿问她认不认识自己，她不吭声，连老头子徐盈也一时半会儿才能认出来。"

东房是徐盈住的。老保姆说，他天天上班，在外面忙，回家也忙。他自己顾不上吃穿，把钱都花在子冈身上，总想让她多活几天。我听了，既酸楚又感动，难怪城北的爱人叶雅珊写的那篇《沉默的金婚》（《人民日报·大地》1986 年12 月6 日）是那么动人哩！

又走了一个——我指的是我们年龄相差不多的四个女记者。杨刚大约是1957 年走的。她是怎么走的，我不知道。那时有人悄悄告诉我，看见八宝山公墓外面的山坡上有一座坟，石碑上写着"母亲杨刚"。显然是她的子女为她立的墓碑。熙修呢？有人写过文章了。她是反右后得的癌症，延至"文革"已是癌症后期。子冈在三中全会后的阳光下整整躺了6 年，她是多么希望能够重整旗鼓继续作出贡献呵！却未能如愿。自然，无论什么人迟早总是要走的，可惜的是，她们都是人才，是人之精英呵！她们的光和热还远远没有发挥出来哩！

子冈，你总算是幸运的，不但等到平反改正的一天，还感受到了中国改革的蓬勃生机和大好形势。我看见你天真的笑，笑得那么纯真，多么美呵！笑吧，你是从大痛苦和大快乐中走过来的。没有痛苦便没有快乐，也就没有大彻大悟的幸福感受。

又走了一个吗！

不，没有，一个也没有走。

彭子冈昔日"独闯张家口"

王芝琛

彭子冈是《大公报》的一名著名的女记者，大家都亲切地称她为子冈。1938年初，她在汉口进入《大公报》，并担任外勤记者。同年8月，她与丈夫徐盈（也是《大公报》记者）双双加入中国共产党。

抗战胜利之后，《大公报》复员上海、天津，而在北平设立了办事处，徐盈担任办事处主任，子冈的工作岗位也转移到了北平。

1946年1月，军调部在北平成立。军调部是以美国马歇尔将军为首，由国共两党人员组成，是专门从事内战冲突的调停工作。北平一时就成为国共两党进行政治、军事斗争的重要舞台。《大公报》专门派遣子冈从事这方面的采访。

1946年1月10日，停战令下。子冈立即为《大公报》采写了通讯《和平颂》，子冈以深情的笔，抒发了北平的市民以及上层爱国人士对和平的渴望与企盼；同时也坦诚告诉读者，"停战令"是一出戏，"和平"是一场梦。她写道："重庆在剀切致词、热烈握手、留影纪念……在华北的人民是听到狱前有黄莺歌唱一样美丽，又像在梦幻里一样难以捉摸，他们被恶梦吓扁了胆！'这不会是演戏吧？'一位老人问我。"子冈的预言没有错，确实是"一场戏"，历史已经证明，"和平"仅是一场梦。此篇通讯，中共机关报延安《解放日报》迅即全文转载。子冈还专门以方纾为笔名，为重庆《新华日报》撰写北平通讯《我寻觅和谐与幸福》，该文专门揭露国民党当局在北平"制造人间仇恨的毒瓦斯"。

1946年2月18日，军调部派出调处小组赴山东兖州调解。子冈以《大公报》记者的身份随同采访。兖州确实在十八集团军和新四军的包围之中。但包围的是吴化文的伪军。吴化文何许人也？他原先是韩复榘的手枪旅旅长。"抗战初年是抗日的，后来转入伪军第三方面军，现又改编为第五路，隶属于徐州顾祝同绥靖主任之下"。子冈还告诉人们，即便如此，十八集团军和新四军仍以大局为重，"忍让重诺"，于调停令限时数小时前，主动撤出战场。而国民党军，借口未接到命令，在停战令生效几天后，还在占领战略要地。

届时子冈已入党八年，由于工作需要始终没有回过"娘家"（指解放区）。抗战胜利前夕，1944年重庆曾有个中外记者团访问延安，《大公报》原打算派子冈参加，但国民党当局不同意，她没有去成。这次机会来了，军调部为调处军事冲突，经常派飞机来往于解放区与国统区之间。子冈利用美国人主张"新闻自由"，经美方同意，与两位美国记者和一位法国记者一同从北平飞到张家口。

张家口，曾是伪蒙的心脏。日本投降后，十八集团军以五六百战士的鲜血为代价，两次激战，夺取了这座名城。张家口成为华北解放区的政治、文化中心。

聂荣臻司令员和罗瑞卿政委招待了这三名外国记者和一名《大公报》记者。此外，子冈还专门访问了边区行政委员会主任宋劭文，参加了华北联合大学、晋察冀日报社与新华社的两次聚会，会见了许多文化人和党的各级干部。子冈在张家口两天，十分繁忙。

采访归来，子冈写下了长篇通讯《张家口漫步》，刊载于1946年2月12日至13日《大公报》。这篇通讯向国统区广大读者介绍了张家口的真实情况。对于子冈（包括广大的读者），张家口的一切都是新鲜的、生气勃勃的、明朗的。形容子冈的通讯，"像一股强劲的春风吹进国统区"，也很恰当。

1946年4月3日凌晨，国民党军警突然搜捕中共北平办事处，逮捕共产党人。子冈获讯后，以《大公报》记者的合法身份，将被拘押的共产党人的密信转递给军调部共方首席代表叶剑英。当晚，子冈还向《大公报》发出新闻专电，次日就见报。就在次日下午，当局不得不无条件释放全体被捕人员。子冈充分发挥了一名共产党员的战斗作用。

《大公报》派遣子冈采访军调部，还有一个意外的收获，那就是"姐弟重逢"。子冈的弟弟彭华，当年是子冈将他送往延安的。抗战八年，姐弟分离。军调部成立，周恩来得知这一情况，亲自指令彭华前往北平军调部中共代表团工作。姐弟间有着叙不完的情，彭华并不知道他二姐子冈的党员身份，但子冈还是尽可能提供彭华所需的情况。

1946年8月10日，马歇尔和司徒雷登发表联合声明，宣布军事"调处"失败，军调部宣告解散。弟弟彭华怕姐姐子冈受不住生离之痛，悄悄地走了。子冈于1946年冬，在《人公报》上发表了纪实体小说《惆怅》："八年了，这是一股地下水，在方静（子冈的化名）心上缓缓地流，暗暗地流，深怕它汩汩出了声音或走漏了消息。战争把这小小书香门第的唯一宠儿带走了……"子冈在这篇小说里充分地抒发了人世间的爱和亲情。

半个多世纪过去了，子冈以《大公报》记者的身份采访军调部和独闯张家口的逸事，并没有被人遗忘。大概前年吧，笔者曾与两位据说是某大学新闻系毕业生邂逅于长江游轮上，他们兴致勃勃地与笔者谈起彭子冈这段往事。他们说，不是说《大公报》是国民党政学系的机关报吗？不是说《大公报》对国民党蒋介石"小骂大帮忙"吗？难道，《大公报》头头就真不知彭子冈是中共党员吗？是的，他们提出的问题，看似带有点"稚气"，但确实提出了一个很严肃的问题。是的，《大公报》的领导是不会完全不知子冈的共产党员的身份，但无论是总经理还是总编辑，都从不深究细查。原因并不是他们想维护中共一党一派的利益。诚然，他们十分欣赏子冈的"文笔与才华"，但他们更赞赏子冈遵从新闻事业最高准则"客观、真实"，而不惧怕任何压力。大公报同人，流传一句话，"只要《大公报》敢登，子冈就敢写"。在这里所说的"敢写"，就是如实报道。就拿这次子冈"独闯张家口"，当然也得到《大公报》领导人的默许和支持，否则是不会津、沪、渝三个版面都登载《张家口漫步》这篇通讯的。

子冈的笔　子冈的心

方　萌

　　1940年秋，抗日战争正处于十分艰难困苦的时期，国民党政府行政院副院长兼财政部部长孔祥熙在重庆召开节约储金会，到会的有国民党党政军高层和工商、文化界知名人士以及新闻记者共百余人，孔祥熙致词说，今天讲节约储金，所以准备的茶点也很节约，只有一块维他饼和一杯红茶，这块饼是最富于营养的大豆制成的，是新生活运动总干事黄仁霖发明的。诸位吃了维他饼，不但实行节约，而且有益于养生之道。他话声刚落，一位不到30岁的女子立即站起提问："这几年，前方将士浴血奋战，后方老百姓节衣缩食，都是为了争取抗战胜利。你可以看一看，在座新闻界同业，都面如菜色，唯有你心宽体胖，脸色红润，深得养生之道，可否请你谈谈养生之道？"她的突然提问，四座皆惊，孔祥熙瞠目不知所答，只得连声哼哼哈哈，匆匆宣布散会而去。从此，孔被大后方人士戏称为"哈哈孔"。

　　不畏权贵的青年女子就是重庆《大公报》著名的女记者、地下共产党员彭子冈。这位杰出的女新闻出版工作者今年离开我们已经10年了。她的通讯报道，她的战斗精神，随着岁月的流逝，更加令人难以忘怀。她的笔，她的心，永远和人民在一起。

　　在我国新闻界，子冈以写短篇通讯特写著称。她笔锋犀利，爱憎分明，以小见大，勇于触及现实。她的性格开朗泼辣，不畏权贵，见不平事挺身而出，敢顶敢言。她写的通讯、特写，早已结集出版：《子冈作品选》（1984年新华出版社），《挥戈驰骋的女斗士》（1987年北方妇女儿童出版社）。翻卷重读，子冈的语言风格，音容笑貌，仿佛就在眼前。

我是子冈通讯特写爱好者之一。抗战胜利后，我进入重庆大公报，子冈与徐盈已由重庆大公报复员去北平。50年代后期，在北京大公报工作，见到子冈时，她已离开报社去《旅行家》杂志。仅匆匆一见，她便被卷入反右斗争暴风雨中，从此陷于不幸。20多年后，"四人帮"被粉碎，子冈再度主持《旅行家》杂志编务，我与她重见时，俩人均已进入老年了。

子冈的一生，是战斗的一生，历尽艰辛的一生。她生于忧患，也死于忧患。1914年她出生于北平的一个生物教授家庭。从小喜爱父亲的书房，徜徉在书本和生物标本之中。由于帝国主义的入侵和封建军阀的压迫，举家迁回江南苏州老家。父亲赋闲一段时间，后任浙江松江中学校长。她17岁入松江女中读书。初中三年级时，上海开明书店叶圣陶主编的《中学生》杂志举办命题文艺竞赛，子冈写《我是燕子》一文参赛，名列第二。三个月后，《中学生》又举办《学校生活日记一则》命题文艺竞赛，子冈获得第一名。她在日记一则中写道："现在的中国教育是离开社会的，这优闲的士（大夫）阶级的学校教育，难怪要产生一般高等流氓来！我是有血性的人，这常使我独自恼恨。"她叛逆的性格，开始萌动。1934年夏，20岁的子冈中学毕业后，赴北平考入中国大学英语专业。半年后因不满于刻板的死读书生活，到上海参加沈兹九主编的《妇女生活》杂志，任助理编辑。这家杂志仅沈兹九和她两人。沈兹九社会活动多，写稿、编稿工作实际上由子冈承担。沈兹九说，子冈十分辛勤劳累，好像有使不完的力量。当时，她参加了上海妇女界在何香凝、史良带领下的示威游行，并写了通讯《三月的巨浪》；写了反映纱厂女工愤懑的《在机器旁边》和反映陶行知活动的《山海工学团》。她在参加鲁迅先生葬礼后，写了《伟大的伴送》，她说："追悼鲁迅先生……他是我们民族的灵魂，他是新时代的号声……记起了鲁迅先生的遗志，肩胛上觉得有个担子压上来。"

1937年春，子冈与她的丈夫、《大公报》记者徐盈，分别以各自单位的旅行记者身份，同行访问红军长征后的中央苏区。子冈与徐盈是1936年秋在上海结婚的。两人曾同时是《中学生》杂志的积极作者，同服务于进步文化界，共同的志趣和理想，使两人相识相知，相爱相随。在访问中，两人骑自行车深入苏区农村，分别写出反映苏区群众生活的通讯。回到上海后，子冈又受沈兹九之托，冒用关押监狱中的七君子之一史良堂妹之名，往苏州探监，慰问七君子，并写出会见记。

这年7月，卢沟桥事件爆发，不久，"八一三"淞沪战争又起，子冈和徐盈来到武汉。

这时的武汉已成为政治、军事、文化中心。中共代表团、八路军办事处、《新华日报》也在这里。子冈进入由沪迁来汉口的《大公报》工作，与徐盈、范长江、陆诒等共同战斗。

国民党消极抗日面目逐渐暴露，开始宣扬所谓一个党、一个主义、一个领袖等谬论，以压制、削弱对八路军、共产党英勇抗日的辉煌战绩的宣传；压制群众抗日民主浪潮。范长江在一篇《抗战中的党派问题》中，不同意一个党的主张。总编辑张季鸾未予刊登，双方争论，各不相让。范长江愤而要离开《大公报》，记者们支持长江，远在华北抗日前线的记者孟秋江、溪映，为支持长江相约离开。徐盈、子冈也采取同一行动，但被中共代表团力劝：为什么不可以利用《大公报》的影响，以宣扬中共团结、进步、抗日的主张，反对蒋介石分裂、倒退、投降的逆流？子冈、徐盈接受中共代表团意见，留了下来。但长江、秋江、溪映已经离开，无法挽回。长江后来主持国际新闻社工作，秋江担任《新华日报》华北战地记者，溪映进入八路军总部任宣传工作。后徐盈、子冈在武汉加入共产党，由中共代表团指定人员进行单线联系。

子冈成为光荣的共产主义战士之后，在斗争中经受锻炼，在学习中不断提高。她的笔、她的心更加力求与劳苦大众贴近。当时她写得最多的是劳动阶层的悲惨命运和艰苦生活，对国民党官僚们，则多用冷漠与讽刺的笔法。

抗战胜利后，子冈、徐盈回到北平，同在《大公报》北平办事处工作。她的笔，指向未被惩处的汉奸，刺向劫取胜利果实的国民党官僚们。在国民党发动的内战烽烟中，更用她的笔，勾画出国民党政权一幕幕腐朽、残暴和人民在水深火热中挣扎和反抗斗争的图景。

新闻界常常赞誉子冈敢于斗争的精神。1945年秋冬，北平国民党军警以未报户口为借口，逮捕了中共来平的钱俊瑞等《解放》三日刊人员20多人。子冈获悉后，立即赶到宣武区梁家园警察分局探视，见到钱俊瑞后，又赶到景山东街叶剑英处报告情况，并递交钱俊瑞的信。还就此事发新闻专电往天津、上海《大公报》予以公开报道。中共代表团立即举行中外记者招待会，加以揭露，提出强烈抗议。国民党迫于压力，释放了全部被捕人员。过不多久，国共停战军事调查组国民党方面代表兼参谋长蔡文治在一次新闻发布会上见到子冈，严厉地说："彭子冈，你究竟是不是共产党！"子冈面对突然质问稍停片刻，即进行反击，她要蔡拿出证据来。经新闻界人士劝阻，才告平息。子冈后来索性到军调部美方人员那里，和美国记者一道，乘美方飞机去刚解放的张家口采访，返平后写出了《张家口漫步》长篇报道，记述张家口人民的新生活，文化界丁玲、成仿吾、艾青、肖三等人愉快工作情况，群众开展大生产运动等等。子冈敢写，报社敢登，发表在天津、上海、香港等地《大公报》上。后来在一次新闻发布会上，子冈见到蔡文治时，主动凑过去，准备欣赏蔡文治的大动肝火。不料，蔡文治无可奈何地说："彭子冈，你的文章真有煽动力啊！"但国民党并不罢休，要求《大公报》对子冈、徐盈采取措施，《大公报》没有行动，后国民党搜查了子冈、徐盈的家。由于革命形势发展很快，子冈、徐盈未离开北平办事处，国民党却逃之夭夭。铁腕将军蔡文治后来逃到美国。解放后，随着中美关系的改进，蔡文治曾经来到北京，重游故地，见到叶剑英元帅。他还想看望子冈，但这时的子冈已经因病在床，他没有见到她，只能把问候托友人转送子冈。

北平解放，全国解放，子冈多年来向往光明的心愿得以实现。她加强学习，感到自己仅有英语不够，又自费向苏联侨民学习俄语。两年后，她能将俄文译成中文，还将苏联作家、记者爱伦堡关于新闻写作经验的文章译成中文。这时她已是快四十岁的人了，尚能如此勤奋学习，令同业钦敬。新社会涌现出新人新事物，她努力去采访，所写的《官厅少年》《老邮工》等篇章，倾注了她的感情。她曾参加中国作家代表团、青年代表团、妇女代表团等，赴苏联、东欧、北欧及印度访问，写出通讯报道。

解放初期，她仍任天津《大公报》改名的《进步日报》驻北京记者，后由范长江调到《人民日报》文艺部。由于工作需要，她深入戏曲界学习。她说自己"本与京剧无缘"，但为了工作需要，"看得多了，也就上了瘾"，"有时兴致飞逸，甚至哼上几句青衣唱腔"。她写戏曲界人物，写戏曲改革与振兴。1954年底，《旅行家》杂志需要人，她被调去主持工作。她想起司马迁、李白、徐霞客等，也都是通过游历考察，取得成就的人物。她向一些领导人约稿，甚至向当时任缅甸总理的吴努约稿，还向当时任邮电部长的朱学范交涉杂志的发行问题。她到哪里，就在哪里发光发热。对于看不惯的事物，她单刀直入，敢提意见。1956年秋后至1957年上半年，她对新闻出版界存在的机构重叠、人力物力浪费等提出意见，还赞成恢复开明书店，认为几个人可以办刊物等等，有的写成文章。这与当时的政治气氛多么不相容。1957年子冈后与出版社干部一同去河北安国农村劳动。一年后，因膝盖旧疾复发，调回北京，安排在印刷厂工作。1960年她被安排到全国政协文史资料委员会办公室工作。1962年1月摘去右派帽子，工资重新评定，降了4级，月薪110元。1969年她与徐盈一道，被遣送湖北沙洋劳动。1979年秋，"右派"改正，10月任《旅行家》杂志编委会主任。不久，因脑血栓半身瘫痪，卧在病床、坐在轮椅之中。她不能用手握笔，便口述文章，由儿子徐城北记录整理发表。她向往生活、热爱国家。她说依然如"坐在有意义的人生之中"，"坐在前进着的世界之中"，1988年1月，终在瘫痪七年之后，默默地离开了亲人和人世。

子冈的一生，用她的笔、她的心，为祖国、为人民写了20年。后虽被迫停笔20多年，但她的心，没有停止对国家、对人民的感情。她是怀着爱祖国、爱人民的深情离去的。子冈的一生，是多么令人怀念、同情、深思、敬佩的一生啊！

子冈留给我们的精神财富，在她的人品、文品之中。新闻界的同志多次请她谈工作经验、心得和体会，被她婉言拒绝。1985年初，当她因病卧床时，才由儿子徐城北记录她的口述《记者六题》，作为"一点个人体会"，留给新闻界。这个名为土地、棱角、抱负、笔法、冲刺、学识的六题，是她记者工作的总结，也是她通讯特写的特色。

子冈用"土地"两字，代表人民最根本的利益。她说应当准确地把握土地和风云之间的辩证关系。在高空的风云气象显得复杂之时，要深入到土地中去，追寻研究高空风云所产生的结果，并根据它来决定自己的态度。这是记者本人应该做到的。另一方面，不能长期"囿于一隅"，否则会受到局限。应到其他地区或部门走走看看，才能有利于对整体形势的清醒认识。

子冈说，什么叫棱角？她认为，记者要有鲜明的爱憎，敢于批判和创造，包括勇于改正自身认识及行动中的差错。但多年来，棱角似乎是个不吉祥的东西，总是给人带来厄运。要研究新问题，解决新问题，记者应旗帜鲜明地亮出性格上的棱角。通常各级"内参"的执笔人多是记者。尽管情况艰难，还是有那么多具有鲜明棱角的记者，出色地尽到自己的天职。

子冈说，记者应该树立政治家般的抱负，创造性地去完成自己的工作任务。每个记者都有自己分内的职责，但对分外之事也要关心，视天下为己任。

关于笔法，她说，自己多年来一直有这么一种看法：新闻作品中也要出"情"。如何出"情"？就她自己实践而言，主要在于选择材料时要准确，要把握所反映事物的本质。她举毛主席1945年从延安飞赴重庆和平谈判时的那篇小通讯为例。她写毛主席被张治中接到他家中时，由于拘束而打碎了一只盖碗。子冈叙述这一细节时加了一句话："他好像是一位来自乡野的书生。"为这句话，她认为这是符合历史真实的。子冈认为新闻通讯不要连细节和情趣都删得一干二净。一段文字固然要有个"主题"，但最好能通过一个真实可信的生活片断去体现，结论不一定非得"拎"出来，多写一点情趣盎然的东西，让读者去欣赏，去咀嚼，去体会。

子冈说，快，是记者的天职，要像跑百米那样去冲刺。然而快来自慢。采访前尽可能做些准备，越细致越好。比如你要采访某人，他是哪方面人物？干过些什么？如今在干什么？他的经历、社会关系等等。工作做细做活，采访时就能免用客套，单刀直入接触主题。再者，访问要抓住重心，不要偏离主线而浪费时间。如果遇到障碍，可改变角度、方式。

最后，子冈说到学识。她认为记者一生，如水上浮萍墙头草，东一榔头西一棒子，浮泛浅显是通病。她认为，一定要尽可能地去具备学识，利用空隙时间提高自己、丰富自己。但也需要领导给予关心，作出安排。

子冈这篇《记者六题》，是她留给我们的思想财富和战斗武器。

针砭时弊——记名记者彭子冈

侯 杰 秦 方

　　《大公报》里有一对著名的"双子星座"——女记者彭子冈和她的丈夫徐盈。其中，彭子冈又以文笔犀利、泼辣而闻名报坛。《大公报》汉口版曾刊登过一篇题为《最近来汉的四位女作家缩写》的文章，称赞她善于写调查和访问的文字，是一名难得的女记者。

　　1937年3月，时任武汉《妇女前哨》杂志主编的彭子冈和《大公报》外勤记者徐盈为了深入农村采访，正式结为夫妻。七七事变爆发后，她和徐盈离开北平，在经过天津时，曾于东站日本宪兵司令部遭到侵略者的盘查和嘲弄。她愤然写下了通讯《在日本宪兵司令部——天津东车站纪实》，记录了这段屈辱的经历，刊登在《大公报》上。1938年1月，彭子冈正式加入《大公报》汉口版的报社工作，并担任记者。

　　随着抗日战争局势的变化，彭子冈随《大公报》从武汉来到重庆。在这一时期，她抱定一个信念：有关抗战千言少，粉饰太平一句多。因此，她常常敢于戳穿当权者的丑恶嘴脸。在《大公报》的同人们中流传着这样一句话，"只要《大公报》敢登，子冈就敢写"。

　　有一次，在重庆嘉陵宾馆国民党政府行政院副院长孔祥熙主持的节约储金运动的会议上，她一针见血地指出："这几年，前方战士浴血奋战，后方百姓节衣缩食，都是为了争取抗战胜利。孔院长，你可以看一看，在座的新闻界同业都面有菜色，唯有你心宽体胖，脸色红润，深得养生之道，可否请你继续深谈一下养生之道？"弄得对方十分尴尬。

彭子冈还深入下层社会，报道普通民众的生活状况。她采访过军人、工人、人力车夫、清道夫、壮丁、难民、流浪儿、妓女、监狱犯人等。同时，也经常把他们的劳动和民族救亡大业联系起来。如人力车夫，在缺少汽油以及现代交通工具的非常时期，成为战时维持重庆交通运转的主要力量，在她眼里，他们平凡而辛苦的劳动，同样是对抗战的贡献。而清道夫在她的笔端，则被写成是圣洁的卫生公仆。

当她意识到自己的作品很难在重庆发表时，就利用桂林新闻检查较松的有利条件，从1941年开始，为《大公报》桂林版撰写航讯。在徐铸成等人支持下，几乎一字不改就发表出去。她大力抨击权贵，矛头直指四大家族，无情地揭露了国民党当局的丑态，抨击当权者们的贪婪嘴脸，真实地反映着重庆光明与黑暗势力的消长。仅1943年她就撰写了近百篇重庆航讯，曾被新闻界同行美称为"重庆百笺"，把大后方民众的心声和重庆的真相及时而形象地介绍给读者。其中有关宋庆龄、郭沫若等著名人物的专访，以及反映日本强盗肆虐的《扑灭现代刽子手》和《一只手》等特写，给读者留下深刻的印象。特别值得一提的是，特写《毛泽东先生到重庆》一文以白描的写法，非常简练而含蓄地记录了毛泽东到达重庆的情景，巧妙地点破重庆雾一般的政治气氛，烘托出延安生活的俭朴，鞭挞重庆当权者的奢华，同时也给读者呈现出一位来自民间读书人——毛泽东的形象。

抗日战争结束后，彭子冈从重庆回到汉口，发现负责接收的当权者和昔日认贼作父的汉奸沆瀣一气，非常气愤。她遂撰文予以揭露，并严正要求惩处汉奸，决不宽宥。天津《大公报》复刊后，她随任《大公报》驻北平办事处主任的丈夫徐盈来到北平，任《大公报》驻北平办事处记者。1946年初，她曾独自闯到军调部美方人员那里，搭乘美方飞机去新解放的张家口，访问晋察冀边区的首府，归来后完成《张家口漫步》，发表在《大公报》上。她用生动的事实，向国民党统治区的读者介绍了张家口的见闻，热情讴歌共产党和当地民众的鱼水情谊以及清正廉明的政治景象，打破了政府当局的新闻封锁。另外，她分秒必争地对逍遥法外的大汉奸们进行了采访，借他们的口和当时的处境，揭示其背后的政治内涵。如伪华北政委会委员长王荫泰在接受采访的时候就说："国民党来，我是否有罪还难说，共产党来，便没有我的命了。"而王揖唐在北平私立中央医院高等病房里则遮掩得严严实实，没有一点光亮，他惧怕光亮，畏惧民族的审判。1945年12月18日，彭子冈发表通讯《在病房里的王揖唐》说："不知是否我们的国法太宽大了，缉奸将近十日，然而王逆揖唐至今还安睡在中央医院的头等病房里。"

1949年新中国成立之后，彭子冈参加了《大公报》的改组工作，在《进步日报职工同人宣言》上面签名，并担任《进步日报》临时管理委员会委员，《进步日报》驻北京办事处主任、党支部委员等职。但是，她并不愿为官，而是想做一名纯粹的记者，活跃在新闻第一线。

女报人彭子冈

王瑾希

筹备《旅行家》复刊

30年代崛起的著名女报人彭子冈，现在已经进入65岁高龄，住在北京西城一所清静的平房里。和她的丈夫、同是著名记者的徐盈，以及他们已成年的子女一起，过着安定的晚年生活。

去年的文代会上，沉寂了20多年的彭子冈以代表身份复出，她在小组会上言简意赅地叙述了自己这些年的经历和心情，引得在座的沈从文、唐弢、刘宾雁、戈扬等人时而点头，时而叹息，时而欢笑。最后子冈话锋一转，出人意外地发表了一个征稿宣言，宣布她又重操旧业，正在筹备《旅行家》杂志的复刊，吁请作家朋友们给她写稿。大家都高兴地说：子冈还是那么言辞锋利，妙趣横生。

会后记者多次访问这位新闻界的前辈。子冈为人质朴无华，几十年来她写过无数新闻报道，可是她却没有为自己留下任何一页剪报或照片，也不肯承认自己有过什么出色的报道。好在北京还有一些熟悉她的老报人，还有当年的资料可查，经过多方努力，我终于渐渐加深了对她的认识，随之也加深了对她的敬意。

叶圣陶邹韬奋奖掖过的人

子冈操一口纯粹的北京腔，其实她的祖籍和出生地并不是北京而是苏州。她出身于一个知识分子家庭，彭家祖上据说很出了几个状元，书香门第的家风熏沐，使子冈青年时代即爱好写作，她给《中学生》杂志投稿，文章被刊登出来，编辑叶圣陶先生还写信鼓励她，从此子冈成了《中学生》经常的撰稿人，有时她也给《申报》写些小杂文。就是在这些活动中，子冈结识了同样给《中学生》撰稿的青年徐盈，他们由文字交谊终于结成终生伴侣。

刚步入社会的子冈，受到她的老师沈兹九女士慈母般的关怀。那是1936年，子冈在北京中国大学读二年级，沈兹九在上海主编《妇女生活》杂志。在沈的召唤下，子冈辍学来到上海，住在沈家，协助沈兹九办《妇女生活》，经常出外组稿，联系印刷、校对、发行等事宜。在这一工作中，子冈认识了著名的救亡运动七君子以及一些其他爱国人士。

给了年轻的子冈重大帮助的又一位名人是邹韬奋先生。1936年10月，上海各界将举行鲁迅出殡大游行，事前，韬奋先生约子冈为这次大会写篇速写，刚离开学校不久的彭子冈受到这样的重托，心情自然是十分激动的。稿子写成之后，登在韬奋办的《生活周刊》上。在步入新闻行列的最初阶段能得到这些大师的栽培和扶持，子冈真是够幸运的啊！

热血沸腾的抗战记者

子冈是1938年在武汉正式进入《大公报》当记者的，当时抗日的烽火燃遍中国，子冈以纸笔作武器热情地投入了这一战斗。她写敌人的残暴——大轰炸，写人民的苦难——难民营的端午节，幼小者的流亡；更着力于写各阶层群众的奋起挽救民族危亡——写浴血归来猛志常在的伤兵，写穿过穷山恶水传播抗战火种的新安旅行团少年，写戎装的女儿们——抗敌青年女生队，也写为抗日救亡出钱出力的爱国华侨……

除了热情地呼唤和鼓舞人民的斗志以外，子冈也以犀利的笔锋，抨击了与庄严的抗战生活相对立的一面，即某些人的贪污腐化、纸醉金迷。她大胆地披露了孔二小姐携爱犬登飞机的新闻，也为伤兵们的缺医少药呼吁过，她还写过一篇题为《舞场一瞥》的特写，尖锐地指出"那些作出各种狎邪舞姿，沉迷于靡靡之音中的先生们、女士们，正是受着社会最好的供养与教育的人，然而他们堕落了，他们麻木了，他们僵化了"。她要求人们扬弃这一切肉麻当有趣的享乐，要求不愿意做时代尾巴的人应该为抗战到底而心连心，呼吁每一个人在抗战中成为一粒活泼的原子。

像当时的很多年轻母亲一样，彭子冈为神圣的全民抗战作出了重大的个人牺牲，1940年她的第一个孩子在重庆出生，由于天天忙于采访，忙于躲轰炸，孩子缺乏照料，再加上货币贬值、通货膨胀，这个孩子出世不久就夭折了。现在已经有了孙子的子冈，谈起这些往事，仍然禁不住眼中浮现泪光。

为国共和谈而采访奔忙

国共和谈曾经是彭子冈经常报道的一个重要方面。

1945年，毛泽东主席飞到重庆，举行两党会谈，参加旧政协，这在当时是一件举世瞩目的大事。彭子冈发表在《大公报》上的特写《毛泽东先生到重庆》，生动而细致地描写了毛主席、周总理在赫尔利、张治中陪同下步出机舱与重庆各界人士见面的情形，详细描写了毛主席的形态、衣着、风度、言谈……也写了在场迎接的邵力子、郭沫若、沈钧儒、雷震、张澜、周至柔。她在文章的开头就指出这次会谈的重大意义，指出这是"维系中国目前及未来历史和人民幸福的一个喜讯"，子冈的这篇报道，当时很受社会上的重视。

1946年国共双方及美国组成的军事调处执行部在北平的活动，子冈也积极予以报道，那时她常常出入于叶剑英将军及现任外交部长黄华的办公室。

新中国成立以后，子冈先后在天津《进步日报》、北京《人民日报》当过记者，后来她的主要职务是《旅行家》——一家很有特色的杂志的主编。这一时期她写了不少特写、散文和杂文，其中《官厅少年》一篇被叶圣陶老人许为范文，选入中学语文教材。她还出国访问了匈牙利、印度和赫尔辛基。

一段曲折的经历

在1957年，扩大化了的反右运动中，子冈的一些杂文、言论以及她为《文汇报》写的社论——《应该尊重新闻记者》等，被说成是毒草，子冈被错划为右派。这个不幸的误会使这位很有才华和经验而又正当盛年的女报人长期离开了新闻岗位，直到去年才予以改正、恢复名誉。

子冈说，这段生活虽然曲折，有时甚至很痛苦，但现在事过境迁，回想起来，其中也有一些有意思的事情，有一些平时不易获得的人生经验，我们全家四口都受到了锻炼。

有趣的是，其中有一段时间子冈被安排在文史资料委员会工作，经常共事的有杜聿明、黄维、溥仪、溥杰等。这些过去的赫赫名人也早都听说过子冈这位女记者，此时对她依然很有敬意，经常称她"彭大姐"。子冈也很有兴趣地听他们叙谈往事，并注意观察他们现在的生活和心情。末代皇帝溥仪的最后一次婚礼，子冈还因为是同事被邀请参加了哩！

"慧眼神笔"依然在

子冈提倡过新闻记者要锻炼"慧眼""神笔""腿勤手快"。复出之后，人们已经多次读到她写的文章，其中《访问叶圣陶》《怀念邹韬奋》两篇，可以说是优美的散文，显示她经过磨炼之后，文笔更加老到圆熟，感情更加凝练深沉。

不过，岁月无情，在"腿勤手快"方面她却受到了一定的限制。她的右腿因1959年取出一块膑骨，现在只能徐行，不能快步和登高。她的右手由于风湿疼痛，握笔书写也很不易。再就是有点老年性的健忘，尤其多表现在生活中丢三落四。全国文代会期间，她忽然惊呼丢失了全部餐券，赶紧重办了一份，不料想过两天又在另一件衣服口袋里找到，她现在只能在家中办公，好在她的两个儿女都很精明，常常当她的"左右拾遗"，帮她做一些"跑腿"的工作。

怀念子冈

笪 钟

子冈的去世勾起我许多回忆：我们一起在安国劳动和挨批判的情景；我们在"文化大革命"期间的书信往来，都使我记忆犹新。

她20余年来在精神和经济上给我的鼓励和帮助也让我不能忘记。她比我年长许多，是我的前辈和导师，对我是那么平易、亲切。我们所以能保持这种真挚的友谊，恐怕我们都是喜欢直来直去的人。的确，像子冈那么坦诚、正直、纯真的人，在世风日下的今天来说，真是凤毛麟角了，她的逝世，不仅是一具肉体的消失，而是世界上失去了一个难能可贵的师表、楷模和榜样。

我真愿天下人都像她那样纯洁可爱，一旦如此，恐怕也就是个大同世界了。

子冈的去世，对于我们每一位朋友来说都是极其悲痛的事，对您（徐盈）当然更是难以忍受的打击了……对于无法挽回的事，沉溺于哀痛是无益的，还是得向前看，还是得好好生活下去，直到向社会作出最后的一点贡献为止，恐怕这也是逝者有望于生者的吧！

得知您目前尚在医院，恐怕更宜节哀宽心，以身体和全家的大局为重。……

用红色纪念妈妈

徐　东

今年元月初，我总在想，快到妈妈子冈逝世六周年的忌日了（妈妈的忌日是1月9日），到了那天，我用什么纪念妈妈？吃面？去八宝山哭一场？不！——我忽地想起了我眼前的这件大红毛衣——几天前无意中在商场买的一件火红火红的套头羊毛衫——40多岁的人了，不知怎的这样酷爱红色——穿上它就像看见亲爱的妈妈，穿上它来诉说心里的话，穿上它来纪念妈妈，不是顶好顶好吗？

穿红色衣服对别人来说不算什么，对我说来还真得"咬咬牙"才敢穿，我们从"伟大的运动"中闯荡过来的老三届人，时时记住"斗私批修，灵魂深处闹革命"，一旦想修饰打扮，即觉"资产阶级思想已经侵入"，所以宁愿土里土气，土得掉渣也决不敢西装革履！即使"运动"过去20多年了，这个"传统观念"也仍缓不过劲儿来！

今天，我在纪念妈妈的时候，竟不加考虑地穿上了这件大红毛衣，心里觉得坦然、舒服。大概因为我太爱妈妈，妈妈又最喜爱红色的缘故吧！

记得60年代，学校组织去天安门活动，那时我才是一个十三四岁的孩子，硬是说太花的裙子我不敢穿。妈妈却说："我要是你啊，我就穿上大红裙子在街上走！"（当时社会上男女几乎都穿一色的衣服，极其单调，还认为此事象征艰苦朴素。）

"文革"时期，妈妈在湖北沙洋干校参加劳动，拔草、轰鸟（湖北麻雀特多，吃庄稼），汗流不止。在劳动空隙，她时时关心在京郊顺义插队的我，几乎一天一信给我，教我要做"党的好女儿"，还关心到我的穿衣问题，她在信中写道："什么颜色好看？红的、蓝的、黄的、紫的都好看，单纯就好看，单纯就是美！"我在辛苦单调的插队生活中，经常受到这种美的教育，时时感觉到她慈祥的音容笑貌，使认识问题的视野也开阔了许多。

这就是妈妈的性格！她鲜明果敢，不随波逐流。她爱红色，爱生活，爱美的东西，厌恶虚假及伪善！

有人回忆妈妈三四十年代在重庆当战地记者时，在白区的环境中竟时常穿着火红的毛背心及旗袍跑来跑去，与别人约稿、讨论问题；并只身跑到监狱，探望采访著名的"七君子"，写成一篇篇有棱有角指向国民党反动派的檄文！她一身正气，一身果敢，是抗战记者中的佼佼者！

红色是她的性格，红色说明了她的一生。

尽管后来"伟大的运动"把莫名其妙的罪名加在她头上，仍冲击不了她对党和人民的忠诚，也冲击不了她红色的性格——正直、坦率、表里如一。

大诗人艾青给妈妈的挽诗是这样的："你在冬天里走了，为的是迎接春天！"

是的，亲爱的妈妈，您送走的是严冬，迎来的是春天！您看见吗？早春的绿芽已在南方悄悄吐露，南去的燕子就要结队飞回，您的思想、情操和性格早已化作春水滋润着女儿的心田。我不是正穿着这件您一定喜欢的大红毛衣，和同志们一道在开拓红色的人生，在迎接春天吗？

（《新民晚报》1994年3月28日第十版）

深情的怀念

——写在子冈妈妈逝世十周年之际

徐　东

诗人艾青伯伯留给妈妈最后的话是："你在冬天里走了，为的是迎接春天。"是的，妈妈，您患脑血栓瘫痪了八年，于1988年离开我们，已十年了！这十年，正是我们伟大祖国改革开放的十个春天！您在《回到重庆》一文中写道："一千支笔也难描摹出我又回到重庆时的心情。"我想，你如果能活在这个奔腾绚丽的时代，看到香港回归、长江三峡截流等大事，又何止是一千支笔所能描述的呢？

亲爱的妈妈，您一生以记者为职业，泼辣直爽，笔锋犀利。尤其是抗日战争中，您身在重庆，为《大公报》写出了许多具有时代感的散文、特写、报道。

30年代，您亲身参加了鲁迅先生的葬礼，写下了《伟大的伴送》的感人篇章；您曾和父亲一起爬山涉水，不顾江西的瘟疫虫咬，去亲身感受红军给江西老区人民带来的曙光，用多篇文章反映老区人民的生活及心态；您在抗日战争中的名篇《毛泽东先生到重庆》《蒋夫人访问记》等脍炙人口；您只身勇敢地奔赴苏州监狱采访"七君子"，用巧妙的形式，锐利的语言大胆暴露国民党上层内幕……

在中华民族危亡的关键时刻，您用一个记者特有的敏锐的洞察力，注视并记录着中华民族国土的动态；新中国成立后，当新中国的五星红旗迎风飘扬的时候，官厅水库的建设者、老邮工及国外的风土人情等又在您笔下栩栩如生地跳跃着！

如果不是1957年那场突如其来的灭顶之灾，如果不是铺天盖地的"反党反社会主义"的帽子的重压，妈妈是会用她的健笔和慧眼，为祖国再写华章的。

在1978年前的22年中，正如沈从文先生所说，"一些拿笔杆子写文章的，在风风雨雨中，被批斗得颠三倒四，无所适从……偶然幸存的，也大都由青春年华进入身心憔悴衰老迟暮之中"。在那些"运动"后，我记忆中的妈妈心情是沉重的，步伐是沉重的，身体也是沉重的。刚刚五十几岁，妈妈已经像一个进入暮年的走路蹒跚、行动迟缓的老太太。熟悉她的朋友们说"那个笔勤腿勤，漂亮洒脱，穿着大红毛衣在国统区跑来跑去的子冈哪里去了？"

然而在压抑痛苦的逆境中，妈妈并未沉沦。消极怠工、悲观厌世的心态不属于子冈妈妈！虽然受到了不公正待遇，她对祖国对人民对社会主义执着的爱并没有泯灭，反而她更渴望早日工作，早日有所贡献。妈妈在干校写给邓颖超的信中说："徐盈的劳动很重，送粪、拉车、搬运粮袋……瘦骨嶙峋；我的膝关节早坏了，是个半残废。我们愿向工农兵看齐，接受再教育一辈子，但体力已跟不上，希望当革命需要用得着我们的时候，以毕生之力，为革命尽一份力，以此报答毛主席，也不辜负当年您和总理在曾家岩五十号的谆谆教诲……"

1969年妈妈随全国政协机关到湖北沙洋干校劳动，在紧张的劳动之余妈妈往我插队的京郊顺义县一天一封信，字里行间无不流露出她以往的活泼浪漫的风格和对未来的憧憬。她在信中说："小鸟起飞，是我二年来的生活实感，真想飞翔，不想定居。看麻雀（当时妈妈在干校常干'轰麻雀'的活儿）时而来啄食，时而在我的呐喊或铜锣声中忽的起飞，真是羡慕……让我们大家在国家的大好形势中，在世界革命的大好形势中欢乐起来吧！我要像小鸟一样起飞！"妈妈写的这样生动，我也被"激发"得活泼多了。那时我多喜欢村子里河边的那间茅草小屋——大队代销点啊！每天中午收工时我赶紧洗洗泥腿子，为的是到那里去拿信——拿一封总是让我欢乐让我上进和充满感情的信！那时我和妈妈都是用信来交流思想和感情的。

妈妈教子有方。——她把自己做人的尺度融化在信件的字里行间，使我在农村的田野上像是嗅到了沁人心脾的稻麦芳香，立刻觉得心情开朗多了。妈妈写道："你努力吧！人总得经过沉着的一段自学阶段，也包括学毛主席著作，你就在每天的医疗实践中，为人民服务吧！"（那时我每日劳动后晚间给老乡针灸）……"你要吃大苦，耐大劳，看报上介绍的英雄人物，都曾在他们的岗位上克服了很大困难，做到了常人所不能做到的不迈过几个高度不成……"妈妈自己用言语，更用行动攀登着人生境界，高阶梯。她在干校拔草，打稻（有时夜班），用做过关节手术的双膝跪在地上拔草，大汗淋漓却没有怨言和叹息。劳动之余擦擦汗水，还充满热情地给版报投稿，写《沙洋地区的路边》（因当时的"极左"路线，妈妈的几篇稿子未录用）。尽管许多事不尽如人意，尽管周围"形势所迫"，投来许多歧视及冷眼，但妈妈在她的"高层次"的思想意识中生活着，"难得糊涂"，自我镇定，自我欢乐。

在沙洋，妈妈身体非常不好。"头晕，写不了一封完整的信"；"骨头痛，双膝已坏，不能久坐……"在这样艰难的情况下，嘱咐我坚持农业生产。她写道：

"爸爸今天自江边来，带回几封信，知你又要进城学医到月底（注：农闲时我进城学医），我很生气，立即令爸打电报给你。女儿，不可以这样，要有觉悟去搞农业生产，学医学到放下本职工作是不对的，要尊重领导，不要无政府主义，要作在郊区一辈子的打算。不要这山看着那山高，不要患得患失……我和你爸爸从未这么胡来过，在从前的工作岗位上，也还是老老实实地劳动，否则也不会取得成功的……"

妈妈还用她特有的记者职业习惯，不管是汗流浃背地拔草、轰鸟之余，还是打稻、锄地的劳动之后，总让我注意时事。如：

"四月九日（注：1971年）《参考消息》上有总理（周总理）答外国记

者问，很好，要注意看。他答应了一个美国颓废派球员的问题……"

"四月十六日，人民日报登出了一篇《英雄更比当年勇》的文章，你要好好读……"

"近读七月三十日报上登的《朝阳起宏图》一文，写朝阳地委建设的业绩，寄给你看看，这样的报告文学非集体写不成……"

妈妈在难以应付的体力劳动之余，竟是如此"政治突出"，用抗日战争中"遗传"下来的那股热情，那股"走在时代最前列"的精神，在干校用生命和意志拼搏着，并不停地观察着社会，执着地继续写人生道路的新篇章。

妈妈是世界上最好的妈妈。劳动之余，思女心切，极其关心我的交友问题。妈妈写道：

"青年时代错肩而过的朋友何止千万，去发现明珠吧，千万不要拾起第一个贝壳就惊讶其绚丽！东女，你要严格要求自己，（对常在一起的男孩）不要共饭同游，要严肃，不嘻嘻哈哈，千万对妈妈保证……"

妈妈的精神世界十分宽广，感情非常丰富。她把无尽的爱给了丈夫，给了儿女，更给了她赖以生存的工作和事业。

"疯与狂的时代"终于过去了！

当1978年"平反"后，妈妈爸爸均被"解放"，双双愉快地参加了第四次文代会。后来，《旅行家》杂志恢复了，领导还建议妈妈仍做主编。那时的国家真是百废待兴，有多少工作等着妈妈去做啊！可是妈妈精神和身体有些支撑不住了，从患脑血栓那一刻起就再也没有站起来。而后，就是以床和轮椅相伴的八年瘫痪生活。

妈妈离开我已十年整了，我却觉得妈妈时时就在我眼前。我多么希望能再与她生活、再多享受些她的爱，她的温暖啊！——即使是自己已经做了母亲之后。

回想她磊落光明的一生及看她手边这些70年代的信件，妈妈的音容笑貌，犹在眼前；如泣如诉，感慨万千。

我想，学习妈妈高尚的人格，对人民无私的境界，学习她奋发朴实的工作态度、生活态度，也就是对我妈妈最深情的怀念吧！

那一个下雪的日子

徐 东

今年是我的母亲彭子冈诞辰90周年之时，也是她老人家离开人世16年之时。诗人艾青先生留给母亲最后的话是："你在冬天里走了，为的是迎接春天。"

记得16年前（1988 年）元月3日，一个天色晦暗、大雪纷飞的日子，母亲的病加重了。她在卧床八年后，仅仅限于潜表皮层的褥疮于冬至后突然先后全都溃破。我请教了大夫，找来纱布、酒精及各种外用药给她换药……预感到母亲的日子不多了。我记得这一天的这场雪好大呀，漫天皆白，雪花漫天飞舞，街上行人极少。看着母亲病重的样子，我真是心乱如麻。

三日以后，我给母亲做了全身的擦洗。我拿过一个苹果问她吃否，她已无力回答，但从眼神中可看出她还高兴，对我的问候表示默许，于是，我切了一片苹果慢慢放入她的口中……

1月9日早上，我发现她的眼神最后亮闪了一下，这对于在八年中静卧于床、紧闭双目的母亲是很少有的事。终于我好像看见睿智及机敏又回到她身上。当时的情景让我真是怔住了。我真想对她说："妈妈，你多睁一睁眼，不要闭上，和我说说话呀！"

从1980 年起，母亲卧床整整八年。也可以说从1977 年后，就再未见到过健康而健谈的母亲。那时的母亲才63岁，已是神不守舍，步履艰难了，不久就因中风倒下。多少年来，我没能享受许多女儿们"回娘家"的其乐融融的团聚与欣喜，而是婚后很快开始了"照顾有病母亲"的漫长生活。

母亲是美丽的。她原籍苏州，明眸皓齿，思维敏捷。她喜欢自然美，从不涂脂粉。在生活上她简单明快，很随意。她从五七干校回京办事，和我走在花市大街上对我说："颜色就是单纯的好，红的，蓝的，白的，那件蓝格子和红格子的衣服也很好嘛……"

母亲的精神更是美丽的。她忍受了二十二年的不公正待遇而依然善良依然真纯。她在干校得知与丈夫徐盈有可能退休回京时，一度被压抑的浪漫的情怀又飞回到她身上。她"计划着与徐盈去南方一游"，还要"向组织重新申请工作，可能革命还有用得着我们的时候……"

母亲也是勇敢的。抗战期间，母亲穿着敞胸的大红毛衣，在特务横行的重庆山城奔走采访时是勇敢的，她只身前往苏州监狱去追寻沈钧儒、史良等七君子的正义呼声时是勇敢的，在国民党的节约储金运动集会上，与孔祥熙当面对质时也是勇敢的。在1945年的"梁家园事件"中，当她得知国民党军警抓走我新闻工作者二十多人时，当时就与《大公报》记者张高峰共同直奔梁家园，要求会见警察局分局长，并即刻将有关消息报告叶剑英同志……这时的母亲是勇敢的。1957年，她出自共产党员的真诚，对国家出版、蔬菜、妇女等一系列问题提出自己的见解时也是勇敢的。

母亲更是忧伤的。从1957年运动后，她的心里就再未平静过。一顶顶沉重的、劈头盖脸而来的政治大帽子在父母头上满天飞舞。多少问号在她心中久久回荡？！从革命的中坚分子到加入"牛鬼蛇神"之列，这个弯子又该怎样转，如同狂风暴雨把一位护卫祖国的战士抛向荒岛，她是多么忧伤！

每当我看见天真无邪的儿童在街上喧闹的时候，看见一个个和睦家庭在温馨宁静中生活的时候，我眼前每每浮现出母亲那双极善良的带内伤的忧郁的眼睛。

而我的母亲毕竟是坚强的，不管在工资降到每月三十元生活费，还是与父亲劳燕分飞、常别离（老父被"发配"到湖北、山西等地劳动），无论是经常忍受侮辱和流言蜚语，还是做各种不适应的劳动，她把一切发生的事用牙齿咬碎咽到心底，默默做她每天应做的事情。在长期的生活中，她已学会了难得糊涂，自我镇定。

母亲一生都是坚强的。她做记者时，就极善于"挖掘和把握社会新闻内涵的政治性"，与她所在的社会和人们息息相通。对社会表现出的种种问题极敏感，她对真理对人民"血管里流的是血"。在世事的浑沌中，她心中保存着一方净土。1980年刚患脑血栓后，她尚清醒，她让家人摆上一张小方桌，坐在床上给邓颖超大姐写信，畅叙衷情。

在蹉跎岁月中，用母亲自己的话说，徐盈和子冈这"两只老鸟"，艰难地搀扶而行。母亲把对父亲的深情埋在心底，很少表达。70年代，在父亲的一次高烧不退被控制之后，她带我去买了一罐水果罐头，亲自送到人民医院，她脸上露出不常有的快乐表情，喃喃地说了一句，"今天总算脱险了……"

母亲又是幸福的。云雾散去，山河自妖娆。十一届三中全会后，上级对父母亲的"问题"做了重新审定，母亲（父亲）的名字已和无私无畏和刚直不阿连在一起。父母亲双双被邀请走进了"全国第四次文代会"，与昔日的朋友久别重逢，分外亲切。

如果，生命对母亲不这样过分残酷，如果时间再宽待母亲十年，让母亲能再当十年出色的"神笔慧眼"型记者，跑遍全中国，她定会为改革开放事业立新功！那，我们家庭能再享受十年的欢歌与笑语！

可是，天意不是这样安排的！从1980到1988年，身心交瘁的母亲患脑血栓——中风，卧床八年。漫长的八年中，她不断接到来自各方面的问候：大公报、中国新闻社、中国青年出版社、《旅行家》杂志社……友人来访更是举不胜举，希望她整装重新"上战场"，天津作家柳溪阿姨亲笔来信，"愿在子冈大姐领导下，为'旅行家'出力。"无数封信件像雪片般送到母亲病榻前，给病中的母亲许多安慰。

在病床、药物、轮椅的循回转换中，在接受丈夫、儿女的关爱与小保姆的照顾中，她在半沉睡状态中（最后两年是紧闭双目）度过了八年时光。一位友人是这样形容母亲的："撷得鲜花蜜尚甜，北城静卧女中贤。一支塞外江南笔，无语情伤五六缘。"

今天又是一个雨雪霏霏的日子。母亲的英魂已离世十六年，而她的忌日与诞辰仅差四天。

雪，对诗人来说，是银装素裹，是万蝶飞天；而对我来说，是痛苦，是感悟，是一种十分苍茫的感觉。"你在冬天里走了，为的是迎接春天。"亲爱的妈妈，莫非真如艾青伯伯所说，你是雪的精灵，冰的化身，在世界最寒冷的日子中离开我们？

（完稿于2004年元月）

又是白雪飞天时

——母亲子冈百年祭

徐 东

今年1月，是母亲子冈百年诞辰纪念日（1914—1988），也是她离开我们的第26个年头。

26年来，我时时没忘记母亲的音容笑貌，随着时间的向前推移，一句话，一件事反倒更清晰地浮动在我眼前。在20世纪80年代后，母亲瘫痪后的八年中与她的紧密接触，我更是不能忘记。

母亲子冈1914年生于苏州一个知识分子家庭，17岁便在叶圣陶先生创办的《中学生》杂志上投稿，在全国征文比赛中频频领先，她与徐盈（子冈的丈夫）的认识，也是在这个时候。20世纪30年代的《中学生》杂志中常常可见他俩的文章，他俩均为叶先生的得意门生。

1934年夏，20岁的子冈中学毕业后赴北平考入中国大学英语专业，此时，她叛逆的性格开始萌动，因不满于刻板的死读书生活，上大学半年后，她毅然放弃中国大学的课程，投奔于沈兹九、胡愈之门下，在沈女士所办的《妇女生活》杂志中当见习编辑，此时，她不断受到胡、沈二位的革命思想指导。

探监汪金丁

"七君子事件"爆发后，沈老师大胆起用了子冈这个年轻的助理编辑，把去苏州高等法院看守所采访史良大律师的任务交给了她，子冈大胆地进入看守所，以"堂妹"的身份出现，这是子冈参加工作后继鲁迅葬礼之后又一个果敢的行动。她同时写出专访《堂姐史良会见记》。而在此前，1933年，正当子冈在苏州振华女中高中部读书时，她就已在徐盈的请求下去苏州监狱探望"左联"战士汪金丁，给他送去衣物及书籍《露西亚语教程》等，在那里她又结识了汪金丁的狱中好友李初离、徐迈进及一些文化名人。子冈及徐盈还给汪的母亲送生活费，这一些事，汪金丁晚年还记忆犹新……

就这样子冈逐渐将自己与祖国人民的命运联系在一起，不再像给《中学生》杂志投稿那样用"纤弱秀美"的笔去当文学青年了。她在上海采访并参加了妇女界为庆祝"三八"节的游行活动，也看到了何香凝带病演讲及史良带领游行的过程，她写出了《三月的巨浪》；她采访纺纱厂，看到"洋人"对民族工业的压迫及女工受到的非人待遇，写出通讯《在机器旁边》；她写缉私活动的"热流"；写反映陶行知活动的《山海工学团》……

哀悼鲁迅

在她的又一位恩师邹韬奋的指导下，她不仅参加了1936年10月22日在上海举行的鲁迅先生的葬礼，而且写出了《伟大的伴送》一文，得到社会各界的好评。"一个小助理编辑来写如此大的场面及事件，我能行吗？"子冈在接受韬奋的"要求和指点"时这样想着。随即，她用全部的精力、才智来观察撰写这次的事件，当韬奋先生看完此文后立即决定一字不动的"全文发表"……

子冈哀悼鲁迅的文章《伟大的伴送》中这样写着："在一些服装怪异的天主教徒们的注视中，大队走进了万国公墓，门口上有'丧我导师'的横幅，这里虽没有参天古木，但多少墓碑旁栽种着的树木已挺然地伴着死者，太阳已消失，残留着的树叶稀疏地盖着云天，枯黄的败叶在人脚下起着碎响，老树、挽联和队伍一起在撼摇，感情质的青年，禁不住悲凉地把下唇咬得紧紧的……"

堵在大家心头的是空虚、苍凉，望望前面是没有走完的辽远的路。一个苦笑在青年人脸上划过，把步子放大了，走吧，跟着"老朋友"的指示，他，安息去了哟！

1937年春，子冈与徐盈分别以《妇女生活》及《大公报》记者的身份，取道浙江进入江西，访问了第五次反"围剿"失败，惨受白色恐怖的红色老区，回来后他二人写了多篇采访，如《巨变中的江西农村妇女》一文，子冈写出了江西农村妇女的悲惨命运及底层人民怀念红军却又有所遮掩的复杂心情。

加入共产党

1937年7月，卢沟桥事件爆发，"八一三"淞沪战争又起，子冈及徐盈来到武汉并结婚。

这时的武汉，已成为政治、军事、文化中心。中共代表团、八路军办事处、《新华日报》也在这里，子冈进入由沪迁来汉口的《大公报》工作，与徐盈、范长江、陆诒等人共同战斗。

1938年，子冈夫妇在武汉加入中国共产党，并由中共代表团指定人员进行单线联系。

1938年冬，子冈夫妇随《大公报》来到重庆，开始了她在重庆难忘的七年多的生活。子冈在外的公开身份是重庆《大公报》记者，为了采访，她辗转奔波于特务横行的重庆山城。20世纪80年代，团中央领导下的中国青年出版社党组书记李庚先生回忆说："1939年秋天，在重庆山城史大姐家里开救国会妇女界骨干的一次小会。沈兹九、曹孟君、罗叔章、张曼筠、沈粹缜几位大姐都在座。我不记得为什么事也去了，第一次见到了子冈。子冈穿一件纯黑的旗袍，罩着敞胸的大红毛衣。强烈对比的色彩先引起我的注意，而后她在小客厅里的活跃和我曾读过的她的几篇文章一样，给我留下了鲜明的印象。大姐们没特别为我介绍她，我当时就真感到：这是个'自己人'。"在重庆，她除了写劳动阶层的悲惨命运外，还对国民党的官僚们用冷漠的笔法加以讽刺。对于日本帝国主义对中国的侵略及在中国领土上的轰炸，子冈从来是深恶痛绝的。子冈此时献出了大量的作品，如《烟火中的汉阳》《武昌被炸区域之惨象》《五三的血仇更深了》《给母亲们》及《重庆的米和煤》《重庆新春》《晚秋杂写》等。1945年，她写出了《毛泽东先生到重庆》《重庆四十四日的毛泽东》等重要作品。

子冈的有些作品，因文笔犀利、观点鲜明，不便在重庆《大公报》登出，就在桂林《大公报》上登出，1941至1943年这段时间，子冈以"重庆航讯"为题，在桂林《大公报》上写下了许多短而精的作品，如《重庆低唱》《妇女百像》《重庆心声》《陪都近闻》《陪都文化风景》《新官上任》等等，这些作品她写了近百篇（徐盈也写了不少），当时在大后方重庆及桂林乃至全国，起了不少积极影响。

作为名记者，子冈也有许多专访。1940年4月她见到宋庆龄女士来渝视察，就不厌其烦地与记者浦熙修一起，多次深入她的住所，最后她们竟跑上孙夫人居住的上百层台阶上找到了她，要求采访。子冈这样写着："我们在大门口等得不耐烦起来，时光是一分一秒地过去，再错过了今天，怎么办呢？于是走上近百层石阶，找到孙夫人正在会客的那幢大楼，一排宪兵竟未阻止我们，花丛中几条光泽鉴人的洋狗也未对我们狂吠……我们闻着花香，被冷风吹着，焦躁地在阶前徘徊，于是再次向侍者挑战……"见到孙夫人后，子冈这样描述："……她说这些天蒋夫人要招待妇女界和她及孔夫人会面的。不知为什么，相隔三年多，孙夫人消瘦了那么多！只是那件素花衣裳依然和在沪时相仿，眼睛也依然熠熠有光，可惜得很，连近来她又发表了什么文章在外国书刊上也不及问。她不久前还向国际间斥责过汪逆……"

1939年初，抗日战争刚进入相持阶段时，子冈还受《大公报》总编辑之托采访了宋美龄并写出报道。

当时，在重庆她写的专访还有《张自忠将军会见记》《李宗仁夫人会见记》《中国的南丁格尔——蒋鉴女士》《印度援华医疗队长安华德博士》《访黄炎培先生》《绿川英子偶访》……在她的晚年疾病缠身时，还写了《回忆白玉霜母女》《回忆邹韬奋》等文章。

子冈这一生，用她的心，用她的笔，为祖国及大众写作20多年。在新闻界，人称她为"神笔与慧眼"。

在重庆，当毛泽东来渝参加国共和谈尚未全部结束之时，《大公报》决定调子冈及徐盈去北平参加创建《大公报》北平办事处的工作，于是，1945年后半年，子冈夫妇回到北平。

在北平的日子

子冈到北平不久，国共美三方组成的军调部成立了，子冈夫妇因记者的关系常能出入军调部的三个门（三方各走一个门）。她与徐盈将北平的各种消息交给共方派来工作的彭华，此人恰为子冈的胞弟，几年前他在子冈夫妇介绍下去了延安，现在已是李克农同志领导下的工作人员，此时姐弟也正好重逢了，徐盈也给彭华介绍一些经济界人物，为解放军添购电料、医药及金属器材………此时，子冈一篇写姐弟之情的自传体小说《惆怅》诞生了，此文经文学家沈从文先生润饰后，在《大公报》上发表了，影响巨大，更被周恩来称作"把革命之情与骨肉之情融在了一起……"

回到北平后的子冈，她的笔锋更为犀利，她的笔直指夺取胜利果实的国民党官僚们，在国民党发动的内战硝烟中，她更用她的笔勾画出这个反动政权的一幕幕腐朽和残暴。同时，子冈倍加关注内战中的人民生活及反抗斗争的图景。

新闻界还常常赞誉着子冈的勇敢斗争的精神。

1945年，驻北平国民党军警以未报户口为借口逮捕了中共驻北平的《解放》三日刊总编辑钱俊瑞等20多人，子冈获悉后与另一《大公报》记者张高峰立即驱车前往宣武门外梁家园，要求见警察局分局长，经过交谈，子冈大胆进入关押我方人员的大栅，与他们一一握手，她接过钱总编等人事先写好的一封信，骑车飞往景山东街十五号"叶公馆"，以最快速度将信交给叶剑英同志（因她与上级单线联系）。叶先生读了信，便在当晚7点在北京饭店举行了中外记者招待会，当场揭露国民党方面破坏和平民主的行径，对他们的做法提出强烈抗议。子冈深知此事的政治分量，还就此发新闻专电往天津、上海《大公报》公开报道，并就国方还搜查滕代远公馆、《解放》三日刊发行部，并抓人等行径，又采访了北平市政府、员警总局和北平行辕等处，再次发专电予以公开报道，要求放人。在各方面强大的政治压力下，不久，国民党释放了全部被捕人员。

因为子冈、徐盈的勇敢和斗争，国民党曾要求《大公报》对子冈、徐盈采取措施，因《大公报》没有行动，于是在1948年底，国民党宪兵在灯市口《大公报》北平办事处搜查了他们的家，并带走了徐盈，关押数日。

在北平胜利回到人民手中的前夕，北平是黑暗的，敌人嚣张，物价飞涨，人民困苦。子冈在北平不仅与徐盈英勇战斗，而且极其关心底层人民的生活，这一时期，她还写了许多优秀的作品，如《北平岁寒图》《如是我闻》《北平二三事》《北平的春天》《烽火北平》《愁城记》《我寻觅和平与幸福》等等。1946年，有北平人抱一双儿女投北海自杀，她描写底层人民生活的《悲剧中人的断肠语》一文引起社会强烈反响，她最后在文中写道："……社会不安，自杀之风一起，不如伊于胡底，经济崩溃之警钟已经在敲了。"《内战，内战，快些停止！》一文也受到《大公报》同人及总编辑的赞赏。

"梁家园事件"后，子冈与一些西方记者搭乘美方飞机奔赴张家口"晋察冀边区"，她写出另一个名篇，题为《张家口漫步》，文中热情讴歌了边区人民跑龙船欢庆春节的盛况，向人们介绍了正在开展的大生产和坦白、清算等各项运动，并在《晋察冀日报》举行的聚餐会上，见到了丁玲、成仿吾、艾青、萧三、萧军、草明等文化人，她还荣幸地受到聂荣臻、罗瑞卿等领导的接待。她描写人物十分简练而有特点，例如：

"聂荣臻，看去有五十岁了，花白头发，马靴，绿呢子军服……"

"成仿吾和萧三一样矮小瘦弱，这位创造社主持人极怀念他的老友郭沫若、郁达夫等，他也曾听到郁氏死了的传闻……"

"艾青比以前胖了些，有两个孩子了。他当院长之外，还教文学思想。联大校址是旧日本居留民的国民学校，校址很大……"

新中国成立

子冈夫妇在北平工作战斗着，当人民解放军攻克天津后，北平也获得和平解放。子冈和全国各族人民一起欢呼着、跳跃着……参加过"左联"的作家汪金丁先生回忆说："我们是怎样谈起北平第一次的'七一'纪念大会啊！我们说起那天晚上突然的暴雨，先农坛会场四周飘扬着红旗，红旗上浸满了雨水，雨水又染红了子冈的衬衣，我们谈得真是无拘无束呀……"

子冈在新中国的大地上迅跑，她先后参加中央民族代表团访问新疆，参加了萧华为团长的中国保卫世界和平代表团访问苏联、匈牙利，参加史良为团长的中国妇女代表团访问印度、芬兰……

在飞机上，子冈已筹划着怎样写她的国外见闻了。她回国后出了一本小册子叫《苏匈短简》，里边用热情洋溢而清新的笔调向人们介绍了苏联人民及匈牙利人民的建设和生活情况。此外她还写了多篇通讯：《忆印度女记者》《在印度过年》《我们在迈奈尔的时候》《寄赫尔辛基》……

1954年2月，她又去采访当时建设中有名的"官厅水库"，与那里的"小青年"及建设者交朋友，她的《官厅少年》《官厅水库的春天》都脍炙人口，《官厅少年》还曾编进小学五年级的课本………1955年，子冈还写过一篇与敌特做斗争的《雪亮的眼睛》，文中主人公吴德元还到我家给母亲讲他擒贼的故事。那时她写过的文章还有《老邮工》《盲人模范工作者黄乃》《他们二十二个》等。

患病的最后时光

1980年，子冈患重度脑血栓，因脑部缺血引起胃黏膜大量脱落，胃出血……因为瘫痪，1980年到1988年她在病床上度过，起先还可以说话，那时她接待了傅冬菊（傅作义之女）、徐迈进、张西洛、陆慧年等友人，香港《大公报》社长费彝民先生以《大公报》名义捐赠了轮椅，她还接受了邓颖超大姐从中南海西花厅托徐盈带来的白芍药花及大苹果。"文革"后《旅行家》杂志重新组建，编委们来看子冈，想让她重新做主编，其他杂志社的成员也找子冈，希望她写文章，此时虽然子冈能勉强看稿，但她这支笔已不能再运转，岁月磨掉了灵感，岁月磨平了激情，"运动"夺走了她精力中最闪光最精彩的部分，可惜她才66岁呀。她躺在床上，一天又一天，默默度过了她生命的最后时光。

众人送别母亲

1988年1月5日，漫天大雪，白色的雪花把北京城染成一片银色，从那一天起，子冈亲身上的褥疮开始溃烂，再不能好转，我给她清洗了身体，含泪做了最后的准备。

1988年1月9日，母亲走了，在严寒的日子里。

《新华社》发的消息是"一代名记者"彭子冈在北京默默离世……

著名作家袁鹰的悼念文章这样写道："我常想到黄仲则的一句诗：彩笔江湖焰黯然。黯然的不仅是子冈那支曾经熠熠生辉、名满江湖的彩笔，也是她那曾经闪露过不同凡俗的才华的生命火焰，而且也是她的老同事和朋友们的心境。大家心情沉重却仍然惴惴然希冀能出现奇迹，使她能摆脱由病魔带来的厄运。然而灯油耗尽，火焰终于熄灭了。"

1988年1月22日，时令严冬，天寒地冻，北京医院告别室里鲜花、挽联比比皆是，来给子冈送行的人们将告别室所在的胡同挤得水泄不通，交警不得不出来维持秩序。

今天我们纪念子冈，就是要学习她一生果敢、刚直不阿的高贵品质；学习她勤于动笔、心中揣着祖国和人民的高贵精神；学习她富于情感、洗练及撼人心弦的文笔色彩。

徐铸成先生说："我觉得子冈的文章，除立场、观点正确外，文如其人，爽直、豪放，而细密处，丝丝入扣，绵里藏针，皮里阳秋，所以篇篇耐人寻味，是富于战斗效果的传世之作。"

她献给祖国及人民的许多优秀文章将流芳千古，那是历史的记载！

艾青先生的挽联是"你在冬天里走了，为的是迎接春天"。

亲爱的母亲——子冈，又是一月的漫天大雪时，我们给您祝贺一百岁的生日！在天堂朵朵的白菊花中，您可能用记者的明亮慧眼正在俯视今日中国的大地吧！爱思索、好联想的母亲！在改革开放的巨浪中您又有了何种浪漫遐想？

别了，我的最最亲爱的母亲——子冈！祝您在天堂安详、宁静、幸福！

（《香港大公报》2014年2月8日）

彭子冈与《旅行家》杂志

徐 东

彭子冈，抗战时期"大公报"的名记者，1938年入党的地下党员，曾以《毛泽东先生到重庆》一文为人所称道，1955年她接手创办了她新闻生涯中的最后一本杂志《旅行家》，这是20世纪50年代全国独此一家的旅游刊物。

奔跑在"约稿"的道路中

1955年1月，隶属团中央、中国青年出版社的《旅行家》杂志创刊了，由彭子冈担任主编，很快《旅行家》杂志发展成为一个十三四人的小集体。

从1955年开始，名记者彭子冈的主要精力就是为编好《旅行家》杂志策划选题、约稿、组稿，力争使刊物成为上级要求的"知识性、趣味性"的读物。

她打开她的"社会关系网"，拿出当年当记者的看家本事——腿勤、笔勤地与青年编辑一道奔跑在"约稿"的道路中。我记忆中她除了用电话及自己跑去约稿，还用写信的方式给文学家沈从文、郭沫若夫人于立群、北大教授向达、侯仁之、印度语专家金克木等人约稿，当时回信来稿纷纷而至。

在彭子冈当主编的若干年中，《旅行家》杂志上既有国内专家张启宗写的《航行与河流》，向达的《三宝太监下西洋》，也有当时的青年作家丛维熙的《京郊农业生产合作社》散记；既有新西兰作家、中国友人艾黎先生的《我的祖国新西兰》，吴歌的《仰光散记》，也有内容充实的国内游记、摄影及从各国画报上翻拍下来的美景和旖旎风光。

因为当时条件限制，一期《旅行家》的印数全国只有十万余份，彭子冈对此曾大为苦恼，她提过一些意见和建议，"反右"时曾因此多了一条罪状。

因为认真，她在编辑工作中还设立了一些规矩，如"作者如果敷衍成文定要退稿"。为了刊物质量，她不惜跑腿多次去专家名流府上退稿道歉。

一次，她约来的郭沫若的《游西安》一稿，其中引用了"秦中自古帝王都"的唐诗，友人发现郭老将诗作者的名字记差，彭子冈经认真核对，证明确实为郭老误记，她毅然决定删去诗作者的姓名。事后，郭老曾专门派秘书向编辑部致谢。

彭子冈还用实事求是的作风对待刊出的稿件。有一次，作家张恨水的《游故宫》一文发表后，引起质疑。文学家、故宫博物院鉴定专家沈从文先生来信，列举文中与史实不符合之处，彭子冈立即不顾情面，将沈函全文发表，以求事物的真实性，同时也对读者负责。

母亲子冈为了办好刊物，让广大读者眼界更开阔而绞尽脑汁。

20世纪50年代，在缅甸总理吴努访华的一个外交场合，彭子冈竟拿出在《大公报》当记者采访时的勇敢，看一个机会来了，径直上前当面约稿，而吴努总理也果然一口答应。后来果真写来了稿件，于是彭子冈高兴得将它登在《旅行家》杂志上。文章发表后，因无外汇支付稿酬，她又灵机一动特地选购了一套中国漆器茶具，送到缅甸驻中国大使馆，请其代转。

感情充沛地写稿

当主编期间，母亲自己也写稿。她于1956年写的《回到重庆》也是脍炙人口的一篇文章。文中对重庆解放前后的不同的感受写得感情充沛。时代感在她的游记中豁然显露。

文章开头是这样写的：

"一千支笔也难描摹出我又回到重庆时的心情。是回家的心情吗？不是，因为它并不是我的家乡；是勾起了幸福的回忆吗？不是，因为那七八年山城的生活并不愉快，毋宁说是有些悲惨。但是当飞机在重庆上空盘旋的时候，我已经收拾停当，只想当机门一打开，一脚就跨出去……"

"从平原上来的人谁都不会习惯它的坡坡坎坎，它的湫隘，它的夏日的苦热，它的涕泗满街，它的老鼠当道！当然在那七八年间最最苦人的是反动蒋政权的迫害、恶性通货膨胀以及敌机的侵扰……"

"我们进城的汽车走过山洞，走过小龙坎、化龙桥，一路上都在修路。熟悉的四川话又飘进耳朵……"

"到了上清寺的花园，我们恨不能立刻坐上那车顶浅黄、车身浅蓝的无轨电车逛街去……"

"电气开关车门，娃娃们睁大了眼睛在纳闷。无轨电车刚上市不久，许多人还带着欣赏的心情来坐它……"

"从前的川东师范，如今的劳动人民文化宫，从前的'渝舍'，如今的少年宫，它们毗连一片，又各有各的大门。川东师范从前不仅是伪教育部和其他机关，而且也是众所周知的'爱国犯'的拘留地；川东师范的防空洞有着不同的涵义，进去的人不知下落，没进去的人对它憎恨入骨……"

"我抓紧时间用半天功夫去参观了曾家岩五十号和化龙桥红岩村两处革命纪念馆。……当我从大街进入小巷，不再需要左顾右盼的时候，当我可以昂起头来，公开地敲那两扇黑漆大门的时候，我说不清自己胸腔里充满了什么情感……"

"请回想一下当年的'悄悄回娘家'似的心情，再和今天我们祖国在胜利建设的近景远景来对照，都会觉得历史的脚步走得不算慢，只待我们马上加鞭……"

"过去在这个城市生活了七年而没有爱它，如今三天行旅却很难再忘怀它。一直到飞机起飞，我还在独自玩味这个奥妙的道理。"此文登在《旅行家》杂志1956年第5期上。

就这样，彭子冈在《旅行家》杂志充满激情地工作着。她在编辑部一视同仁，心直口快，鼓励大家勤奋好学，只要努力就积极支持。她还促成了一对好学勤奋的青年编辑的婚姻。（小时我曾去参加婚礼。）

子冈还向上级领导推荐原《旅行杂志》前主编来这里工作，并把那些依仗身份或红色资历而不努力的人，在劝说无效后尽量将其调出——这些尽都成为1957年反右派斗争时的又一条罪状。

因为"反右"运动及其他原因，《旅行家》杂志于1959年5月停刊。后来母亲也因重度脑血栓而身心疲惫，于1980年瘫痪在床，1988年1月离世，终年74岁。

子冈是那么钟爱《旅行家》杂志！无论如何，短短的近三年编辑时光，是她从抗战走来，面向新中国的人生历程中浓墨重彩的一笔！

我的"阿姨"

——怀念彭子冈

杨 教

　　中年，是连绵的生命序列中一个奇妙的时阶。当我自认为还年轻并渴望从前辈那里学到更多东西的时候，却在意想不到的情况下，被身后的小字辈们推到了所谓"前辈"的位置。这实在令我惶恐、难过，但又无可奈何。我就这样以不老不小的身份，出现于老小之间。

　　几位年轻朋友，都分别向我提过一个相同的问题：你年轻时是怎么过的？我常常乐于告诉他们：我也有个"阿姨"，就像他们今天有很多关心他们成长的好阿姨一样。

　　这是整整时隔一代人的故事了。

　　一位长得很结实的矮个子，坐在四川龙溪河边用水粉写生，画的是狮子滩大瀑布。我站在他身后看着，他回过头来问我："像吗？"我点点头。他晒得黑红黑红的脸上笑了："赏脸，赏脸！"

　　他叫宗其香，是北京来的画家。以后，他在工棚里举行了一次工地写生画展，我认为这张大瀑布是画得最美的。

　　不久，他就走了。

　　我给《旅行家》杂志寄去一篇通讯，题目是：《一朵先开的鲜花》。

文章发表了，我收到一封来自北京的信，大意是：我们刚刚收到宗其香画的狮子滩大瀑布水粉画，正愁没有相应的文字，你的稿件就寄来了，真巧。抗战时期，我以地下党员的身份在重庆《大公报》做记者，对四川是很有感情的，但那时我的笔只能用来同国民党反动派作斗争，而现在，却由你们这一代人来描写建设四川的壮丽景色了。一想到这点，我就感到高兴，忍不住提笔跟你写了这封信。有几家杂志跟我打听你，你也给他们写点东西吧。

最后署名是：彭子冈。

啊，是她！我从没有见过她，但我身边的一些比我年长的人，跟我讲过她的故事：当黑暗笼罩着中国，她在"陪都"怎样出入曾家岩，怎样巧妙地把中国共产党的声音告诉渴望光明的人们，怎样用她那支"神笔"，写出了一篇又一篇揭露国民党反动统治的文章，怎样在抗日战争胜利后，把毛主席赴渝谈判的喜讯传遍山城……

在她用笔同国民党进行斗争的时候，我还是一个在小学读书的毛孩子，不久就失学了，到一家印刷厂当了排字徒工。社会主义制度让我这个年轻的排字工人当了一名新闻记者。因此，我对为新中国而斗争的革命前辈，怀有真挚的感情，觉得我的幸福成长，与他们为革命流的汗与血是分不开的，其中就包括子冈同志。那时，我觉得这些前辈是高不可攀的，他们的眼睛，是很难看到我身上来的。真想不到，她，子冈同志，居然身在北京，看到了巴山蜀水中一个微不足道的我，这是怎样令我兴奋啊！

50年代，处处提倡"师傅带徒弟"式的培养青年的办法，我也希望有一个帮我、教我的"师傅"。于是，我给她写了一封恳切的回信，感谢她——我的前辈——对我的鼓励，并希望她多多帮助我，收留我这个小徒弟。并且寄去《旅行家》杂志要我填写的作者调查表，在年龄一栏里，我写了一个两位数：21。

信是写了，但我不相信她会再来信。我想：名人有名人的气派，何况她是一位忙人！但愿她不讥笑我的幼稚和奢求就行了。出乎意料，我很快收到了她的回信。读着信，我心里充满了春天的温暖。她并没有允诺我"拜师"的要求，但我从她那里得到的，比我想得到的还要多、还要好。她说："我不是什么'前辈'，以后可别这样称呼我。我看到了你的登记表，你真年轻啊，我可以做你的阿姨了。"

从此，我就称她"阿姨"，给她写的信也多了。有什么高兴的事，告诉她；有什么苦闷，向她诉说；有什么疑难，也向她求教。我的信常常写得很长很乱，啰唆之极，但她都看了，而且几乎每次都回信。她从不板着面孔教训我，而是用亲切、平易的语调启发我。甚至，她有什么高兴或烦恼的事，也在信上告诉我，就像我是她的同辈人。一次，她告诉我，她在一次会上见到毛主席了，毛主席还记得十多年前赴渝谈判时见过她，竟一眼认出了她，用湖南的乡音对她说："噢，你是子冈！"并询问了她现在的工作情况。她说，他的记忆真好。

就这样，我们在一年多的时间内通了不少信。无形中，这位从未见过面的"阿姨"，成了鼓舞我前进的一种力量。我发誓要使自己成为像她那样为党工作的人，悄悄在自己的钢笔上刻上"用自己的笔为祖国服务"的字样。直到今天，每当我想起一位革命前辈，这样循循善诱、从不强加于人地关心一个未谋一面的青年，我就激动不已。

我想见见这位"阿姨"的心情，也越来越迫切了。

一天，我收到她的来信，说她将出国访问，回来路过重庆时准备来看我。我高兴极了，天天盼望这一天的到来。不巧，领导上派我马上到川北调查一个专案，一去就是好多天。等我回到重庆时，她已经回到北京，只在市委看到她留给我的信，说她找我没有找到，只好先走了，希望我有机会到北京，一定去看她。不久，《旅行家》发表了她这次来渝的新作：《回到重庆》，又一次把人们带到那艰难的岁月，让人们看到了红岩上的曙光。

我于是下决心考大学，到北京去。我深知像我这样从小失学的人，要考上大学几乎近于幻想，但幻想常会激励人们对美与善的追求。为了能到北京读书，我拼命地向人生道路上一个新的目标进行了第一次大的冲刺！当我接到中国人民大学新闻系录取通知书时，发现我在两个月的补习中竟掉了九斤肉！

我就这样到了北京。1956年初秋的北京，对我这个惯于南方热天生活的人说，是极其爽朗和清凉的，我换了一身干净衣裳，在开学前的一天，到

《旅行家》编辑部去看望我没有见过面的"阿姨"——子冈同志。我走进宽街一个红漆大门，踏过一条洁净的种有花草的小路，穿过树荫下一个圆形洞门，心情反而紧张起来。我想，她一定是位既慈祥又严厉的老太太，或是一位满口政治名词的"首长"……

我猜错了。她穿着一身典雅、素净的连衣裙，站在一间小房门口向我伸过手来。她个子不矮，长得结实而健康，红润的脸上露着亲切的微笑，有一对敏锐的眼睛，虽然她算来比我年长20余岁，但比我想象中的"阿姨"年轻多了。我握着她的手，嗓子眼里差一点喊出声来："阿姨！"但我没有喊，因为我已是22岁的小伙子，而且自命不凡，担心这样喊会有人笑话的，虽然我们身边没有旁的人。

小房间临窗有一张书桌，上面堆满了书籍和摊开的文稿，靠墙是一张躺椅，是她疲倦时休息用的。我一坐下，她就接连向我提出一大堆问题：什么时候到北京的？看到天安门没有？对北京的印象怎样？去过北海吗？知道北京有个东安市场吗？……她的声音洪亮、厚实，像女中音那样好听。

"不晓得。"我发窘地摇摇头。

"不晓得！"她笑了，学我的四川口音。

她却谈笑风生。告诉我说，人大新闻系主任叫安岗，能干、年轻，文章写得极好，是个长得不高的胖个子。还跟我讲了一个关于他的逸事传闻：他在《人民日报》工作时，因工作太累，深夜盖着被子和衣躺在办公室睡了，一位同志拿着报纸清样让他签字，他惺忪着眼大笔一挥，竟把名字写在被面上。

她爽朗地笑了，我也笑了，小房里的空气活跃起来。

"榨菜的稿子，写了吗？"她忽然问我。

我难为情地摇摇头。有一次，我在信上告诉她，四川涪陵的榨菜是驰名中外的。每当收获季节，就有一艘艘木船，把绿色的"菜脑壳"从农村运到涪陵加工腌制。这时，乌江和川江汇合的卵石河滩上，就有人搭起很多高高的三脚木架，然后把"菜脑壳"洗净，用长绳穿成一串串的搭在木架上晾晒，远远望去，恰如沿江盖起了一排接一排的翠绿的屋顶，映着山光水色，美极了。她说，那你就给我写一篇关于榨菜的稿件吧，我答应了，但为了考大学，一个字也没写。

时间不早了，我准备回校。她说，等有了时间，她带我到北京走走，认识一下首都的风貌，还把她在魏家胡同的住址告诉我，让我没事时常到她家走走，说她有个男孩，很淘气……

"别忘了，榨菜！"她又叮咛了一句。

这以后，我们在电话里谈过一两次，不是她忙，就是我有事，在一起玩玩的念头，一直没有实现，榨菜稿一个字也没写。我仍然在报刊上读到她的文章，有一次在一期《文艺学习》上，她在一篇给青年人传授写作知识的文章中，竟提到我发表在《旅行家》上的那篇通讯，我既有点得意，又有点脸红，我暗暗发誓，一定要像她那样写出更多、更好的文章！

不料这一别就是24年，我们这两代共产党员，一夜之间都变成了反党反社会主义的"右派分子"！

我不知道她后来怎样了，但仍时时怀念这位尊敬的前辈。70年代初的一天，有人告诉我，她死了。我难过得流下了泪，时时暗中祝愿她得以安息。直到"四人帮"垮台，我才给安岗同志写了一封信，20多年来第一次向我的老师倾吐了我对她的怀念。不料安岗告诉我一个意想不到的音信：子冈同志还活着，健康地活着！

我于是马上给她写了一封信，接着就收到她的回信，她的字，仍然是那样苍劲、古朴，字里行间在兴奋中又流露出一丝苍凉。我知道，我们还需要时间医治心灵上的伤痕，没有见面。直到1980年4月初，我得知她生病了，才约了一位《中国青年报》的老记者去看望她，一踏进她的家门，就看到她戴着一副眼镜，穿着厚厚的中式棉袄，正坐在窗下同一位青年编辑研究第二期《旅行家》的稿件。青年编辑走了，她才慢慢站起来，左手扶膝，右手习惯地向前伸出，扶着身边可以扶到的东西，艰难地向前挪着步子。我走前去扶着她，在这一刹那间，我又想起了24年前的老话题：天安门、北海、东安市场、榨菜……我嗓子眼里又差一点喊出来："阿姨！"但我胸口好像堵着什么没有喊出来，因为我已到了40多岁的中年，已经是一个做年轻的人"师傅"的人了。

　　岁月与磨难，在她额上留下了痕迹。所幸的是，她并不消沉，仍然有一颗热爱党的事业的赤诚的心，所以一谈起来她的《旅行家》来，话题又多了，表情又活泼起来，使人想到，我面前的这位老人，确实是当年那个精明强干的彭子冈，虽然年高体弱，但雄心犹在，秉性如初。

　　这次会见后不久，我又接到她的来信，说她准备让年轻人接班。接着又有人告诉我，她住院了，叫我去看望她。但我的穷事极多，一直未能如愿。12月，我从湖南开会回来，与一位老同学见面时，又一起谈到了子冈同志，谈到她最近发表的在医院写的文章《人之初》。这篇文章的潜台词，大约就是"性本善"的意思吧，但我一想到"人之初"这三字，就想到了连绵不断的生命序列，想到了我身边那些同我当年一样年轻的朋友，想到了他们那带有几分稚气的、充满强烈求知欲望的笑脸，想到了子冈同志昔日对我的关心和帮助，我好像陡然增加了很多勇气……

一生直言的彭子冈

张　刃

自幼就知道父亲的好朋友中有一位叫子冈。起初望文生义，以为是位叔叔，及至见过了，才知道是位阿姨，徐盈伯伯的夫人，姓彭。彭阿姨以"子冈"成名，而且"名气"比丈夫还大，知道她姓氏的人反而不多。

一

最早见到彭阿姨是20世纪50年代，她给我儿时留下的深刻印象，就是说话直言快语，做事风风火火，我总觉得她不像个阿姨。成年以后，听多了她的故事，特别是读她的作品，看她的来信，从字里行间流露出的率直、豪气中，我似乎找到了答案——她确实是一个卓尔不群的女中人杰。其子徐城北兄概括他母亲的性格是"我行我素，胸无城府，直来直去"，可谓恰如其分。

回顾子冈的记者生涯，每每做出非常人，更非女人之举的例子很多。

1936年，"七君子案"轰动全国。为了获取独家新闻，24岁的子冈佯称"七君子"之一史良的堂妹，只身进入苏州监狱采访，写下《"堂姐"史良会见记》。

1946年，在北平，国共军调期间，子冈与三位外国记者一道飞赴中共解放不久的张家口，回来写了长篇通讯，向国统区的读者详尽介绍了解放区的方方面面，引起轰动。惹得国民党方面大为恼火，却抓不到她是共产党的证据。

此外，她笔下的《重庆百笺》《毛泽东先生到重庆》《北平岁寒图》《初晤川岛芳子》以及沈崇事件的追踪报道……无一不具特色。她以女人的细腻观察，写出了许多男人不及的率直、犀利文字，字里行间总是闪现着她坚持真理，忠于事实，敢于直言的风格与个性，并以此受到读者的肯定与喜爱。

二

"文革"期间，两家分居京津，彼此见面不易，也会让孩子们代为探望。"文革"初期，徐城北兄还曾到天津我家，带来徐伯伯和彭阿姨的问候。1971年冬，得知老友回京，父亲让正在山西插队的我姐姐去看望徐盈夫妇。姐姐后来把她的这段经历记录了下来，展示了子冈鲜为人知的另一面：

彭阿姨刚从湖北干校回到北京，我便在她家住下了。

彭阿姨喜欢吃，我到她家第二天，她就执意带我去东安市场的一个饭馆打牙祭，走时还不忘带上一个饭盒。到了饭馆，她并不急于点菜，而是到其他桌子上去问这问那，话题还不只是菜好吃不好吃。我当时觉得有些不好意思，也不理解，便问她为什么要问那么多。"哎，这你就不懂了吧？记者就是爱问、要问！这是记者的习惯，职业病。"她说。彭阿姨的话影响了我，几十年以后的我，跟她一样，走到哪儿都特别爱问，而且喜欢刨根问底。尽管我不是记者，而只是出于好奇心。

那天最终点的什么菜我记不清了，应该有一个鱼香肉丝。吃饭时，彭阿姨兴奋得像个孩子。我俩没能把所有的饭菜吃完，她就拿出饭盒说，"带回去，这可是好东西啊。"没有半点儿摆阔、讲排场的虚荣。

彭阿姨的文笔很好。看她写的文章和名字，很多人都以为她是个男人。徐盈伯伯看到她的文章，被她的文笔所吸引，也以为她是个男的，便跟她联系。就这样，他们相识、相恋并结了婚。

彭阿姨和徐伯伯秘密入党与周总理有直接关系。她还拿出家里珍藏的周总理给她的私人照和与邓颖超的合影，以及其他许多照片给我看，都是当时极少人能看到、非常珍贵的纪念。

彭阿姨说，被打成右派以后，徐伯伯就变得沉默寡言了，但自己"本性难改"，依然"爱说"。我在她家的几天，确实很少听到徐伯伯说什么话，而彭阿姨则不停地告诉我一些事。

当时，彭阿姨的弟弟彭华是外交部新闻司的副司长，我在她家住时，又升为司长。彭阿姨的女儿徐东看到报纸后跟她说："妈，你老弟升格了。"她听了只是一笑。彭阿姨跟我说："我虽然被打成了右派，但我弟弟现在还在陪周总理接见外宾，周总理也常问起我！"她那种因此得以宽慰的心情太可以理解了。

彭阿姨性格率直、说话风趣。那些天她给我讲的事和向我出示的照片，都让当时只有20岁、在那么闭塞的小山村生活的我大开眼界。人的眼界开阔了，想法、观念都会跟着改变。在彭阿姨家的所见所闻，对我一生都有影响。当然，后来的我之所以喜欢到处跑，也是因为受了同是记者的父亲的极大影响。即使在几乎人人都"向钱看"的今天，我仍然觉得有知识、见识广比有什么都好。

回到农村以后，我跟彭阿姨通过很多次信。她曾跟我说："冬冬，你的字真漂亮，文笔也好。"我知道，彭阿姨是以一个初二学生的水平来衡量我的，不值得骄傲。但不管怎样，得到这位名记者的认可，对我无疑是很大的鼓励。

彭阿姨于1988年去世，我没能在她去世前去看望她一眼，至今都深感遗憾。

三

十年动乱结束后，子冈和徐盈的"问题""改正"了，重新安排了工作。对此，子冈很淡然。她在给我父亲的信中，既表现出新闻记者广闻博记的习惯，也流露了自己晚年的心境。她的信，看似婆婆妈妈，信笔写来，实则信息量很大。

子冈捕捉新闻的敏锐、直抒胸臆的风格丝毫没有改变，而且不时显现出当年写新闻时的妙笔生花。例如，写某老友再婚，女方年龄小，"去登记时，办事处也许因为两人年龄相距太大，要他们再考虑考虑，女的哭甚哀"；又如，说某友人老年不省心，"儿子已经捉将官里去"……读来活灵活现，令人忍俊不禁。

以下是部分书信摘录：

> ……我想，文史是应该记录亲身经历。总理过去是鼓励统战对象们写自己，所以说不戴帽子，不打棍子，不负政治责任。我觉得编写的东西确实不能称为资料，也不宜登在《文史资料选辑》上被人误为样板。

> 港报缺稿，际炯去后曾来信定货，大公园地要很多，黄苗子和潘二人合写《京华小记》，徐盈、萧离、萧凤都写了。千字港币39元，合人民币10元。苗子工资只60多元，不无小补。我为21个月的小孙女花不少时间，无可奈何。老年没办法，维持现状就不容易。

（1978-09-23）

（笔者注：际炯即潘际炯，香港《大公报》编辑。萧离萧凤夫妇，均为《大公报》记者。其他较著名者，也都是他们的朋友，以下无特别处不再一一注明。）

知你久病，甚以为念。肺气肿大约不好治吧？最好戒烟。

方成宴请文艺界，其好友钟灵任提调，同桌有侯宝林夫妇及其子，王亚平和我；另一桌有艾青夫妇、丁聪夫妇、吴祖光父女（新凤霞瘫痪多年）、胡絜青母子，黄苗子也在。我真奇怪，方成如此不怕和"右"字往来，倒好像得风气之先了。我代你出场，不意均熟人也。

家中来人一多，我就静不下来。两岁的孙女迟迟送不进托儿所，虽有一老保姆看管，但是城北在固安，其妻在近郊工作，早出晚归，我这当奶奶的不能宁静，所以信也不写了，报纸少看。孙女要我讲书摆积木，真真少见的晚年！

（1979-01-06）

收到你信。方纪能上街，就很意外。有人说，生命在于运动，盼他逐步的好起来。黄人晓我好像未见过。柳溪也似乎没见过。你的交游真广啊。

我以为你说春暖要到北京来，原来是谈吃药。老戈又来过北京，大约无办法安排工作。他和我一样大，也是65岁，人家一定想，在农村养老吧。陆诒虽是上海政协常委，编文史很努力，但未改正。铸老也一样。启平夫妇回来进行改正。他们想把一对双胞胎带走，二人在港出生，有户籍可查，可以回得去。浦二姐的儿子也为其母改正奔走。家家有难办的事。

我家城北尚未调来。文化部已发调函，固安得请示廊坊专区，如批准，再送档案。你在廊坊有熟人吗？催催总可快一点。官僚主义不得了。

我组织关系挂在政协，既未编支部，也没有文件，人家说看看报纸就行了。《旅行家》未必复刊，复，我也去不了，走不了那多路了。汽车来接，有必要吗？

晚年萧索，我的体会。看看报纸，逗逗孙女，很自在。邓大姐知道了会骂我。三八节去了一次人大会堂，我太迟钝，没有趋前去和邓大姐握手。看见王光美在和许多人拥抱。《中国妇女》主编梁柯平约我写革命人物传记，尚未开始。

(1979-03-28)

（笔者注：老戈，即戈衍棣，见回忆徐盈文注；铸老，即徐铸成；启平，即朱启平；浦二姐，即浦熙修，著名女记者。1981年恢复名誉，子冈曾写文章悼念这位老友，那也是子冈病中唯一的亲笔文章，可见她们的情谊；邓大姐，即邓颖超；梁柯平，中共地下党员，抗战胜利前后曾在重庆做记者，1947年考入北京大学，从事学运工作，与彭、张结识。）

《旅行家》将以丛刊方式复刊。叶至善和我等三个老弱病残做顾问，必要时我可以用车。（不过我尽可能不用）22年大梦，醒来也不易，一切生疏了。周沙尘还健康，联系跑腿，你认识吧，日内他去南方约稿。我已无力跑腿约稿，也不想东游西逛。家中也不能没有我。托儿所紧张，附近街道托儿所都送不进孙女。她不到3周岁，已有歌舞的要求，该去过过集体生活了。

(1979-08-31)

（笔者注：叶至善，著名科普作家、出版家，叶圣陶先生之子；周沙尘，1957年曾为子冈仗义执言，被打成"右派"。1978年后任《旅行家》杂志主编。）

今天我们去参加了朱葆光同志追悼会……我发现很多人，（如孟用潜，留长髯，戴凸式小帽，记忆力全无，但能下围棋，不亦怪哉）人家也发现我，大为惊异。有人说我是寒了心，所以不执笔。其实也不是。没有生活，如何写？腿坏了，已不能跑，坐公共汽车还很害怕，百分之百的老太太了。孙女在近处日托，我不敢接送，见车多了也头晕。

《旅行家》很难办，好稿子不易约，坏的又怕砸锅。如方便，请代我问问方纪夫妇，可曾接到我一封信，告诉他们《旅》复刊事。无回音，也许想写而未写。

（1979-10-26）

（笔者注：朱葆光，作家、编辑、翻译家；孟用潜，见回忆徐盈文。）

我见到的彭阿姨最后的笔迹，是1979年底。但她复出后在报刊上发表了许多文章，引起朋友们和广大读者的关注，"子冈宝刀不老"的赞誉不绝于耳。

四

就在子冈"重出江湖"，准备再"为四化做贡献"时，1980年10月，她突发脑血栓入院，从此半身瘫痪，卧床不起。次年5月，我陪刚刚出院的父亲从天津去北京访友。父亲约了老友、漫画家方成先生一起去看望徐盈、子冈夫妇。

还是西四北六条那座小院，只是越发破旧了，一副年久失修的样子；还是那间靠西的北房，面积不过十几平方米，一张单人床，几件旧箱柜。子冈躺在床上，但还能够说话。看到老友来访，非常高兴。那天，他们聊了很多。可惜徐先生没有在家，他随后写信来说："只听说你的身体已恢复正常，想不到忽然来京，令人十分高兴。我这里正开生活会，拖住身体动不得，也未能赶回同你快谈。你又带来厚赐，感谢感谢！子冈说，从你嘴里已听到不少新闻。我这里也是不知老之已至，抢点史料，没有做什么，还是忙忙碌碌。最重要的是本钱不够，没有知识。黑夜扪心，十分焦急，不想偷懒，实际还是跬步……"

没有想到的是，那竟是我父亲最后一次见子冈。再以后，他也不能远行了。

1983年秋，我到北京进修，报到之后，即奉父命去看望徐伯伯和彭阿姨。徐伯伯仍不在，彭阿姨已经不能与人过多交谈。可能由于久卧病榻的缘故吧，她胖了，白皙的脸上气色不错。听到"高峰"的名字，她的嘴角微微露出笑容，轻轻地问了我父亲的近况，嘱我转达问候。我不便多打扰，很快就告辞了。那也是我最后一次见彭阿姨。

对于子冈的病情，我父亲始终挂念，徐盈每次写信，总不免附一句"子冈如恒""子冈略清醒""子冈还活着"或"子冈最近不好""子冈高烧不退"……吕德润、曾敏之等老友也会不时向我父亲通报情况。

1986年11月，吕先生给我父亲来信："万一子冈有不测，勿忘代我办一切该办之事。不过，迄今尚未听到她有病情加重之势。总之，人已入植物人状态，撬开嘴也能吃，大小便也有，就是人事不知，令人看了难过。"

1987年8月，在香港的曾敏之先生到北京，看望了子冈。他说："子冈已昏迷，不省人事了，躺在床上，气息如丝。我噙着泪，连叫她'子冈、子冈！'她却一点反应都没有！我挥泪而别，知道这次见她已是最后一面了！"

曾先生探视不久，9月2日，徐盈先生写信给我父亲，罕见地详细谈起子冈：

> 子冈已于一日入病院，发高烧，这次能否挺过，很难说。我在冥冥中想，此女子如一只母虎，她有吃人（敌人）的一面，也有其女性的一面，我的家事全归她办，如买这所三十四号房子，如我的生活中全部安排，如对儿女有偏爱，等等。看她在社会上很威风，敢于碰硬，在家里她又是贤妻加良母，我只是一只老鼠，吃现成饭！哀哉！……我想对"女斗士"这书好好看看，写点感想。同您商量，把沙洋最后的子冈，再编一本书。有多少话要向您说……祝健！

徐先生的这番话，在我看到过的他的数以千计的来信中，是唯一一封"评价"自己妻子的"长篇大论"，可谓情真意切。最后那句"有多少话要向您说……"也是他对朋友少有的内心柔弱的流露。现在看，那是他冥冥中意识到子冈不久于人世，才留下这样一段文字。

（笔者注："女斗士"是指1987年3月北方妇女儿童出版社出版的子冈作品集，书名《挥戈驰骋的女斗士》。"沙洋"一句，是指干校生活，可惜，子冈、徐盈都没有留下相关文字。）

事实上，发病初期的子冈没有停止思维，她通过口述，由儿子记录整理，又发表了许多脍炙人口的佳作。

子冈病中的作品，被许多人认为更真实，也更感人。我非常赞同。

五

1988年1月9日，子冈长辞人世。《人民日报》发表讣闻，标题是《握一管神笔有两只慧眼，著名女记者子冈默默离世》，许多人说这个标题写得好，但却很少有人知道，这"神笔"与"慧眼"的评价，恰恰是当年批判子冈时的"靶子"之一。

1月22日，吕德润伯伯给我父亲写信说：

> 子冈9日病逝，城北讲已告你，你亦有唁电来。今天上午向子冈遗体告别，看着她的遗容，往事历历，悲从中来，我恭恭敬敬鞠了六躬，三为我，三为高峰，不知她看到了未？徐盈未在场，仍住院。
>
> 13日上午通知徐盈的，城北和徐东希望我去陪陪徐盈，他还能控制。……谈遗体告别事，我当面嘱咐他们将你、我以及启平、际炯合送一花圈，……今天上午向她告别时，我还替你签了名，和我并列。书至此，我不禁泪流不止……我到医院看徐老大三次，转达了你的问候。他现头脑尚清楚，双腿已不能走路矣。专此，好好保重！

父亲痛失老友，心绪难平。他写信给曹世瑛先生说："……当年《大公报》北平办事处我们三人，一作古，两卧病，何不感叹！"他还几次对我说，要为彭阿姨写一篇祭文，题目都想好了——《哭子冈》，但思绪万千，竟几次提笔又几次放下，不能成文。倒是他们的另一位老友，远在美国的朱启平先生很快写成一篇祭文，发表于香港《大公报》，题目是《哀子冈》！看到这个标题，我惊异于这些老报人的心灵竟然如此相通，一个"哭"，一个"哀"，何其伤感，又何其共鸣！

朱先生的文章写得情真意切。他说，看到子冈病逝的消息，"并不惊讶，但深深悲切"。不惊讶，是由于子冈已病倒瘫痪卧床多年，朋友们都知道她难以康复。朱先生每次去探望，"对照她以前才华敏捷，傲笑公卿的风姿，实在不能在她对面久坐"。最后一次去，告辞时，也已久病的徐盈"挣扎着从椅子里站起来，凄然低语：'子冈不久了，我也最多两三年……'伉俪情深，子冈要先走一步，徐盈准备紧跟，相从于地下"。此情此景，能不催人泪下？！

"深深悲切，子冈的一生，决不应该有此遭遇。"朱先生回忆了他们在重庆时代的交往，称赞"子冈的稿子，往往锋芒毕露，快人快语，不避权贵。在总编辑的命令下，有时要降温。……报纸声誉日隆，她的报道是有功劳的。……抗战八年，子冈的工作有益于人民，有益于国家，是中国新闻界杰出的代表"。"一个新闻工作者，一生以人民利益为重，以国家利益为重，独立思考，说真话，不计个人得失，无愧于心，可以告慰矣。"

文末，朱先生以朋友们一贯的称呼写道："冈姊，你已乘风归去，请回首人间，不也有你洒下的光与热吗？万里外寄语徐老大，说什么好呢？保重，保重！"

读朱先生的祭文，我父亲潸然泪下。一年以后，饱受病痛折磨的他也辞世了。那篇未完成的祭文成为他一桩未了的心愿。今天，我写子冈阿姨，亦不能弥补于万一，唯愿父亲与徐伯伯、彭阿姨、诸位前辈在天堂聚首，再叙友情，再听子冈那无愧于心的铿锵直言。

人间重晚晴

沈从文

　　前不多久，我在今年第四期《大地》上，看到萧离同志一篇题名《宝刀不老》的文章，副标题是《子冈几篇短文读后》。文字不多，内容却斑驳陆离。文中提及40年来几个相熟新闻记者的工作、生活及遭遇种种，和我去年在《文汇增刊》上见到子冈所写《熙修和我》一文，内容相似而不尽同。子冈文章提到在满布国民党便衣特务、日机狂轰滥炸40年代的重庆，她和浦熙修并肩采访，分别写稿，共同在一条战线上作战和生活；写浦熙修抗战胜利后在南京遭特务毒打，被捕入狱，斗争得非常坚强种种。她们在那样艰险复杂的环境下坚持工作、坚持斗争近十年，直到迎来了新中国成立。国家看到了前途，民族有了希望，那些充满乐观振奋人心的岁月，谁不欢欣鼓舞！凡是热爱这个备受压迫、多难多灾国家的知识分子，不论新旧，莫不感到有必要投身革命，发挥所长，紧贴国家需要，努力完成建设新国家任务。多少年的理想实现了，这一对新闻界姐妹更是欢欣鼓舞，为适应新形势，更好地完成工作任务，她们努力学习，严格要求自己，准备献身革命。万万没有想到几年以后，两人竟一同裹入一场倏忽而来的大风暴旋涡中，无从自拔。

　　几个幸运活下来的同行故旧，尽管在这长长岁月里，和社会一切近乎完全隔绝，耗尽了一生精力最最旺盛的一段生命！由于对国家的热爱、对今后发展前途的关心，始终还不失去生存的信心和定向，三五故旧相逢，又还能相互鼓舞支持，维持了纯厚友谊，长远不褪色走样。因此在"四人帮"一伙倒台后，就共同怀着"人间重晚晴"心情，又复作重新拿笔准备。凡是过来人，自会理解到，提起手中这支笔，首先感到的是分量如何沉重！

我在30年代中，对于当时报刊上那张充满新的气息有分量的通讯特写，就是个热烈爱好者。我曾在《自传》中提到，我欢喜读一本小书，同时还念念不忘那本用人事写成的大书。自从我十岁来到大都市讨生活后，那本大书篇幅虽扩大了，但深度实大不如前，直接接触到的人事内容范围可缩小了。转到学校教书后，接触面便更缩小。深幸所在几个大学，不是汪洋万顷碧波无际的大海边，就是仿佛来自天上，一泻万里的长江中游，增加了我横海扬帆的远梦。但初进大城市20年以来，我对于当时在剧烈变动中社会人事深刻的变化，可以说是无知或所知不多，渴望从另一方面得到充实。这些从报刊中反映社会动荡新闻特写，它们便给我许多有益补充。特别是这些作品所使用的不拘一格的表现方法和处理问题的技术，给了我不少启发和教育。30年代前期，我写的两个叙述地方人事景物的散文小册子，就或多或少是在当时报纸上那些通讯报道特写纪事影响下完成的。我们经常听到对于某一文学作品的赞美，说它"生活气息浓厚"。事实上30年代以来，一些突破旧社会重重苛刻检查制度，报章上刊载的那些有内容、有分量、有褒贬的通讯特写，才真够得上这个赞许。只是照旧社会的习惯，一般读者可极少注意这份得来不易的成就。

最近听说卧病在床的子冈，尚未恢复健康，她的新旧作品却有机会行将编辑付印。我得到这消息十分高兴，希望不久就可以读到这本书。还有徐盈同志新中国成立前在天津《大公报》写的不少通讯报道，和新中国成立后发表的一些专题性访问文章，希望也能集印出版。这些作品所反映的人和事，即或多已成为历史陈迹，但它们毕竟是历史的真实记录。它们反映的人事和斗争，它们的写作方法和艺术成就，当时既受到广大读者欢迎，今后依旧值得借鉴参考，尽管习惯上总还认为报道特写都有个时间性，和一般文艺作品情形不同。其实真正的有生命力的作品，不管是特写报道，还是小说诗歌，同样会起到好作用和深远影响。

抗战时期，西南联大的一年级国文课，记得当时就曾由教学会议提出两种新的措施，一是教授不分等级，都得担任一年级国文教学，便于提高同学国文基本知识。二是选定课外读物20种，内有范长江、徐盈两位的新闻通讯新著各一册，放在最前面，表示特别值得重视。

这种措施对于同学起过一定好影响。这个办法据个人意见实在也可作今后全国大专院校参考。当前主持高等教育的负责人，都是"一二·九"运动的过来人，一定会比我还明白当时这些新闻通讯报道，配合当时学运所起的作用和贡献。

（1981年9月5日）

时代的回声

—— 《子冈作品选》跋

李　庚

1939年秋天，在重庆山城史大姐家里开救国会妇女界骨干的一次小会。沈兹九、曹孟君、罗叔章、张曼筠、沈粹缜几位大姐都在座。我不记得为什么事也去了，第一次见到了子冈。子冈穿一件纯黑的旗袍，罩着敞胸的大红毛衣。强烈对比的色彩先引起我的注意，而后她在小客厅里的活跃和我曾读过的她的几篇文章一样，给我留下了鲜明的印象。大姐们没特别为我介绍她，我当时就真感到：这是个"自己人"。

以后再没有和她来往，1945年日本帝国主义战败投降，新四军收复两淮，我由乡村调往淮阴城里工作。国共和谈时，在淮阴，我有时到范长江主持的新华日报社去，偶尔也看得到过时的《大公报》。有一天，长江同志挑出两张给我看，那是登着《毛泽东先生到重庆》和《重庆四十四天的毛泽东》两篇报道的。一见文章署名子冈，我好像突然碰到熟人似的高兴。联想中，似乎看见她仍然穿着鲜红的毛衣，正在荆棘遍地的山城里，奔走采访。

1954年，下半年我在中国青年出版社筹办《旅行家》，经胡乔木同志建议，调来子冈担任主编。十多年后再见，子冈已经开始发胖，是个中年人了，穿的是一身有点"不修边幅"的干部服。我们交换对这份将成当时"只此一家"的旅行刊物的设想，谈得很投机。从此我们共同工作了两年多，直到1957年风云变幻的前夕。她离开报界，那时把全身心投入编辑这本杂志，可仍然保留记者善于发现问题的"慧眼"和"反应快"的特点，对社会生活和出版社内的情况，经常敏锐地有所发现；而且立即发表意见，好像都要"马上见报"似的提出来。

1961年，我的户口有幸又进京以后，我决心和有些同志老死而不再往来。一下又是十年过去，完全不知道子冈是在怎样的生活了。

"四人帮"倒台以后，有人告诉我子冈身体不好，常问起我的近况。我抱着现在应当"还我自由"的心情，连忙跑去看她。还是老地点，院子虽然被人占去半边，北屋还看得出旧模样。但是迎出来的主人，已经完全是一位老太太了。她患高血压症和严重的关节炎，行走不便。曾经掌握"快笔"的手，拿起为我做菜的刀勺，动作已不利落。那次的一顿饭，是徐盈兄回家了才吃上的。后来，我常去她家，发现她说话少了，很少像过去那样议论风生、侃侃而谈。倒是在和朋友谈话中，不时回过头去，提醒徐盈填块蜂窝煤，或者要他先去买点豆制品。难道向来不善于此道，也无暇管理自己生活的子冈，变得有点像家庭妇女了？难道她的锐气已被消磨了吗？

《五十五号文件》酝酿下达之前，子冈对自己能否改正，忐忑不安。她叹息自己和政治生活、党的工作隔绝的时间太长，怀疑自己还能再干什么。我从来不承认生活的坎坷必定要使人变成"涸辙之鲋"，彼此只能"相濡以沫"。我曾写信给她，说即使将来如何未卜，但以她几十年的记者生涯而言，已储存下何等丰富的材料。帽子可以天外飞来，笔却终归是自己拿得住的。从各个侧面写下她经历过的事件，相信今后会有机会发表，会有它的作用。我又提起初见时她穿着红毛衣，言、动洋溢朝气的印象，说我"于君仍有厚望焉"！

我那时对她的感觉和她的自我估计，其实都并不准确，那只是一个人在压抑中的表面现象。她在骨子里，还是当年被人称为《大公报》二刚之一的子冈（另一位是杨刚同志），仍然是刚勇正直、胸无宿物的子冈。一经解脱人为的桎梏，她的本色就重新放光彩了。

　　1979年初，她的错划被改正后，青年出版社春节聚餐，她步履维艰，却是高高兴兴地走进20年前批斗过她的大食堂，和同志们祝酒言欢，毫无芥蒂。《旅行家》恢复，开编委会她必到；稿子是成叠成堆地接受下来审阅加工；她还拄杖或借儿女臂力亲自出去约稿；她的文章又不断见报了。前年，她搭乘公共汽车，被挤摔一下，一时半身不遂，住进人民医院厕所旁不足十平方米的简陋病房。在三个病号各"陪住"、拥挤杂乱的环境里，她处之泰然，没愁自己的病，自然想着此刻对她可以说是身外之事。她思想活跃，口述由儿子城北代笔，陆续又写了好几篇文章。病并不能夺下她的笔。病榻上她口述的《汽笛》，是一篇感人的好文章，完全表现了她的思想境界、精神状态。

　　她以新闻报道和特写脍炙人口的时候，我正在解放区。她的好多文章没看过，我对她本人比对她的文章更熟悉。所以一提笔，便写了上面那些话，也许不是多余的。

　　黄伊同志让我先看了《子冈作品选》的初选稿，大约有六七寸厚的一叠子，只是从她自抗战起至新中国成立后写的文章中选出来的一部分，但已相当多是我不曾见过的。集中初读，特别对她在抗战时期写的东西，感受新鲜而强烈，使我得到对一位相知已久的老朋友，更加深了认识和了解后的满足。

　　记者不是史家，不可能系统地写"史"，她只是对此时彼时、这里那里发生的新闻（包括事件和人物）进行报道。积累下来的报纸，可以成为完整的历史资料。记者作为个人，往往只能记录下史实的一鳞半爪。但把抗战时期子冈在"大后方"写的报道、特写，搁在一起读下去，却能叫人从许多侧面看到了那个时期的部分历史面貌。从她的笔下，我们可以看到当时爱国士兵、工人、青年、妇女和儿童的抗战热情。一篇《擦鞋童献金救国》，打动过千万个读者，从贫苦儿童的行动反映了抗战初期那种共赴国难的民族精神的高涨。《毛泽东先生到重庆》，不仅给我们记下了毛主席的举止、风采、气魄，而且记录下了蒋管区人民对和平的渴望和对共产党、毛主席的忱忱热望。子冈也为我们记录了众望所归的宋庆龄当时的活动和贡献，记录了抗战时期一些知名人物的活动和重庆各阶层妇女的境遇和风貌。她记录了日本帝国主义曾如何残暴地轰炸武昌和汉阳，记录了国民党又曾如何地迫害进步力量。她也曾给我留下了抗战中阴暗面种种的剪影，从孔二小姐的"飞机洋狗事件"到国民党官员的囤积居奇，花天酒地，都为那段历史展示了许多侧面。这些，至今还可以作为那个时代的见证，值得年轻的朋友们读一读。

子冈是很有政治眼光的。她不但抓得着重大的政治新闻，而且善于捕捉出具有强烈政治意义的社会新闻，并且能挖掘和把握住社会新闻内涵的政治性。她是个共产党员，经常生活在群众中，和周围的社会息息相通，她和人民一样关心许多抗战中的主要问题，对其种种表现十分敏感。"血管里流出来的总是血"，这正是她过去未能准确解释她自己的所谓"新闻眼"和"新闻敏感"的来由。

子冈曾被人称为大胆、果敢的女记者，这评语是不错的。早年她就敢于采访形成向国民党反动派大示威的、为鲁迅先生送葬的游行。又曾冒险进入苏州监狱，采访报道救国会"七君子"的被捕事件。她不怕因揭露孔二小姐的丑闻而开罪于权贵豪门，大胆地在特务横行的重庆，在报纸上热情宣称毛主席来渝"是维系中国目前及未来历史和人民幸福的一个喜讯"。她勇于表示分明的爱憎：一篇《张家口漫步》的特写，盛赞解放区实行民主、关心群众生活和开展文艺活动的新气象。另外，又同时在连续的"北平通讯"中，无情地揭露和斥责国民党的腐败无能。子冈的报道特写，能够及时反映现实，富有战斗性，这使她当时赢得了广大的读者。

新中国成立前的《大公报》，是一份给国民党反动派"小骂大帮忙"的报纸，这已经是历史公正的结论了。但有人把子冈上述一类文章，也看为"小骂"之列，却是完全谬误的。《大公报》当局意图以"宽容""开明"为自己装饰打扮，以便骗人，这确有其事，但恰恰是这个打算又形成了这份报纸给我们提供的可乘之隙，作为《大公报》记者的共产党员们，因此得以利用了一个我们自己难于提供的阵地。在白区工作，利用这种"争过来"的阵地是进行战斗的方式之一。对这种方式的战斗，检验的尺子，只能是拿出去的东西的内容和它产生的效果。而子冈的战斗是卓有成效的。

在敌人统治的地区发表文章是很困难的，尽管子冈被国民党新闻检查官员称为"不好对付的人"，她常常能够突破一些检查的铁网，但究竟是限制重重，有些话只能绕着弯子说，或者隐约其词，甚至于只好避开不说。有时使文章到关键之处，反而不够明朗、深刻，令人遗憾。这是当时没有办法的。读这本集子里某些文章，应该多看到它本质的内容，和当时的作用，要想到它发表时的历史、环境条件，不可以今天的眼光加以苛求，我以为是实事求是的态度。

敢于触及现实和富有战斗性，这是子冈在自己的新闻工作中显示出的特点，在新中国成立后，突出表现如鲁迅所云：为新生事物大喊大叫。她写了大量的新社会的国内外通讯。《官厅少年》就是被选入中学语文教材的名篇。子冈这时多所歌颂，来于发自内心的真实感受，也是50年代前期蓬勃向前的中国现实的客观反映。但子冈也写了提出新社会存在的一些问题和批评某种不良作风的文章。《假如我还当记者》由批评大量蔬菜烂掉迫使群众排起长蛇阵来，提出对蔬菜公司管理体制的疑问，更进而严厉指责对人民日常生活漠不关心的现象。《尊重新闻记者》尖锐批评了我们干部中已经有所发展的官气、官僚主义，高呼及时整风的必要。1957年反右，这两篇文章，被当作不分延安、西安的典型。现在也并未选入选集里。我之所以提到它，是想说明，在新社会也还有为克服阴暗面的战斗。子冈这两篇东西，尽管个别意见有偏颇之处，但却也是进行战斗的正面文章，是和对新事物的报道一样，在尽着一个革命的新闻工作者的责任。

新闻报道必须尊重客观，忠于事实，首先要用事实说话。但人们还要求它有记者自己的以至于独到的见解，而且喜欢记者的"笔锋常带感情"。应当肯定，这后一点正是子冈新闻作品的一大特色。她的通讯、报道总是伴随着发自胸臆中的爱憎来真实地报道所发生的事件。《张家口漫步》，就不是只叙述所闻所见，而充满了解放战争节节胜利时，人们一旦见到光明的欣喜心情。她的好几篇"北平通讯"，处处看得出一个曾在这座历史名城生活过、熟悉热爱它的人，对北平深厚的感情，以她对名城被城狐社鼠破坏的悲愤和对名城未来执着的希望，引起读者强烈的共鸣。子冈说过：写文章的人"需要自己去燃烧，然后才可以去感动别人，引起共鸣"。这话说得好，尤其可贵的是子冈"自己的燃烧"是自然发乎真情，因此表现在文章上就没有任何做作、矫饰、朴素、平易、单纯而富有感染力。附带说一句，在发展我们的新闻报道、特写的文学性方面，子冈是有她的贡献的。

现在，她久卧病榻，仍然心潮起伏，却只能口授一些思想，由儿女代笔成文。但她是一位我们难以忘怀的新闻记者、新闻文学作家，是我们这些她的同代人都珍视的一支笔。她的文章应当有个集子，择其尤为优者印行，使其在今天也能传播。

因为有这些想法，就不惮疏漏，谨为之跋。

（1982年12月5日）

《子冈作品选》编后记

黄　伊

　　1957年三四月间，我在中国青年出版社文学编辑室的办公室里，听到萧也牧给彭子冈打电话。也牧同志当时是文学编辑室的副主任，子冈同志是《旅行家》杂志的主编。文学编辑室和《旅行家》因为同是中青社的两个部门，他们平日又很相得，打电话像谈家常一样。谈着谈着，也牧忽然异想天开，在电话里对子冈说："子冈呀，我有一个建议。咱们两个部门不是都搞文艺的吗？咱们干脆合起来成立一个文艺部怎么样？"电话里传出子冈快活的声音："成立一个文艺部？你想当部长了吧？"也牧说："你别打岔呀！合成一个部门，咱们有了二三十个编辑，人力可以统一调配嘛！有写作计划、采访任务或者要翻译什么书的，可以在家里搞，不一定上班……"也牧还没有讲完，只听见子冈在电话里咯咯地笑着说："听起来都新鲜，不上班工作怎么进行？""一个星期碰一次头呀！日常的工作由秘书来管，有什么急事由他来通知。""高招高招，谁来当这个秘书？"也牧压低声音说："有呀！我们编辑室的小黄，手勤腿勤，精力旺盛……"

　　也牧和子冈的这次谈话，只是属于即兴式的，自然后来都没有下文。可是到了夏天，在1957年那个反常的年月里，理所当然成为在编辑室搞自由化的典型事例之一。他们的头上还有一大堆莫须有的罪名，这样，他们不但被"错划"，而且被下放到同一个村子"脱胎换骨"去了。

又是三四月间。有一天，《旅行家》杂志的周沙尘同志找到我。他说："子冈本来请我替她编选集，我现在编刊物忙忙叨叨的，顾不过来。你不是替萧也牧编了一本选集吗？子冈跟也牧是老朋友，你手勤腿勤，她的选集就有劳阁下了！"我的脑子里一下子闪现了20余年前也牧他们在电话里那段闲话。看来我命里注定是一个秘书的材料，早晚得替他们干一点什么事情。现在要编子冈选集，当然是责无旁贷了，我毫不犹豫地接受了老周的委托。

我已经很久没有见过子冈了，找了一个星期天，我骑车从朝阳门外的三里屯直奔西城。穿大街，过小巷，整整骑了一个钟头，才在一个小胡同的夹道里，找到子冈的家。

挤满了抗震棚和小厨房的院子，破旧的房屋，陈旧的家具，床上躺着一个头发有点散乱的半身不遂的人，这就是一代名记者和作家彭子冈。我见到她心里很难过，忍着就要掉下来的眼泪，强作欢笑问候子冈的健康，跟她讲了几句文艺界的琐闻及出版社几位旧友的近况，我便简单地与她商谈有关选集的编辑事宜。

子冈对她不能坐起来与我交谈抱歉了一番，我发现她的头脑还是清醒的。她现在不能起来拿笔写文章了，但讲话还是方便的，有条有理的，我们交谈了一会儿。她毕竟是一个病人，我正想告辞，子冈家里临时请来照看她的保姆轻声地告诉我说，医生嘱咐不让她多讲话。我便告辞出来，到她的公子徐城北住的东屋，和他具体商谈选集的编选工作。

我从城北的手里接过一大包沉甸甸的剪报和一厚叠文稿。我掂着这包剪报沉思了很久。子冈是一个饱经风霜的人。她能够把这一大包剪报保存至今，我不能不承认她在外表上虽然是一个随随便便，甚至有点大大咧咧的人，但是在实际上，她是一个粗中有细的人，是一个颇有心计的人，是一个对她的前途、未来、事业抱有坚定信心的人。否则，她就没有这样大的勇气和决心、机智和勇敢把这一大包存稿保存下来。

我回家之后，如饥似渴地翻阅子冈的剪报和存稿。我仿佛走进了一座宝山，山上到处是闪着蓝光、红光的宝石；我仿佛走进一条长长的甬道，两旁长满了千姿百态的奇花异草。借着子冈的笔，我好像亲历其境地看到多灾多难的祖国，看到汉口的轰炸，看到爱国志士的奔走呼号，看到防空洞，看到大撤退，看到雾重庆。在新中国成立以后，我们又跟着子冈采访的足迹，走遍了大江南北，走到祖国的西陲，走到印度，走到赫尔辛基，走到列宁的故居。1957年至"十年浩劫"期间，多产的、健笔如飞的彭子冈沉默了。"四人帮"在民怨沸腾中垮台以后，子冈又重新拿起对她来说并不生疏的笔，写出了一篇篇饱含深情的回忆录和富有诗意哲理的散文。病魔把她绑在病床上，但她生命之火并没有熄灭，她利用她的嘴和她的并不迟钝的思想，授意她的公子徐城北，写出了《人之初》《汽笛》《僵局》和《乡愁》等动人的文章。生命不息，战斗不止。子冈从她十三四岁时开始写作，到她垂暮之年，仍在思考祖国的前途和人民的未来。她用她的笔，发出了生机勃勃的生命的光辉。

子冈是一位著名的记者，所以我选她的作品时，用比较大的注意力，编选她的富有生命力的通讯报道、访问记和有情有景并把作者本人融化进去的游记。但子冈不仅仅是一个记者，她还是一个女作家，所以我又用了一些篇幅，收录她的回忆录、散文、小说。子冈大半辈子从事采访和写作，她所走过的道路，她所取得的写作经验，对同时代的人和有志学习写作的青年，是很有参考价值的，所以我选录了几篇谈写作的文章，以飨读者。

子冈自己说过，她的大半生，有两个人对她的影响极大：一位是叶圣陶先生，一位是沈从文先生，她是拿对待前辈和老师来看待他们的。当子冈还是一个中学生的时候，她便在叶圣陶主编的《中学生》投稿。是叶老发现子冈的稿子，并指引她走上了写作的道路。沈从文先生则是在子冈成为青年作家和记者以后具体给予指导。所以，我现在编选的这本《子冈作品选》，请叶圣陶先生题字，请沈从文先生作序。由于新中国成立以后子冈在《旅行家》及以后处于逆境和李庚同志接触很多，所以，我又请李庚同志为本书再作一篇序言，介绍子冈的生平及分析她的创作。

《子冈作品选》能够编成，基本的轮廓和一些主要的文章，是由子冈同志自己以及她多年的战友和伴侣徐盈同志决定的。本书篇目的最后决定及编排，李庚和曾秀苍同志提出了许多极宝贵的意见。子冈的公子徐城北不但为选集提供材料和线索，他还参加了本书不少的编选工作。

作家方纪积极支持本书的出版。子冈的朋友周沙尘帮助筹划本书的编选工作，谨此致以深切的敬意。

1979年，我编选了《萧也牧作品选》；1981年，我又为我的另一位朋友和老师编选了这本《子冈作品选》。前者是为了记录一个真实人的一生和恢复被扭歪了的形象。后者是为了把一个生气勃勃的勤奋的女记者和有成就的女作家推到全国读者的面前。

子冈——当她还是一个弱女子时，她就敢于冒充当时全国著名的政治犯的堂妹，到苏州监狱去采访"七君子"之一的史良；在遍布特务的国民党反动派的巢穴重庆，她敢于到曾家岩去采访毛主席访问重庆的新闻，并采写了那篇脍炙人口的报道。抗日战争一胜利，她就搭乘一艘轮船首先到汉口去采访。在军警林立的北平，她只身到张家口，向国统区的广大读者介绍解放区的真相。新中国成立以后，她又用她的生花之笔，歌颂新中国，传播和平和友谊的种子。在垂暮之年，在病榻上，她不能骑着自行车东奔西跑去采访了。但她生命的汽笛并没有停息，又拿起了散文这个武器。像子冈这样的人，这样战斗了大半生的记者和作家，病魔能征服得了她吗？

我为全国读者编这本《子冈作品选》，这本选集也是编给病中的子冈看的。万千的读者期望子冈从病床上站立起来，高高地吹响生命的汽笛，谱写祖国之春的更动人的乐章。我还希望通过这个选集的出版，引起有力者的注意，切切实实地做一些工作，援助、抢救一些像子冈同志这样的有成就的文化人。

（1981年冬·北京）

史 资 料

部经典文库

忆徐盈与子冈：握一管
神笔，各具生花

回忆徐盈与彭子冈

HUIYI XUYINGYUPENGZIGANG

我的《大公报》情结

徐　东

2002年6月，我有幸参加了中国革命博物馆举办的《大公报百年报庆展》。一簇簇美丽的鲜花、条幅及人们的笑脸，将大厅装饰得富丽堂皇。

经历了百年沧桑的《大公报》是中国历史上最悠久的一份报纸，尤其在国难当头的20世纪30—40年代，作为民营报纸，《大公报》团结了一切可以团结的爱国力量和知识分子，关注社会公众的舆论和呼声，始终追求光明和进步。

许多英雄的故事从这里诞生，许多优秀的人才在这里产生、锤炼。正如1954年周恩来总理与费彝民谈旧《大公报》的历史贡献时所指出的，"《大公报》是爱国的，是坚持抗日的，她为中国的新闻界培养了众多的杰出人才"。

在展厅中我看到张季鸾先生病重时委托王芸生所写的著名社论《我们在割稻子》，文中强烈抗议日军对《大公报》的七次轰炸，表达了中国人民要以割稻的精神与日本侵略者战斗到底的决心。

我看到这里展示着在范长江等人要离开《大公报》时，周恩来同志要徐盈等人在《大公报》坚持工作的谈话。

在表现抗日战争中《大公报》的历史贡献时，除了向人们介绍这张报纸坚强的领导人张季鸾、英敛之、胡政之、王芸生等外，还向人们领扬了它的英勇善战、才智双全的记者群：萧乾、范长江、吕德润、陆诒、杨刚、朱启平、高集、高汾、徐盈、彭子冈等。

我在这里看到范长江的名篇《中国的西北角》；看到名记者陆诒在台儿庄战役中采访的风采；看到萧乾转战欧洲战场的多种中英文著作；看到"二战"中辗转太平洋战场、写出《落日》名篇及多篇优秀战地报道的朱启平先生的飒爽英姿的大幅照片。

我欣慰地看到，作为《大公报》最活跃的老记者，我的父亲徐盈、母亲子冈榜上有名！在一块展板上我母亲在1945年写的名篇《毛泽东先生到重庆》被安放到显著位置。在另一块展板上，则是被放大的母亲访问解放区的名篇《张家口漫步》一文，同时还安排了一幅1936年我父母新婚燕尔的照片。这样一张年代久远的照片，经过精心制作，变得黑白清晰，层次柔和，照片上的父母充满温馨与甜蜜，而母亲的布质旗袍和不加修饰的短发映衬出她的性格与精神。我怀着深深的眷恋与深情在父母照片前留了影。

时光流逝，转眼母亲已去世15年，父亲去世7年，我看到历史的阴影正在一步步退去，人民给予的公正评价正在父母身上焕发异彩。

历史，构成一幅幅斑斓的彩图让后人学习借鉴，并引发我们对未来的思考。

在我很小的时候，耳边就听父母念叨着王芸生、范长江、吕德润、高汾、张高峰等人的名字，在经历了1957年至1966年各种各样的"运动"之后，虽然每个《大公报》人都受到不同程度的冲击、挫折，但大家仍是互相关心，互相敬重，如同兄弟姐妹，他们之间的友谊就像不老的常青藤。

最让我难忘的是1957年以来，在世事的磨难中，在蹉跎岁月的剧烈振荡中，《大公报》的朋友们心如清泉，情如炭火，经常关心着我多灾多难的父亲与母亲。

1979年，母亲因多年"运动"下来承受不住，患严重脑血栓瘫痪。香港《大公报》费彝民社长立即拍板捐献一张轮椅，并派人带着由他亲自签章的信件专程前来慰问。母亲坐在这张轮椅上度过了她安宁而寂寞的八年时光。数年后，父亲又因脑血栓瘫痪，也神奇般地坐在了这张轮椅上。《人民政协报》前

回忆徐盈与彭子冈

总编王禹时先生1992年发表的诗"访徐盈老感赋"的序及诗是这样写的:

> 徐盈与子冈均为《大公报》老记者,早年与子冈结为伉俪,
> 夫妻双双为中国的抗战及解放事业做出贡献。子冈先生于三年前逝
> 世,今徐老又病榻难行,小庐访问,感慨系之。

> 珠网低檐旧渍帷,煤炉瓦釜暮云垂。
> 双轮叹载他年笔,一榻孤栖昔日枝。
> 槁坐穷经何必语,情驰故纸更非痴。
> 小院杏花春去后,晨风夜雨未眠时。

王老笔下的深情已把轮椅上的徐盈及当时的生活状况刻画得淋漓尽致。

早年由胡政之介绍去《大公报》任副刊编辑的傅作义先生的女儿傅冬,年轻时就崇拜子冈的磊落性格及洒脱文章,80年代她由香港回京,一听说子冈瘫痪,径直跑到位于西四的我家小院看望。母亲紧握傅阿姨的手泪如雨下。此时我看见母亲的手,这双曾写过不少精湛文章而年过半百后又拿锄头又拔草的满是皱纹的手在颤抖。傅阿姨本想多交谈几句,后见病中的母亲很易激动,又有抽搐的病史,她抑制住心中的悲凉,只是连连安慰她。当时的情景真可以让天地动容。尤其令人感动的是80年代,曾在重庆曾家岩与周总理共同战斗的邓颖超大姐,两次接见父亲,将中南海西花厅的大白芍药花及来自美国的大红苹果送给父亲,让他转达对母亲的问候。

1992年,父亲80岁诞辰时,《大公报》高集、高汾、吕德润夫妇等老《大公报》人及老友徐迈进、陆慧年、汪金丁、张西洛等人纷纷来访。父亲坐在那张神奇的轮椅上,度过了一个极温馨的良辰佳日。就在那天我送客出门时,《大公报》名记者高汾阿姨紧紧拉住我的手说:"你一定要给你父亲做最好的吃的!"这虽是一句再普通不过的家常话,出自高汾阿姨之口,却在我心中珍藏了许多年。这里蕴含着老《大公报》人对父亲多深的尊重和感情!

40年代《大公报》驻太平洋特派记者,曾在北大荒"改造"多年,后经

周总理召回教外语的朱启平先生，90年代后定居美国，回京办事的一大任务就是看望"《大公报》徐老大"（他说《大公报》许多人这样称呼父亲）。看到躺在床上的父亲，已不是当年持笔疾书的神态，朱伯伯心中十分难过，当即命我家里人找来平板车，去我们住家附近的商店买全套新被褥。他说："一定要让徐老大躺在最舒服的新被褥上，这样我心里踏实。"

《大公报》记者吕德润伯伯，从小看着我和哥哥长大。80年代，他见到自己的两位老友身体每况愈下，心中十分着急，曾为父亲、母亲的住所问题四处奔走，盼着他们早一天搬进好房子。

是母亲的正义还是人格魅力？连母亲在《大公报》工作时直接指责过的国民党蔡文治将军，也在80年代托人带信，问候子冈的病情……

《大公报》与父母，父母与《大公报》同人们之间的情谊就像绿叶与根一样难以割舍，休戚相关。

现在，不仅在老《大公报》人之间，就是在他们的后代与上一代之间，也是充满着隔代情谊。

《大公报》编辑、历史学家唐振常先生在上海病重，《大公报》前社长王芸生之子王芝琛兄妹专程赴上海探望。

1993年朱启平先生病逝于美国，1994年其夫人孙探薇阿姨又让其子利用回国之际，再次前来探望家父，并在一起照相留念。

新中国成立初期的《进步日报》（原天津《大公报》）年轻记者张遵修阿姨现已两鬓苍苍，75岁有余。她一边任中国大百科出版社编委，老骥伏枥，不断工作，同时与我等《大公报》晚辈成为挚友……

我深知，我所接触的这些老《大公报》人是我的良师益友。他们教我做人，教我正直。除了他们的文笔和博学，我知道是奋起直追也追不上之外，我知道他们都具有中华民族的优秀品质——真诚善良、严谨冷静而富于思考。他们蔑视权贵，蔑视名利，蔑视吹嘘拍马及假大空，他们视廉价的物质利益为鸿毛。

"何谓大公？忘己为大，无私谓公。"老《大公报》人的这些品质及所具有的大公精神，正是老《大公报》人在艰苦的抗战时期得以长期存在并坚持到底的支柱。这些品质、这种精神，正是中华民族的财富及光芒四射的瑰宝，也是老《大公报》人最具思想光辉的地方。

历史将永不忘这些老《大公报》人的业绩，他们之间的真情友情，将像奔腾不息的长江水，永远被人传颂。

（《纵横》2003年第一期）

徐盈、子冈在"青年记者协会"

徐　东

1989年的小汤山疗养院，还很有荒野味道，空气清新，灌木丛生，弯弯的小路通向远方。

在院落深处，有一处白色的多层小楼，宁静地矗立在那里。

1989年，我母亲子冈已去世近一年，机关安排病中的老父亲在小汤山休养，在这里，我有幸见到了萧克将军、中国谍报专家熊向晖先生及其他一些老干部，感到非常荣幸。

另外，在多次探望父亲中，也又知道了一些父母人生中鲜为人知的一些对国家有益的事情。

一、按党的指示做好"青年记者协会"的组织工作

1937年10月，时任《大公报》采访主任的范长江组织了战地记者团，徐盈作为青年记者的一员，赴战区采访，奔赴西北战场。这一远行他去五台山访问了朱总司令及徐向前、任弼时等领导，并写出周恩来所称赞的《抗战中的西北》一书。

1938年夏，徐盈从西北回到武汉（汉口），正式加入中国"青记"。

此时，他们夫妇两人提出入党，并希望到延安去。周恩来对他们的入党表示欢迎，但又对他们讲"坚持在《大公报》也很重要"。从此，他们便直接接受周恩来、董必武、邓颖超的领导进行工作。

1938年1月，《新华日报》创办于武汉，子冈、徐盈早就受到周恩来、徐冰等人指示"做好统战工作"，"带动《新华日报》的外勤记者，帮助他们在采访中打开局面"。他俩都是这样做的。此时徐盈正参加战地记者团在西北采访（1938年初徐已受命去过山西五台山，访问了朱德总司令、任弼时同志及徐向前、彭雪枫同志）。

那时子冈在武汉，很快就和该报《新华日报》的外勤记者石西民、刘述周等相识，成为好友。徐盈到汉口后，（约1938年夏）和他们也是一见如故。徐盈、子冈按照周恩来指示做，徐盈回忆"只要《大公报》能去的地方，就要把《新华日报》也带去，并肩作战。石西民、刘述周、刘白羽、周而复等都当过《新民日报》记者，都有这种经历"。

这时，徐盈和《新华日报》编辑部副主任徐迈进协商，抓紧成立中国青记重庆分会。

尽管情况复杂，但徐盈还是努力争取完成上级交予的任务。他和子冈帮助《新华日报》的外勤班子打开局面，在各条战线的采访中，为之"引路"。他记住周恩来同志对"青记"的指示，"与可能争取到的进步记者共同突破国民党对《新华日报》的封锁"。为使"青记"在重庆开展活动，他与子冈在复杂的政治环境中与各方面周旋，争取团结了一批进步记者。1939年夏，经过反复酝酿，"筹备小组"讨论，"青记"重庆分会宣告成立。

据父亲回忆，青记总会在这一段时间内是做了不少工作的。1942年前在国民党非法封闭总会之前，"青记"赢得了这段时间，为国新社组织了大量抗战救亡的稿件，出版了教育青年记者的期刊，《新华日报》通过"青记"会员深入群众组织了越来越大的通讯网。

另外，1939年初，"青记"向进步记者发出号召，在经济方面要"宣扬我大后方农、工、交通、金融业等调整的进步情形"，以鼓励国人坚定的抗战必胜信心。此时，已任《大公报》采访部主任的徐盈，他的文章已涉及政治、军事、民族、侨务、社会文化、国际问题等方面。

二、做工商界、知识界等人的统战工作

广泛团结和采写工商界人士、爱国的科学和技术人员，力争做工商界、知识界等人的统战工作。

父亲入川时，写了"中国有史以来第一次工业大移动"的报道，他在《中国的工业——滨海工厂是怎样内迁的》等通讯中，热情歌颂了"中国工业上的敦刻尔克"，歌颂了民族实业家及职工的抗日热情，实干精神。对后方当地的卢作孚等人，他曾以多种题材报道。

对于当时内迁的工厂和企业家、银行家，他采访了这一群体中大部分重要人物，如北方的永利、久大、黄海化工集团的范旭东、李烛尘、侯德榜等。上海的刘鸿生、吴蕴初、胡厥文、吴羹梅、支秉渊、颜耀秋、陈光甫、张嘉璈、章乃器等，他都交往过、深谈过。他称赞他们为"最坚决从事抗战的工业家"。不仅写他们对抗战、对国家的贡献，也写他们的朴实、实干的品格。

再有，父亲强力报道了爱国科学家和工程技术人员战时的成就。他对铁路专家詹天佑非常崇拜。新中国成立初期与李希泌等人合作写了一本"詹天佑"的小书，介绍他的修铁路的事迹。

另外，他对战时的公路、铁路、桥梁、地质、矿山等建设意义独特的事物都有报道。他称赞赵祖康先生的贡献本身就是一部"中国公路建设史"；称赞凌鸿勋和天宝路的工程师是"微缩的中国铁路工程事业变迁史"。他与爱国科学家茅以升、石志仁、黄汲清等都采访得很周密并建立了友谊。他出版了著名的《当代中国实业人物志》一书，赞美几十位为国尽力的工程技术人员。

另外，对于战时政府资源委员会的翁文灏、钱昌照、孙越崎、恽震、林继庸等上层管理、技术官员的交往也是通过王芸生介绍而建立的。父亲多次报道了他们为国家和大后方工业、矿山做出的贡献。通过他们，父亲还采访了国际著名专家"河神"萨凡奇，报道了他对三峡建造大坝的设想。

由于与较大量的工商、技术人员及知识界的交往，使他得以认识、采访了部分经济界人士，如马寅初、千家驹、狄超白、谷春帆、章乃器等，他们都应邀为《大公报》撰写星期论文，有些不署名发表，文中对国民党政府经济政策进行批评、抨击。

为了抗战及国家富强，徐盈还向中共方面的党刊、党报撰写抨击国民党政策的文章，为其提供"炮弹"，当时与许涤新同志接触较多。

1944年，国民党同意董必武先生出席正在筹划中的联合国会议，子冈、徐盈被委任为其搜集材料，准备在联合国上用。上级说他俩英文好。

化工专家李烛尘，当时一直对国民党经济政策不满，并愿与中共方面谈谈。父亲将此事报告组织后，当时的负责人徐冰同志与其约见，效果很好，事后李烛尘先生成为中共的"诤友"。父亲这样团结的工商界实业家还不少。

1943年9月，毛泽东到重庆谈判，李先生还写了《欢迎毛主席》一文，在山城引起反响。

三、报刊情报的传递

一向沉着、低调的老父，在"交代"中还透露出一重要信息："我们还有一特殊任务，是在东安市场丹桂商场的小书摊内，为解放区搜集转运各种报刊。"这种传递，对北平的解放，大陆的彻底回到人民手中起了促进作用。

综上所述，新中国成立前夕，（子冈）徐盈就是这样努力的，充满朝气地而又是默默地工作着。

（2018年3月于北京）

难忘的师长

—— 怀念徐盈、子冈伯父母

胡天培

1964年夏季的一天上午，我在西四北七条西城区图书馆阅读专栏里，看到一篇谈浩然长篇小说《艳阳天》的书评。文章写了好几页，叠着钉在墙壁上。当时《艳阳天》出版不久，引起了读者们广泛的兴趣。我也读过这部书，正想看看有关的评论。我很认真地读完了全文。作者对整部作品进行了详细的分析，充分肯定了主人公肖长春和肖淑红、马老四等几个人物的描写，对小说的艺术手法和语言给予了很高的评价，也指出了作品的不足之处。我很受启发。读到最后，发现作者竟是曾经大名鼎鼎的徐盈。我早就知道他是我的同学城北的父亲，是知名的大记者，还曾是共产党的高级干部。但我没想到他对文学如此内行。

回到家，我对父亲讲了此事。父亲说：徐盈可是了不得的人物，他和范长江齐名，都是《大公报》的顶梁柱。他夫人彭子冈是三四十年代新闻界的四大名旦之一。徐盈还写过不少小说。他和沈从文、萧乾先后担任过《大公报》副刊主编。徐盈、子岗在当时都是进步的。我同学中不少就是看了他们的文章走上了革命道路。"文革"结束后，我和首师大名教授廖仲安先生一次谈话中问他：您怎么那么早就参加了地下党？他很认真地说：当时爱看

227

《大公报》，徐盈的文章对我启发很大，觉得共产党是代表人民利益的，必然会胜利。我就入了党。父亲说，徐盈新中国成立后当了官，是国家宗教局的主要领导，子冈任《旅行家》杂志的主编。这家刊物办得很出色。1957年他们夫妇都被打成了"右派"，罢了官，党籍也丢了，挺可惜的。徐盈还有心看小说、写评论，贴在小图书馆的墙报上，这人心胸很开阔！

不久，父亲从单位图书馆借回了九本书《中国实业家人物志》、范长江的《塞上行》、徐盈的《抗战中的西北》和彭子冈的文章。我很快看完了这些著作。徐盈的文章都在《大公报》上发表过，充分揭露了日本侵华的野心和罪行，讴歌了全国人民的抗日热情和敌后人民，特别是共产党八路军积极抗日的英雄行为。1937年10月，卢沟桥事变不久，徐盈就告别了新婚的妻子子冈，奔赴华北抗日最前线。他到五台山八路军战地司令部，采访了总司令朱德，总政治部主任任弼时，写了两篇通讯：《朱德将军在前线》《战地总动员》。这是抗战初期最早报道八路军抗日战略、战术、成功开展群众抗日工作的文章。他高度赞扬共产党的抗日决心和所取得的一个又一个胜利。他满含感情地对朱总司令进行了详细描写："他朴实如农夫，慈和如老媪"，但在"炯炯目光内射出坚定的光线时，倒又严肃如钢铁。""他简单诚实，有决断，言谈中处处充满抗战必胜的决心。"……这两篇文章，给前后方抗战军民极大的鼓舞，并加深了人民对共产党、八路军的了解，揭穿了共产党、八路军"游而不击"的谣言，提高了共产党、八路军在全国人民心目中的威信。这时候他还不是共产党员。一年后，即1938年，在武汉，他们夫妇经胡绳、凯丰介绍入党。子冈的文章写得很漂亮，在上海七君子事件和后来发生在北平的沈崇事件中，她都积极发表文章，揭露国民党反动派和美国侵略军的罪行。她的作品尖锐、深刻，给敌人沉重打击，引起敌人的恐慌。一位国民党高官当面训斥她：彭子冈你写的东西太有煽动性，你是共产党吧！她回敬道："承蒙高抬，我还不够格！"武汉失守后，他们夫妇随《大公报》转战到重庆，直接在周恩来领导下工作。他们利用《大公报》记者的身份，广泛结交各方人士，了解社会情况，宣传党的思想和政策。徐盈先生的一大特点，他非常关心国家的经济状况和人民的生活，这有别于他人。他主动接触爱国实业家。范旭东、卢作孚、刘鸿生等和科技专家侯德榜、茅以升等。他知道这些人对发展民族经济，支持抗日战争是有大用的。他们善于企业管理，或创造、采用、推广科学技术。他们是发展经济不可多得的人才。徐先生和他们都是好朋友，对他们的贡献许多已写出文章发表并宣传。

子冈伯母在重庆大后方，写了许多好文章。1945年底毛泽东到重庆参加国共和谈。她写了《毛泽东先生到重庆》一文在大公报发表，感情真挚，文笔细腻，很生动，很感人，一时轰动了全国，提高了毛泽东在人民心目中的形象。子冈的文章很有才气，不仅具有新闻报道性，而且具有历史文献性，文学欣赏性。新中国成立后她先在《人民日报》工作，写了很多通讯、报道。她写的有关官厅水库建设者的文章很是感人。她主编的《旅行家》，是当时广大读者最爱读的刊物之一。

想着徐先生对《艳阳天》的书评，和他对新闻事业的贡献，我很想拜访这位前辈。我和城北是同届同学，但不同班，在校时几乎没有来往，不知道他家的地址，何从访问？不久住在同院的冯亦代先生忽然问我：你还记得徐城北吗？记得，他是我高中同学。他现在哪里？他在失业。他把浩然的小说改编成七幕戏剧。我看过了，很不错。你能不能拿给浩然看看。如果能上演，对城北找工作兴许有点帮助。我虽然刚刚结识浩然，还是把剧本拿给了他。这样我就见到了两位老人。徐盈伯父一看就是位宽厚、坦诚、学者型的长者。他和颜悦色，语速缓慢，但有些结巴，给人亲切感。子冈伯母端庄、和蔼，虽然显得有些苍老，仍然掩饰不住她年轻时的干练。第一次见面，他们都给我很深刻的印象。不久城北去了新疆。我有时也到他们家看看。

几乎每次到他们家，都有客人在。我见到了许多名人。给我印象最深的是法学家钱端升，经济学家、国际关系专家陈翰笙，诗人艾青。钱教授是起草五四宪法时毛主席约请的法律顾问。他说"四人帮"之所以敢胡作非为，给国家和人民造成"十年浩劫"，是国家法律不完善，二期不认真执行的结果。国家今后要发展，要富强，必须健全法制，依法治国。徐伯伯、伯母完全支持他的观点。徐伯伯说：必须有民主，有强大的舆论监督，法律才能得到贯彻、实施，否则是一纸空谈。陈翰笙是20年代参加革命的老党员。

他和徐伯伯都是经济学家。他们对结束"以阶级斗争为纲",以经济建设为中心,全面改革开放的政策衷心拥护。他们说邓小平把荣毅仁、王光英等请出参与国家经济建设,是很正确的。荣、王都是企业家,他们懂经济,一定能给国家经济发展做出贡献。徐伯伯和艾青的谈话,也很精彩。徐伯伯说:我最近见到了姚雪垠,他说他写完李自成就写洪秀全,书名已起好:《天京悲剧》。写完洪秀全还要写孙中山。我给他泼了冷水:你写不了孙中山,年龄不允许,你也不具备写好孙中山的条件。孙中山的很多活动是在日本、美国、英国进行的。你日文、英文都不成,也没有到过日本、英美,你怎么写孙中山?我还给小说《李自成》提了意见:李自成太成熟了,老神仙太神了,高夫人太高了,红娘子太红了。他们毕竟是农民起义军,不可能有那么高的思想境界。艾青先生说:老姚用写工人阶级革命的手法写农民革命,写完还送给最高领导人看,太聪明了。

和徐伯伯、子冈伯母两位老人长期交往,从他们的言行中知道了很多往事,学到了很多知识,更领略了老一辈知识分子的高尚情操。他们对国家热爱,对祖国的文化、新闻事业做出了巨大贡献。他们风光过,他们还是那么谦虚。他们也曾在逆境中长期生活,他们仍然是爱憎分明。对正义者他们无比敬仰,对丑类他们十分憎恨。他们对新事物那么支持,对祖国的前途那么关心。他们对朋友对晚辈一视同仁,热心、真挚。他们是我终生难忘的师长。两位老人都已作古,他们的形象仍然活在我心里。

送徐盈，忆子冈

王禹时

1937年8月13日，日本侵略军在飞机、坦克、舰队、大炮配合下，疯狂地向上海发动了进攻。那时，我还是日寇铁蹄蹂躏下沦陷区的一个儿童。十年后，在解放区，偶然得到一角包物品的《大公报》旧纸，读到了一段战地通讯。那是写上海前线抗敌的一名战士：在枪弹用光后，把手榴弹捆在一起，向着张牙舞爪的日寇坦克爬去，轰隆一声……

这位为了保卫祖国而献身的战士，没有留下名字，但这位战士的形象和写这位战士的新闻记者徐盈的名字，却深深印在我的心扉上。

1954年末，我，一个20多岁的青年，被调入北京，当上了新闻记者。在新闻工作的岗位上，我知道了徐盈和1946年在重庆采访毛泽东、蒋介石和平谈判的记者彭子冈原来是夫妇。1956年末，我敲响了坐落在西北城一所小院的他们的家门。作为新闻战线上的后生，我是向两位前辈来求教的。子冈出于新闻职业的素养，向我详细询问了我报记者的情况。1957年春，子冈在《文汇报》上根据我向她谈的情况，写了一篇杂文。"反右派"时我在会上作了违心的发言。那一段，我沉痛的心情无处诉说。我曾几次骑自行车下班时，绕道到徐、彭住的小院前伫立。但由于敌我矛盾的阻吓，我再没有勇气跨进这座小院。有一次，我见到了垂头丧气归来的徐盈先生，当时还是壮年的他，脸色苍白，步履蹒跚。我站在街灯下，在淅沥的细雨中，潸然泪下。

望着他，仿佛他笔下那位抱着集束手榴弹，爬向敌人坦克的战士，就在我的眼前。

后来我得知，徐、彭都被打成"右派"并被下放到北大荒去改造了。那以后，30年，我从来没有忘记过对我有影响的这两位名记者；也从来没忘记过那所小院。但在不断革命，一波未平，一波又起，一个运动接一个运动的漫长岁月里，我们虽然同居京城，却淡淡的形同天涯了。

真是机缘。1985年1月，我被任命为《人民政协报》总编时，竟在编辑部遇上了徐盈先生。他那饱含着笑意的细长双眼上，一双浓重的慈眉，给人以多才、谦恭、笑傲人生的神情。我们在惊喜后，第一件事就是受盈老之请，去那个小院看望子冈。子冈在我熟悉的那座小院正房的西屋床上已躺卧了几年。她均匀地呼吸着，安静地沉睡着，和30年前比，头发花白了，面孔上的锐气变成了苍白。她或许正做着握着那支彩笔在采访新闻的梦；是重庆的桂园？还是塞外的张家口？是武汉的黄鹤楼？还是那小桥流水的故乡苏州？

看着酣睡中的子冈，我油然而生的复杂感情，令我鞠下躬去，眼中流下了难以抑制的泪水。盈老说："她已经一个星期没睁眼了，看你的缘分如何，我喊喊她……"于是盈老伏在子冈的耳边深情地对她说："子冈！子冈！你看看，30年前的王禹时来了！王—禹—时—"奇迹出现了，突然，子冈两只眼睛像闪电一样地睁开了，她看着我，似乎在叮嘱、在问候、在倾诉……当时我和泪吟了四句诗：

撷得鲜花蜜尚甜，北城静卧女中贤。

一支塞外江南笔，无语情伤五六缘。

这四句诗，我写成条幅，一直在子冈身边悬挂着，直到她1988年1月永远离开这个小院。

我以徐盈老能为我报的编辑委员而庆幸。我在总编辑的办公桌前，为他摆了一张写字台，为的是我能朝夕向他请教。他生活非常俭朴，一身穿得磨光了毛的青呢中山服，一双圆口黑布鞋，不吸烟，不喝酒。报社离他家有四华里路远，他每天都是步行上下班，中午也回家吃饭，当然这也是为了照顾子冈。有时他还风趣地对我说："禹时，跟我到我的狗窝吃点。"

他对文章的编辑、版面的格局、专栏的设置、标题的配合等都非常讲究。我所有的求教，他都能在幽默和谦虚中给我提示。子冈的逝世，对他是一个沉重的打击，时隔不久，脑血管病使他不能行动，继而语言不清。在他去北医住院和小汤山治疗期间，总是用各种小纸条给我写信，内容多是对报纸版面的称赞，或者是对我的文章的评点，也有许多建议和设想。他在几年的信函中，陆续向我推荐了他的十数位至交和文友，希望我去拜望。他指给我萧乾先生的住址，白薇女士的通信处，尚传道先生的住所和李希泌、杨仲子的电话等等。我明白盈老的用意，他希望我能在和这些耆宿的过往中，尊闻重道，提高自己，办好报纸、为祖国的新闻事业做更多的贡献。

我和盈老相坐时，话题谈过佛学、道学，由于他长期在《大公报》从事经济报道，所以他更多的是谈经济，尤其是新中国成立前国民党时的企业家、市场、物价、贪污腐化，等等。从每斤小米到房地产，从天津的大沽碱厂到北京的瑞蚨祥，真是如数家珍。而在这方面的学问，正是我所欠缺的。他多次提出，希望我有时间帮他整理一下新中国成立前的经济材料。讵知，五年多，他也像子冈那样，躺在那所小院，同房间的那张床上。每当我去看望他时，有时他认识我，能够仍然挂着幽默的笑，说两句问候话；更多时候，只是闭着眼睛，左手用力地握着我，久久不想放开。每当我们感情交流时，他的眼角就会流出一颗晶莹的泪珠。

1993年初春，我推开盈老的院门时，料峭的寒风，正漫扫着三间老房的瓦檐，他闭目槁坐在轮椅上，右手还攥了一张报纸。也许是觉察到有人来，他微睁开双眼，看着我，左手颤颤地伸向屋门。

"要水吗？"我问。他的手仍然伸着。

"要叫孩子们吗？"我问。他的手仍然伸着。

直到小阿姨去把门关上，他的手才放下。他似乎没认出我，双眼又闭上了。我握着他攥着报纸的手，在笔记本上写了八句诗：

蛛网低檐旧渍帷，煤炉瓦釜暮云垂。

双轮叹载他年笔，一榻孤栖昔日枝。

槁坐穷经何必语，情驰故纸更非痴。

小院杏花春去后，晨风夜雨未眠时。

这首诗，被报刊在《岳麓诗词》《梅风》等几家刊物上。但当我将几份刊物送给他时，他已经不能"槁坐穷经"了。

盈老，这位一代新闻界的知名记者，这位半生坎坷的忠厚人，这位我40年的忘年良朋，我的良师益友，在他期望的祖国一片欣欣向荣中告别了这个世界。他的瞑目，也许是心情平静的。他在沉睡的日子里，国务院向他颁发了有特殊贡献的专家学者证书和津贴；他的女儿徐东多年来，日夜为他进汤服药；他的公子徐城北正操着父母留下的笔，活跃在文坛上。

盈老，如果人生真有彼岸的话，我相信，你在和子冈相会时，会告诉她："我们的道路是曲折的，但最终是幸福的！"祝你们永生！

（1996年12月18日夜

《人民政协报》1997年1月24日第四版）

徐盈和子冈：为留住鲁迅 故居而一再奔波

——徐东女士讲述父母的一段经历

刘仰东

鲁迅先生去世后，鲁迅故居就成了鲁迅留给社会的一份遗产。鲁迅的朋友、翻译家曹靖华曾说："鲁迅先生为一代圣哲，全民共仰，所遗片纸只字及一切遗物，均为民族至宝，如果被携走，变卖或毁弃，则实为可惜至极，

年轻时的徐盈和子冈

可痛至极！"如今，鲁迅亲自设计的"老虎尾巴"居室、鲁迅作品中提到的后院的两棵枣树以及大量鲁迅遗物，依然在无声地讲述着当年的故事。鲁迅故居能够这样完整地保存下来，与不少热心人的努力是分不开的，这当中，

就包括当时的《大公报》著名记者徐盈、彭子冈夫妇。去年岁末，徐盈夫妇的女儿徐东女士在西四北六条34号——徐盈一家新中国成立后一直居住的一所小院——向记者讲述了父母的那段经历。

西四北六条34号近照

鲁迅先生的追随者

徐盈夫妇都比鲁迅小30岁上下，尽管他们没能像唐弢、萧红等人那样，幸运地成为鲁迅晚年的朋友，但和许多年轻人一样，他们都曾是鲁迅作品的忠实读者，也都是鲁迅先生的敬仰者和追随者。

徐东女士告诉记者，父亲徐盈1932年就参加了以鲁迅为旗帜的北平"左联"。1932年11月，鲁迅从上海回北平探亲，曾有著名的"北平五讲"。徐盈的生前好友、"左联"成员汪金丁（新中国成立后任中国人民大学教授）晚年曾忆及这样一件事：1932年11月，他在上海接到徐盈从北平寄来的数张鲁迅在北师大演讲的照片，这也是北平"左联"主持的活动。汪随即把照片交给鲁迅，再经冯雪峰转交给施蛰存，首刊在施主编的《现代》杂志上，后来遍布于各类介绍鲁迅生平的出版物，成为读者熟悉的鲁迅形象之一。1981年版的《鲁迅全集》（第四卷），也收入了其中的一张。1936年，巴金等人起草了旨在"加紧我们从事文艺以来就早已开始了的争取民族自由的工作"的《中国文艺工作者宣言》，宣言的初稿曾送给病中的鲁迅过目和修改，鲁迅首先在宣言上签名，随后的63个签名者中，时年24岁的徐盈也名列其中。

徐东的母亲子冈是苏州人。鲁迅去世后，她以上海《妇女生活》杂志记者的身份出席了鲁迅葬礼，并写出在一代青年中产生强烈反响的散文体长篇纪实报道——《伟大的伴送》。那一年，子冈不过22岁，是刚进入《妇女生活》不久的见习记者，这也是子冈在邹韬奋鼓励下完成的平生第一篇新闻作品。徐东曾听母亲谈起这篇文章的写作，报道写出后，子冈也没有想到，邹韬奋竟然一字不动地全文照发，这在见习记者的处女作中，恐怕是极其罕见的"待遇"。在这篇报道中，子冈写道：

> 望着前面的路，人们记起了这是送鲁迅先生去"安息"的，像将要失去什么似地勾起恋念，"路"还远着，要迈过多少阻挠与艰险……记起了鲁迅先生的遗志，肩胛上觉得有个担子压上来。大家不自觉地把手臂挽得更紧，失了父母的孩子不是会更亲热的吗？
>
> 人们臂上的黑纱在奔跑中时常掉下来，来不及捡拾；花圈上的花朵也在摩挤中擦落，女孩子们珍惜地拾了起来，它在人们心头永远不会萎谢，由殡仪馆到公墓去的一段长路也永远不会被忘怀，它们"永恒"在新的曙光来到以前，人们反抗斗争的精神也是"永恒"。

从字里行间不难看到，这篇纪实文字，是在鲁迅先生人格、思想感召之下的动了真情的描述，确如子冈自己所说，是"不会被忘怀"的。徐东说，母亲晚年卧病在床时，还时常忆及当时的场面，仿佛为鲁迅先生送葬，就是昨天发生的事情。

留住鲁迅留下的遗产

徐盈和子冈后来成了《大公报》的同事，并结为夫妻。抗战结束后，他们作为《大公报》记者，一同常驻北平。此时，鲁迅的母亲已经病故，朱安女士也重病缠身，来日无多，故居里还多了外姓住户，八道湾的亲属也一再到故居吵闹，意在夺取鲁迅藏书……如何留住并保存好西三条鲁迅故居及故居中的藏书、器物等大量文物，成为一个迫在眉睫的问题。

1946年初，许广平写信给徐盈，委托他以记者身份去探访一下西三条的情况。徐东说，当时许广平尚不认识父亲，直接写信给他，委以这样的重托，想必是清楚父亲敬重鲁迅的一贯态度。徐盈赶到鲁迅故居，探访了朱安女士，他后来回忆说："朱安在病中，瘦小、憔悴、懒得说话。她领我看了看屋里放着的书，基本上安全无恙。"徐盈把看到的情况写信告诉尚在重庆的王冶秋，并请他代达许广平。这是徐盈介入鲁迅故居保护事宜的开端。

不久，鲁迅生前的友人王冶秋也来到北平，他的公开身份是孙连仲的十一战区司令长官部少将参议长，实为中共地下党员。王冶秋到北平后，即与同为地下党员的徐盈取得联系，商量"怎么办"才能留住鲁迅故居。徐盈陪王冶秋又去了一趟鲁迅故居，王身着将官服，坐着汽车，摆出一副来头不小的架势。他们同朱安和院内住户见了面。王冶秋观察后老练地认为，这里表面上平静无事，实际上危机四伏，如不马上接管，难免别人先动手。他们商定，借"军方"的"威力"，将十一战区司令长官部的一纸盖着大印的蓝色封条贴在了故居的门口，名义是将其列为军队征用的民房。这一招确实奏效了一阵子。

后来，朱安的病情日益加重。徐东说，父母不时到西三条探访，有时给朱安送些生活费，或替许广平代理一些和故居相关的事务。这在朱安、刘清扬、子冈当年写给许广平的信中多有体现。如子冈1946年9月18日致许广平信："日前曾携小梅去周先生故居，为送去二十万元，已嘱老太太收下。"又如朱安1946年11月24日致许广平信："徐先生找我，曾去电话约时见面，而徐先生则说不必去，他自己于次日即来家，拿走议约去托沈先生……"再如刘清扬1947年6月9日致许广平信："于4月中旬，我又得大公报徐君电话谓，妹曾有款汇伊代收，曾嘱代为保管，但不必告朱女士，恐其知之，会有不必要之浪费。为此，徐君约与余面商，对此款如何保存。"可见许广平寄给西三条的生活费用，有些也是由徐盈夫妇代为保管的。

1947年6月29日，朱安女士病故，鲁迅故居再一次面临着"怎么办"的危机。朱安去世六天后，住八道湾的亲属就到西三条来吵闹，甚至要动手抢东西，气焰甚为嚣张。此事被南京《新民报》报道后，引起了不少鲁迅故友和热爱鲁迅的读者的担忧。此前，刘清扬预料到朱安一旦离世，鲁迅故居及遗物的存留会出现麻烦，曾多次与徐盈、子冈商量对策，与北平地方法院院长吴昱恒（北平民盟负责人）取得联系，寻求法律保护手段，并写信向许广平征求意见。许广平致函徐盈和吴昱恒，委托他们处理朱安的后事，保管寓中遗物，并将故居房屋"于出殡后锁起，待有家人北上再行处理善后"，还在信中写了这样一段话："各位视我们如手足，唯对鲁迅的情作屋乌之爱，任劳任怨，夫复何言，可表寸意？"

　　面对八道湾来人捣乱及特务可能搜查甚至捣毁故居等严峻情势，徐盈、刘清扬、王冶秋、吴昱恒等人经紧急商讨后，认为利用吴昱恒地方法院院长手里的权力，查封鲁迅故居，来一次"假执行"，以达到保护故居的目的，是当时形势下唯一可行的办法。随后，他们以八道湾抢东西为事由，向地方法院提出申诉，并由法院做出裁决，查封了鲁迅故居，在大门口贴出布告，在院门和屋门贴上封条，室内各种器物上也贴了带"北平地方法院封"字样的封条。王冶秋和刘清扬分别致信许广平通报了情况。事后，徐盈和王冶秋还带着一名摄影师去现场拍了一些被查封后的鲁迅故居的照片。自此，鲁迅故居得以免遭抢掠和破坏，新中国成立后由许广平完整地捐献给国家。至今，鲁迅故居还存有一些贴着封条的器物。

后　语

　　西四北六条34号在胡同西口，距西三条鲁迅故居仅一箭之遥。新中国成立后，徐盈夫妇在1950年购置了这个小院，一直住到去世。徐东告诉记者，母亲和父亲晚年先后卧病在床数年，其间，香港《大公报》来人探病时，曾提出买下这个院子用做驻京办事处，以改善父母的居住条件，为父亲婉拒。晚年卧病榻上，忆旧往往是一种躲不开的生活方式，想必他们也会回想起在西三条鲁迅故居所经历的种种往事。记者注意到，和这条胡同里许多带车库的大宅门相比，这个院子从里到外都还停留在七八十年代，显得破败、寥落、不起眼，但是，这里住过的两位著名记者，曾经为保护鲁迅故居而一再奔波，这是值得人们知道和记住的。徐东说，父母去世后，鲁迅博物馆研究员叶淑穗辗转打听到家里的住址，特地来访，就是要看看父母生活的地方。

亦师亦友的徐盈和子冈

张宝林

高集和徐盈、子冈的第一次见面是在他们家里。

高集没有想到，初次见面，子冈就那么率真、爽朗，根本没把他当外人：

我马上去找徐盈，徐盈不在家，他的夫人彭子冈在，也是《大公报》的名记者，她为人率直，无遮无拦，说："我知道你，徐盈告诉我的。你是救国会的吧？我是共产党，我们是一家人。"我想，很可能我让姑父给沈老写信的事传出来了，沈老是救国会的领袖，子冈就以为我是救国会的人了。其实，那时我还没有参加救国会。一会儿，徐盈回来了。他说，王先生交代了，让我跟着他跑新闻。（高集2001年回忆）

高集在自传中谈了两人在政治和工作中对他的帮助：

在我离开学校并进入《大公报》工作之后，虽然生活的环境变了，但是在我生活和思想上经常发生影响的那个主要力量依然是共产党。同我在《大公报》发生最密切关系的两个人（徐盈、子冈），都是地下党员。同我在职业生活中结成朋友的，也大多是公开的共产党员（《新华日报》的同志），或者是地下党员。不仅如此，这些同志，对我的工作和生活也不断地给以帮助。譬如，我的新闻记者的业务知识和当时国内局势的背景知识，绝大部分是从徐盈同志以及《新华日报》的同志们不倦的教导中得来的。

徐盈，原名徐绪桓，1912年出生，山东德州人。曾就读于北平大同中学、保定河北农学院、金陵大学农林专修科，毕业后进入上海《大公报》当记者。1938年，他和子冈结婚，并同时加入了中国共产党。徐盈的经济知识背景，使他十分关注工厂、矿山、港口等工业问题。他对水电、交通等题材也很有兴趣，曾提出过很有卓见的批评，有分量的经济报道成为《大公报》的一大特色。国共和谈的军调部时期，徐盈跟随国、共、美三方首席代表张治中、周恩来、马歇尔到"烽火十城"视察，写了很生动的通讯。

子冈，姓彭，原名彭雪珍，江苏苏州人，出身书香门第。1934年考入中国大学英语系，1936年到上海任《妇女生活》助理编辑。这一年的年底，发生了救国会"七君子"被捕案件。子冈奉派去苏州监狱采访羁押中的唯一女性史良律师。访问记在审判前发表，产生了很大影响。1938年，子冈到汉口进入《大公报》任记者。子冈的文笔尖锐泼辣，让国民党宣传当局很恼火。1946年，她到解放区采访，发表了《张家口漫步》的特写，军调部国民党代表兼秘书长蔡文治，在大庭广众之下质问她："彭子冈，你的文章真有煽动力，你是不是共产党啊？"（周雨编《大公报人忆旧》，中国文史出版社1991年，第146—147页）

这两位地下党记者，和八路军办事处有单线联系，一般人并不知道，但子冈刚一见高集，就告诉他了，这让高集觉得，她是胸无城府的坦荡君子，是完全可以信赖的。

高集初进报社，连什么叫新闻，什么叫通讯都不知道。徐盈说，不要紧，你跟着我，跑几次就会了。于是，高集每次都拿着个皮包，跟在徐盈后面。徐盈出门就先告诉他，今天去找什么人，他是干什么的，政治倾向怎么样，准备问他什么问题。到了那里，徐盈会把他介绍给被采访对象："这位是报馆新来的高集高先生。"

徐盈的采访，很有技巧，他和这些人大多都很熟，见了面，并不是一本正经地我问你答，而是聊天，四川话叫"摆龙门阵"。聊着聊着，就切入正题了。高集很快学会了这一手。

徐盈、子冈的文学修养都好，他们都善写通讯。徐盈对大的事件，有非常敏锐的观察和判断，笔下条理分明，游刃有余。子冈则长于人物专访和通讯。她的名篇是《毛泽东到重庆》《重庆四十四日的毛泽东》《重庆百笺》。到了晚年，高集还多次提到子冈的这些文章，并向年轻记者推荐。

现在的研究生，只有一位导师，而高集同时有两位导师，而且是这样著名的两个导师！他是有幸的。他的悟性又好，很快就能独当一面了。

有一天，徐盈对高集说："走，今天带你去见一个人。"他没有像往常那样，先告诉他是什么人。

他们来到曾家岩50号。①

就是这次见面，决定了高集的人生走向。

---

① 指徐盈信任他，常带去见周恩来同志。

一代名记者徐盈、子冈夫妇不平凡的一生

陈正卿

中国现代报界群星璀璨。有"百年大公"之誉的《大公报》尤为人瞩目。而夫妇同列榜上的仅为一对，他们曾共同奋斗耕耘在这一园地上，虽比翼双飞，但又各有不同凡响的建树。徐盈以"历史的真实记录，真正好的有生命力的作品"，得到沈从文等赞誉，并和范长江作品一同被当年西南联大选为大学国文参考读物。子冈如徐铸成所说："其文章除立场、观点正确外，文如其人，爽直豪放，而细密处则丝丝入扣……是富于战斗效果的传世好文章。"她和杨刚一同被誉为"大公报二刚（冈）"。他们都以多姿多彩之笔，为时代描绘了一幅幅真实而绚烂的画面，也并肩度过了不平凡而又坎坷的一生。回眸凝思，令人扼腕、叹息而敬仰。他们二人留下的近千万文字，不难断言，也将与所经历和患难的时代而共存。

一、一对"小康人家"的时代"叛逆"

民国初年的北京，大清皇帝逊位不久，由西学东渐风气催生，这里已有"读洋文，讲新学"的中国最早的新式知识分子家庭。他们被视为那个时代的"小康人家"。徐盈、子冈的童年和青少年时代就生活在这样一种氛围的

四合院里。徐盈，原名绪桓，1911年生于山东德州。父徐世笃，青年时就读于清滦州电报学堂。毕业后，历年在京津冀鲁各铁路站上任售票员、站长、处长等职，和显赫一时的民国要人徐世昌、时光等续谱为同宗兄弟，家中光景日盛。徐盈降生不久，来到北京读书。1924年，他入绒线胡同小学。两年后便升入府右街的四存中学。这所中学由徐世昌创办，校长是曾任北洋总长的齐树楷。校长倡读四书五经，又注重英文教育，其用心自然是由孔孟之道熏陶，不易误入歧途，而又有一口"洋文"，便于社会谋生，于是一时成为"名校"。徐盈父亲设想的儿子人生道路，也是吃"技术饭"，当工程师。并训诫他：一不可当律师；二不可当记者；三万万不可"赤化"。

与徐盈稍有别，1914年2月，子冈的出生地就是北京西城的一条胡同内。她原名雪珍。父彭世芳，字型伯，苏州世家子弟，清末秀才，日本官费生留学东京高师读生物学。归国后在北京高等学府任教。12岁，父亲回南方任江苏松江中学校长，子冈也随父南归转苏州振华女中小学部读书。后又升入松江女中求学。中学时代，她就显示了文学才华，上海的叶圣陶主编的《中学生》杂志命题作文竞赛，她一举夺魁获一等奖。1934年，她以优异成绩考入北平中国大学英语专业，老父愿望，她应该成为英美经典文学作品的优秀翻译人。

然而，徐盈、子冈都没有沿父辈设想的道路走。衣食无忧，却不平和而激愤多多。在中学时代，他们就都蒙上了一层"叛逆"的色彩。徐盈爱读"五四"以来鲁迅等写的新小说，还爱听梁仁南、赵霜峰等进步教师上课和时事讲话。梁讲只有孙中山是真正救中国的，张作霖、吴佩孚之流都是专制大军阀。他指使徐盈等往府右街红墙内的军阀公馆撒传单，军警到校搜查，他又让徐盈把底稿快快烧掉。他升入大同中学读高中，北伐名义上已经"统一"，但南京"新贵"们只是一伙假中山信徒。北平国民党部的许孝炎、吴铸人等，在中学界争权攘利，风潮频生。徐盈接受老师齐燕铭、蹇先艾、孙席珍等革命熏陶，联络同学暗中抵制。1931年"九一八"事变爆发，北平学生组织赴南京大示威。徐盈是大同中学学运骨干之一。他和甘道生、陈峰等一道在京东车站卧轨一整夜堵车南下，并结识了也在现场鼓动的千家驹。南下他没能成行，思想却更"左"倾了。新结识了一位"左翼"成员孙亨斌。在东单发昌祥西服店楼上，他们参加了"左联"下属的"北斗"读书会。会员有陆万美、姚铁城等。几十年后，丁玲还记得他。他读到了周扬主编的《文学月报》，并试着投稿。孙要到江西苏区去，让他和俞家琦接头。不幸，孙到苏区路上失踪了，俞刚接上线就断掉了。他又和汪金丁、王芦焚（即师陀）新组织"左联"小组，并出版了小刊物《尖锐》。就是这份《尖锐》，日后成了徐盈和子冈的爱情纽带。当然，故事并不离奇。徐盈在向《文学月报》投稿之前，也已给《中学生》等写稿并获奖。子冈后在这一杂志上参赛又再度获奖。两人便同为杂志社组织的中学生问题讨论会会员。经鸿雁传书，他们便在纸上相识了。子冈还一口应允在苏州推销《尖锐》。可惜它很快遭受了查禁。1931年冬，徐盈考入河北农学院林学系读书。假期他特意到苏州去见子冈。青年人的浪漫，让他一路上将手伸出隆冬的窗外，带去几串子冈对老北京美好回忆的冰糖葫芦。两人的感情升温了。《尖锐》被禁，金丁到上海活动被捕，关押在苏州盘门司前街反省院。徐盈去信告诉子冈金丁的监号，问她能否去探视一下。子冈竟穿着女中学生校服，手拿冰激凌，以表妹名义探视了金丁，并一月中连去几次，也结为好友。这自然遭到学校和家长的齐声反对。而徐盈、子冈因在"叛逆"途中日益走远，而渐趋密切了。对此中缘由，青年徐盈说："我曾在大富豪门前徘徊，亦曾在贫民窟的垃圾堆逡巡，我将观察的一切用文字暴露出来。""如有机会，我一定要闹学潮。"徐盈在河北农学院读书，因声援一墙之隔的保定第二师范的"学潮"，受到了警告处分。这样，他只好转考南京的金陵大学农学专科。他依据学潮写的短篇小说《福地》，发表在《文学月报》上，成为他的文学处女作。孙犁评价说，是"叫人记得住的小说"，写的是"时代的尖端题材"。

　　子冈虽已到中国大学英语专业就读，但她再无法适应刻板的学生生活。半年后做出惊人之举——退学，家人和师长更为不解。她决定走另一条路，自学与从事写作。她到上海找松江女中老师沈兹九，沈正在编《妇女生活》，那是中共地下党员和妇女界民主人士合办的刊物，正物色一名助理编辑。子冈文笔好，思路敏捷，沈便录用了她。由沈介绍，子冈在采访及编辑过程中，结识了何香凝、沈钧儒、邹韬奋、胡愈之、史良等著名爱国人士，写出了一些有影响的通讯。如报道鲁迅葬礼的《伟大的伴送》等。这一天，子冈不仅在这出殡游行的行列中，还举着一根白幡。鲁迅的逝世，掀起了上海民众救国运动又一个高潮。1936年11月，蒋介石悍然逮捕了救国会沈钧儒等七名领导人，便是震惊海内外的"七君子"事件。子冈积极参加了营救活动，并以堂妹名义到苏州监狱探视其中的一位卓越女性史良，写下了那篇为时人关注的《堂姐史良会见记》。文中说："睁眼看看凶险的外敌和沦亡的土地上人民所受的荼毒，我们怎么能够再来分散同胞的力量！我们要和平，但对于侵略者，我们要抗争！"年方20出头的子冈，这时显现出了不同于一般女性的果敢和刚毅。

徐盈转到金陵农学院读书，犹痴情于写作。几年间，他投稿发表率越来越高。1935年8月，他毕业到郑州陇海铁路局当护林员。因子冈的关系，他和上海邹韬奋、沈钧儒等也有了联系，成为《生活星期刊》的通讯员。此后，他还参与了由鲁迅领衔的63人签名的《中国文艺工作者宣言》。救国会运动波及全国，国民党加强镇压，徐正在郑州，参加了一个叫"人民阵线"的救国团体，被特务上了黑名单。有朋友暗示他，他连夜跑回北京，1936年10月底，又从北京辗转到上海。到的前一天，恰巧是鲁迅出殡，他没能赶上，懊恼许多时日。到后他去拜访投稿神交已久的《大公报》上海编辑主任王芸生。这是他们之间的第一次见面，不想日后却影响了徐盈夫妇一生的命运。徐盈钟情于文学创作后，又涉猎了他人生另一类写作——新闻写作。1935年8月，他在《国闻周报》上发表的第一篇通讯作品《昌平走山记》，就是兼任编辑该报的王芸生编发的。王评价它："含着科学的精神。"徐深受鼓励，又一连写了《滦榆问棉记》《内陆沙漠》等几篇。徐盈是学农出身，自然科学知识扎实深厚，年轻的他没有料到，这些作品竟在中国新闻史上具有开拓性的意义，以科学的专业的观察，将新闻的视野扩大到农业和环境科学领域。王芸生让他到上海《大公报》当练习生，试用期三个月，期满派为外勤记者，徐盈同意了。

1937年3月，王芸生经国民党江西省主席熊式辉批准，派徐盈到江西原苏区采访。对于这片红色土地，徐盈充满着神奇和敬仰。子冈也如此，经向王芸生请求——这时他们已明确了恋人关系，她也作为《妇女生活》的记者，一同往江西采访。对这一地区，王芸生前已去过并写过文章，他启发徐盈说："如果能平均地权，不仅能消灭共产党武装，还可以消灭共产党播种的机会。"应该说，这是王的真实思想。但徐盈、子冈并不完全接受，他们还要问，又如何平均地权呢？从上海到南昌，徐盈、子冈到国民党行营办公处开具往苏区的专门采访证后，便向赣州行进。往那里还没有汽车路，他们一人租一部自行车骑往瑞金、宁都、雾山等地。沿途目睹红军撤退后惨象，和当地人民压抑、麻木的神貌，子冈在《赣南的凄怨》里以小店主的口吻讲："朱德、毛泽东都常来这儿，问资本多少？再问生意好不好？他们不许哪个店资本大……"徐盈在《瑞金巡礼》里针对王芸生的假设讲："中山先生的耕者有其田的主张，我们实在不该永远漠视，土地问题不解决，农民问题不会结束的。"而他在《赣东风雨》中更以抒情的笔调写："雾山山脉东西横着像一条长墙，汝水和梅江辗转环绕，把赣南七县天然屏障着。战事上这里的牺牲顶大，公路到这里的坡度最险，难怪土色那么鲜红，正表示是喋过不知若许战士的赤血了。"江西老苏区之行，他们在《大公报》《妇女生活》等先后发表了一组10余篇通讯、特写。并亲眼目睹了老表们珍藏的红军纸币、识字课本和有革命宣传字样的衣帽。他们思想和行动上更清晰、坚定了。

二、神圣召唤走上抗日战场

1937年6月，徐盈、子冈回北平举行婚礼。新婚刚满月，"七七"抗战的炮声便从卢沟桥传来了。它吹响了中华民族全民抗战的神圣号角。为南下投身抗战，利用徐盈父亲的铁路老关系，他们乘上了拥挤的开往天津的列车，再从天津搭船驶烟台倒车转济南。到济南，徐盈和子冈依依惜别。徐盈作为《大公报》战地通讯员加入采访主任范长江组织的战地记者团。子冈则直驱汉口，也由王芸生引入《大公报》做外勤记者，并独立编一份《妇女前哨》。在山东，徐盈抓住一切空闲，写了《渤海之滨》《今日的山东》等长篇通讯。这些都记载了抗战初期山东蓬勃兴起的抗战形势。徐盈入战地记者团后，长江指示他先到山西前线采访。在太原，他见到了第十八集团军办事处主任彭雪枫。彭便介绍他到五台山八路军总部，采访了朱德总司令、任弼时总政治部主任，还结识了徐向前、丁玲、周立波等人。辗转山西，徐盈写出了《朱德将军在前线》《战地总动员》《不堪回首话山西——炮火声中踏上五台山》《白杨林中》等最早报道八路军作战战略和群众工作的通讯、特写。他笔下的八路军不论是将帅或士兵，都充满朝气，亲切可爱。离别山西，他又沿陕甘新公路转到兰州，继续采访了谢觉哉、杨静仁等中共人员。他写下的这组名为《抗战中的西北》系列通讯，还揭露了国统区的黑暗，指出它"绝不能建设复兴中华民族的根据地"。

子冈在汉口也写下了不少脍炙人口的好通讯。如《烟火中的汉阳》《新中国的少年们》等，都一时被人传阅。她以女性细腻的笔触和柔和的口吻写道："推崇孩子，从许多儿童团体中我们发现了新中国的曙光，他们飞跃的前进，使人难以相信在执行伟大的救亡任务。"这一时期的子冈新闻写作，已明显地形成了散文化和议论性结合的风格。在《给母亲们》中写："把那些养而不教，溺爱纵容的弱点丢掉，不要把儿女看作是自己的珍宝，在敌人的侵占伤害之中，我们再也不要希望幸免，中华民族的儿女是同命运的。"这在当年的妇女界，都起到了很大的宣传鼓动作用。

来年的春天，徐盈结束西北之行也到了汉口，与子冈别后重逢。抗战高潮的兴起，国共双方的深入接触，他们对中国的前途看得更分明了，只有中国共产党才能挽救民族的危亡。稍后的7、8月间，在武汉的周恩来、董必武秘密接见了他们。他们提出入党的请求，并希望到延安去。周恩来对他们的入党愿望表示欢迎，但又认为这不一定要去延安，坚持在《大公报》也很重要。从此，他们便直接受周恩来、董必武、邓颖超的领导进行工作。董必武还应子冈的请求，把她的弟弟彭华送到了延安抗日军政大学。8月里的一天，他们被通知到汉口德明饭店，在一空空的房间里，见到了中共长江局宣传部长凯丰。凯丰和他们热情握手，说："你们的入党请求得到了批准，今天就举行仪式。"接着，由凯丰监誓，徐盈、子冈填了表，举手宣誓。并告诉他们，你们的入党介绍人是胡绳。但本已相识在生活书店工作的胡绳并未到场。入党后，组织上派何伟来联系，并通知：单线联系；不过组织生活；不发展党员；不交纳党费。之后，何伟就以到《大公报》会客的名义传达上级指示，听取汇报。

然而，不久就发生了一个重要事件。范长江在组织战地采访的过程中，较多地暴露了政治倾向。国民党压迫《大公报》，报社高层也压迫他辞职。他离开前夕，约徐盈、子冈密谈，据徐盈回忆，他转达组织指示：一、一定不要轻易离开《大公报》；二、一定要争取青年记者协会得到公开活动；三、一定要千方百计为国际新闻社扩大稿源。范还说，党会在他走后作全盘部署的。范所讲的国际新闻社，是由国共合作的进步文化、新闻界人士组成的，抗战初期设立于上海，实际是由中共人士胡愈之、范长江、孟秋江等主持，已为中共的宣传喉舌。其中核心骨干就是中国青年记协。所以，范长江这样郑重地交代徐盈、子冈。

1938年1月，《新华日报》创办在武汉。子冈很快就和该报的外勤记者石西民、刘述周等相识，并成为好友。徐盈到汉口后，和他们也是一见如故。当年10月底，武汉沦陷，《大公报》和《新华日报》先后西迁重庆，于1939年春天次第复刊。周恩来通过徐冰向徐盈、子冈传达指示，要他们带动《大公报》的外勤记者，帮助《新华日报》在采访中打开局面。徐盈回忆说："因此，我们尽可能地做到，只要《大公报》能去的地方，就把《新华日报》也带了去并肩作战。石西民、刘述周、刘白羽、周而复等都当过《新华日报》记者，他们都有过这种经历。"同时，徐盈经和《新华日报》编辑部副主任徐迈进等协商，抓紧组织中国青记重庆分会。由于总会负责人是《新华日报》采访主任陆诒，他不便再出面，徐迈进等便推公开身份是《大公报》记者的徐盈出面。徐盈去找曾是北平大同中学校董，时任国民党中宣部副部长的许孝炎。许以师尊的口气说："重庆不是汉口，青记会员复杂。"《大公报》内部也由经理曹谷冰找他谈话，劝他不要受长江影响，不要搞。徐迈进表示，有总比没好。这样，就必须向国民党报社记者作出一定让步。以致青记重庆分会被一些人指责为"鱼龙混杂"。当时进步报人冯英子等却受排挤。徐盈后深感歉疚。

完成组织交代的这些任务，徐盈、子冈作为记者，又奋力写出不少名篇。1939年后，子冈曾两次采访蒋介石夫人宋美龄。第一次由张季鸾指派，第二次是自己独闯。她所写的《蒋夫人访问记》，给当年的宋美龄一个客观公正的报道。宋说："我将再起……，这样一个碑文，……那么强有力的一句话，对于我们，对于目睹着同胞伤亡、家残国破的我们，尤其负有特殊的感动力，它将要深深地印刻在我们每个人的心头，鲜明地照耀在旗帜之上。"还有《欢迎日本反战同盟》等通讯，她真切地记下了日本反战斗士鹿地亘等到达重庆演说的场面。通过生动细腻的描述，展现了一幕幕沸腾的场景。如写浅野和冈村这两位日本女反战斗士："一个绿衣短发"，"制帽上一样有两个铜扣，一个红星，身上一样配着那个钢笔头型的盟徽。"其飒爽英姿跃然纸上。

大后方国统区的黑暗腐败日重一日。子冈与另一著名女记者浦熙修联手揭露的"重狗轻人"的丑闻，曾震动了大后方。子冈晚年回忆说："在重庆山城，浦熙修和我，无形中成了新闻界的一双姐妹——并肩采访，分别写稿，人家看见我问她，看见她问我。"1940年7月，宋美龄从美国经印度乘专机回重庆，孔祥熙二小姐令俊随行。子冈报道说："行李极多，自然有许多重要文件，两卡车装得满满的。有人走近一大而四四方方的盒子，受到了叮嘱：'小心点，这里面有手表。'"这看似无意，实际点穿了权贵走私内幕。不久，她在和浦同往机场采访时，听到孔夫人和二小姐带着洋狗和行李下了飞机，名人王云五的亲属却没见踪影的消息。于是二人分工，浦巧妙地分三则短讯报道事件经过，子冈则直接报告总编王芸生，《大公报》在《拥护政治修明案》社评中点出此事，这就引发了重庆朝野上下一片指斥，甚至有学生上街游行。子冈的这些活动，证明她充分具有一名记者敏锐、勇敢的职业素质。

同期，徐盈的新闻写作对象也集中于国统区现实报道，但更多的是侧重于经济生活方面。1939年的《挽救"丰灾"》《记油田》《瞻驿运》等，都抓住前后方最迫切的问题报道了最新动态。"丰收成灾""油是一滴油一滴血"，"恢复驿运不是倒退，是维系抗战供给的生命线"，这都给人以振聋发聩的感觉。在这类经济新闻中，徐盈有描写、有记叙，还夹杂着说理分析，但毫不牵强附会，开创了一代新的新闻文风。他揭露了那些不合理现状的社会根源，又讴歌了第一线劳作者的不畏艰辛，至今仍受到人们高度重视的，是他以高度的热情系列报道了中国民族企业从沿海内迁后方的创举。在《中国的工业——滨海工厂是怎样内迁的》等文中，他说，这是"中国工业上的敦刻尔克"，是"血与泪交织成的大场面"和"许多可歌可泣的故事"。同样，对国民党压制民族工业政策的揭露也至为深刻。如《四川的四川》一文中写："当千辛万苦有货出世时，'虚盈实税'对工业资本的桎梏重重，不能不使人叹一口长气。"当然，造成"虚盈实税"的根子是国民党的通货膨胀政策。徐盈注重于经济新闻的采写，一方面是曾受到的"实业和科学救国"思想的影响，一方面是组织上的指示，徐冰就要求他："借此多做统战工作。"应该讲，就他所写的经济类新闻来看，他在如何正确地观察、反映中国民族工商业的作用、地位等方面，已具有一定的理论水平，并且是比较公正客观的。

一个意外的发现让子冈、徐盈高度警觉。当时因职业需要他们常去见《大公报》元老之一的张季鸾，对张十分敬重。而从张的身边人口中知晓，他参与着蒋介石的某些机要。包括后被日本特务今井武夫称为"桐工作"的中日战时秘密和谈。张还奉蒋指示于1940年11月间到香港与日军代表见面，探询在日本全面撤军和不承认汪精卫政权等条件下妥协停战的可能性。现在的研究表明，这基本出于谋略的考虑。但子冈、徐盈获悉后，意识到这是一个重要的政治动向。徐盈便迅速找徐冰报告，徐冰见徐盈破例到曾家岩周公馆直接找他，就领他去见董必武。董听了一会儿，让徐盈稍等，叫人请周恩来一起来听。听后，周恩来对徐说："很好，你要多交朋友。"据徐盈回忆，这是他第一次当面向周汇报，并受到表扬，感到温暖鼓舞。

三、初结硕果的山城良庄岁月

中国抗战力量内迁大后方重庆等地后，坚持以绝不妥协的主张抵抗到底，日军妄图以野蛮的大轰炸来摧毁中国军民的斗志。徐盈、子冈到山城重庆后，先住在邻近商务印书馆的北象街，后屡炸屡迁，第四次遭炸后，沈钧儒邀他们到良庄寓所同住。当年的良庄及四邻，是著名人士聚居之地。不仅有沈老，还有黄炎培、邹韬奋、史良、沙千里、张申府等，所以竟有郭沫若赋诗一说。然而，良庄只是重庆市中心枣子岚垭的一栋名为三层实系二层的小楼。底楼住银行几名职员。二楼住沈老和王炳南两家，三楼仅一阁楼，沙千里、张申府先后住过。所谓"同住"，实际上徐盈、子冈仅是在沈家小客厅里搭一个铺，晚放早收，但其情浓浓。良庄岁月，徐盈、子冈晨出晚归，日日奔忙。山城采访，被人唤作"跑新闻"。哪怕一条小消息，都要上坡下坡绕多少路才得点根由。然而"小消息"，常常给压抑得透不过气来的雾重庆，捅下一个出气孔。应运而生，子冈创造了一种叫"短笺"的通讯文体，用来为文网稍疏的《大公报》桂林版写重庆航讯，竟一发不可收地至百余篇之多。她观察入微，文体别致，笔法委婉，一时有"重庆百笺"之誉。她的视野敢于正视"陪都"社会底层百姓的痛苦现实。有呻吟、呐喊、感叹，却毫不绝望，因为正是这里燃烧着对侵略者和黑暗社会的烈火，只有最痛苦的人们最企盼国家新的出路和未来。子冈精雕细镂的这一战时后方人民的"群像"，显示了她的新闻写作技巧也有了重大的突破。《中国大百科全书——新闻出版卷》评价她："善于把文学手法融于新闻写作之中，使她的作品既有准确、真实的新闻性和鲜明的时代气息，又有浓郁的文学色彩。"子冈对于她孜孜追求的文学创作也硕果连连，尤其是纯文学的散文作品，如《猫与鼠》中，她用一个人人恐惧的"黑影——猫"的形象，比喻囤积居奇、垄断市场的奸商，希望有"大猫被捉，小猫们才会就范"的一天。这对物价疯涨中怨声载道的普通读者群引起了共鸣。可以讲，子冈这一时期新闻和文学作品风格都日臻成熟。

良庄的日子，徐盈的新闻和文学写作也呈多姿多彩。新闻写作，他发挥所求所长，更集中于几类采访对象。一、内迁的工厂和企业家、银行家。他采访了这一群体中大部分重要人物。如北方的永利、久大、黄海化工集团的范旭东、李烛尘、侯德榜等。至于上海的刘鸿生、吴蕴初、胡厥文、吴羹梅、支秉渊、颜耀秋、陈光甫、张嘉璈、章乃器等，他都有过交往和深谈。此外，对后方当地的卢作孚等人，他曾以多种体裁予以报道。徐盈盛赞他们是："最坚决从事抗战的工业家。"他以生动、形象的笔触真实地写下了他们的言谈笑貌，穿戴装束，以及不事虚华豪奢的品格和各自品性。二、爱国科学家和工程技术人员。徐盈青年时就崇拜詹天佑。战时的公路、铁路、桥梁和地质矿山等建设意义独特。他通讯、报道中的茅以升、赵祖康、石志仁、凌鸿勋、吴任之、黄汲清等，他都多次采访并建立了友谊。他誉他们为"国宝"，说赵祖康就是"一部中国公路建设史"，称赞凌鸿勋和天宝路的工程师就是"微缩的中国铁路工程事业变迁史。"三、战时政府资源委员会的翁文灏、钱昌照、孙越崎、恽震、林继庸等上层管理、技术官员。他和他们交往是1943年经王芸生介绍建立的。后多次报道了他们为国家和大后方工业、矿山建设作出的贡献。通过他们，徐盈也采访了国际著名专家如美国"河神"隆凡奇等，报道了他对于三峡建造大坝的设想。

由于和以上三方面的交往，徐盈还结识、采访了经济学界人士，如马寅初、千家驹、狄超白、谷春帆、章乃器等，他们于抗战期间都应邀为《大公报》撰写星期论文，署名或不署名发表，文中对国民党政府经济政策进行批评、抨击。徐盈对以上几类人士的采访，除遵照周恩来"多交朋友"的叮嘱，还承担组织交代的任务，协助《新华日报》的工作。对此，熊复曾有过回忆。具体如许涤新等为党报、党刊撰写抨击国民党经济政策文章，资料尚缺，因徐盈和这么多人士、机构有联系，信息来源丰富，许就请他提供"炮弹"，所以在这一期间他们接触较多。

当然，徐盈的"多交朋友"也不是"为交而交"。他和李烛尘相知较深，李对蒋不满，并愿意和共产党谈谈。徐报告组织，徐冰约见了李烛尘。李成为中共的"铮友"。1945年9月，毛泽东到重庆谈判，李出面写了《欢迎毛主席》一文，在山城引起反响。由于职业和组织工作的需要，徐盈还参加了西南实业会、星五聚餐会和中国工程师学会为会员。

抗战后期，徐盈又有了一次长途旅行采访的机会。王芸生派遣他采访大后方各省。这就是后来由中学生杂志社出版的《抗战中的中国》一书的由来。这次万里跋涉，意义最深的是他深入到了川藏交界的西康内地，记下当年汉、彝、苗、土家等多民族混住区真实的原始的社会情况。其中《记"四十八甲"》等系列通讯，今日已为研究当地少数民族史的珍贵资料。

子冈、徐盈在重庆山城，和进步文艺界的来往也十分密切。中华全国文艺界抗敌协会成立，他们都为会员，徐盈还当选为理事和小说座谈会召集人。他们结识了郭沫若、老舍、胡风、夏衍、邵荃麟等人。徐盈曾在胡风主编的《七月》上发表了小说《汉夷之间》。这个时期，他的小说作品后编为《战时边疆的故事》《前后方》两个集子出版。1943年下半年，杨刚赴美留学，她所编的《大公报》副刊文艺版，由王芸生指定徐盈暂代编。徐盈广泛采用了夏衍、陈翰笙、田汉、邵荃麟、高集、高汾等人的稿件。邵荃麟的长篇小说以他爱人葛琴的名义连载。对此，徐盈在"文革"中"交代"说："当年是以发他们的稿件为荣。"

1944年8月，国际反法西斯战争日见胜利。中苏美英等国已在筹划战后国际组织联合国。酝酿中国代表团人选时，中共坚决要求一方参加。1945年4月，国民党同意董必武作为代表出席会议。经徐冰传达董老向徐盈、子冈等的指示，协助搜集相关资料，以备研究在会上用，并说他们英文好，关系多。这样，他们通过经杨刚、高集等介绍而结识的史沫特莱、卡尔逊、谢伟思、傅礼门等英美人士进行搜集。其中美驻华使馆武官包瑞德曾和徐盈结伴去过桂林，了解采访"长沙大捷"战况，徐又去找了他。同时，他们和美国新闻处的刘尊棋、英国新闻处的李星可、法国新闻处的孙源也熟悉，也取得了一些资料。正好王芸生又让徐盈去接待一位随英国蒙巴顿勋爵来华的作家，徐本不想去，王说："你不去谁去？"徐考虑对完成任务有利，挤时间去了。他给那位作家介绍了大后方作家情况，对方给了他英国对华政策资料。这次，他还去找了储安平，储在《中央日报》编国际版。大轰炸时，多家报社挨炸，中央和大公等报出过联合版，这就来往熟识，储这里国际信息资料多，徐去很爽快地给了一些以上几条途径弄来的资料，都由徐冰派人来取走。徐盈回忆说："有多大用处不清楚，但要得很急，那边有几个人译。"

重庆岁月中，给子冈、徐盈印象最深刻的是抗战初胜利的毛泽东到重庆谈判。由于《大公报》元老之一吴鼎昌是向蒋介石建议的始作俑者，报社内部已有议论。徐盈、子冈都向组织作了报告。8月28日，毛泽东抵达重庆，子冈以现场记者身份，用神来之笔写下了那篇脍炙人口的《毛泽东先生到重庆》的特写。称毛的到来，"维系着中国目前及未来历史和人民幸福。"她笔下的毛泽东，温文儒雅，亲切蔼然。这揭露了国民党的欺骗宣传。可这篇文章给子冈带来了无尽的烦恼。她写了毛打碎一只盖碗茶杯的细节，若干年后有人指责："是何居心？"之后，子冈作为一位女记者还出席了毛与中国妇女联谊会的座谈。会上，毛谈了对联合政府、国民大会等问题的原则立场。徐冰指示她，这次不要发新闻。但王芸生坚持要她写，这样重要的会议怎能不报道？两难之中，子冈选择了后者。徐冰批评了她。职业和纪律，作为地下党员确有相当的难处。毛离开重庆前，子冈又写了《重庆四十四日的毛泽东》一文，称毛："来渝或离渝之日，均为晴朗长空，和风送爽。"毛在重庆期间，由组织安排，徐盈也受到过他的接见。10月3日，徐盈和同事、地下党员李纯青一同去化龙桥《新华日报》请示工作。周恩来因处理当天的蒋介石派兵包围昆明龙云驻地事件离开了。毛接见了他们，亲切交谈了一个多小时。据李纯青回忆，毛说："搞政治要有一个方向，我们的方向就是和平。……如果国民党要打，我们一定奉陪到底。"毛泽东还未离开重庆前，《大公报》已在安排计划战后返回原地复员。徐盈和子冈都作为先头人员，回到他们梦牵魂绕的京津沪去。

四、战斗在刀光剑影的古都北平

9月14日，子冈和同事曹世瑛等在重庆上船，经武汉到达南京。随即从南京到苏州、上海，看望父母和亲友。八年分离，重回故土，骨肉团聚，感慨万端。接着又从上海北上天津，和徐盈会合。此前的10月13日，徐盈和同事孔昭恺已搭乘新任天津市长张廷锷的飞机到天津，受报社委托交涉收回总馆馆址和复刊事。夫妇相逢后，徐盈先返北京，筹备《大公报》驻北平办事处继而任主任。不久，子冈也到达。他们后在西城西旧帘子胡同租屋作为办公处。

初返北京，徐盈、子冈兴奋不已的心情，蓦地凉了下来。物价飞涨；法币与华北币兑率的不合理；变接收为"劫收"的"五子登科"（金子、房子、车子、票子、女子），他们和北京人民一样，郁闷而愤慨。为揭露丑恶，他们疾笔如飞地写出了大量稿件，引起了强烈的轰动和回应。徐盈的《宠城受降记》《北方风雪画》等；子冈的《北平岁寒图》《北平二三事》《如是我闻》等，当年被人们称作"劫收图"和"接收即停顿悲喜剧"。徐的文章特点是立意高，视野广，兼有理论剖析如层层剥笋。子冈擅长将真实的点滴细节都收拢入文，由不经意处刻画出世态万象，使人如同亲见。子冈继续发挥"重庆百笺"的文风，以《北平电话》体例，在天津《大公报》作为专项热门话题，虽为街谈巷议，但每一事一议，无不悲抑、辛辣或嘲讽。

为打破新闻封锁，使人们了解国事争端真相，子冈抓住一切采访计划。1946年2月，经任美新处处长的中共地下党员孟用潜介绍，她以陪同军调部美方三名美法记者名义，搭乘美军用机，飞往晋察冀首府张家口采访。踏上那里的土地，她感到无比的兴奋和顺畅。她见到了聂荣臻、罗瑞卿等中共军队领导人。还目睹了解放区翻身农民扭秧歌、跑旱船等欢庆春节的喜悦。在《晋察冀日报》的春节聚餐会上，她和丁玲、艾青、萧军、草明等作家握手交谈。返回北平，她以一组《张家口漫步》系列特写，连载在天津《大公报》上，一时争相传阅。军调部国民党方参谋长蔡文治话中有话地说："彭子冈，你的文章真有煽动力啊！"

一个多月后，徐盈也由《大公报》派遣参加记者团，跟踪报道美国特使马歇尔、中国代表周恩来、国民党代表张治中组成的北平军事调处执行部的活动。这次采访，对于地下党员的徐盈来说，既要"不偏不倚"地报道双方言论，又要将国民党封锁的真相"捅出来"，需要动一番脑筋。记者团中还有中共报刊记者刘白羽、周而复等，徐冰指示他尽力配合。因此见面后虽不热情但心照不宣。这次采访，徐盈写了《延安的春天》《从张家口说起》等系列通讯，报道了周、张、马访问延安、归绥等地会见双方军政要员的情况。他巧妙地宣传了共产党、八路军争取民主、和平、统一的决心和行动。毛泽东、朱德、周恩来等中共领导人的形象都栩栩如生。其他历史人物包括江青也都有生动的描写。在张家口的采访中，晋察冀边区的生产、文化、教育等都有详细的报道。聂荣臻、贺龙、萧克、谢觉哉、徐特立、丁玲等都有人物专访。在国统区引起强烈反响，得到罗瑞卿、徐冰等表扬。后由孟秋江介绍给上海文萃出版社于1948年10月以《烽火十城》为书名出版。为留下这一珍贵记忆，徐盈在一信笺纸上，在请美军和国民党代表罗伯森、郑介民签名后，又先后请叶剑英、贺龙、罗瑞卿、柯庆施、李克农、宋劭文等中共领导人签名。这一珍贵的签名笺晚年由他捐献给了上海市档案馆。

徐盈由记者团返回不久，子冈急中生智地应付了突发的惊心动魄的一幕。军调部中共代表团到北平，分别驻北京饭店和翠明庄。宣传机构《解放》周刊在梁家园。1946年4月3日，国民党军警突然以"漏报户口"为由闯入编辑部，将总编辑钱俊瑞等20余人抓走，扣押到北平宣武警察分局。子冈和同事张高峰闻讯赶往，分局长因和子冈在重庆就相识，应允了子冈见一见被捕人员的要求。被捕的钱俊瑞等人也急于向组织报告情况。子冈见到钱，钱将一写好的纸条塞到她手中。子冈沉着冷静离开警局，打开纸条一看，是给叶剑英的报告。她火速骑车到景山东街15号"叶公馆"，叶接见了她。决定当晚7时在北京饭店举行中外记者招待会。指示她，这次捕人是非法的，是公然破坏和平民主。同时还告诉她，北京的滕代远公馆和《解放》发行部也被抓去一些同志。子冈随即转道这两处和国民党北平行辕、市政府、市警察局等处采访。第二天，《大公报》分别刊出这些消息，还有中共代表叶剑英、罗瑞卿、李聚奎分别致函李宗仁等抗议信，以及滕代远代表中共举行记者招待会的谈话。这些举动，更加引起了国民党的怀疑。在一次记者会上，蔡文治居然当面发问："彭子冈，你究竟是不是共产党？"子冈镇静地回答："请拿出证据来。"在旁的记者朋友都明白这一喝问隐藏的杀机，经巧妙圆场掩护，方有惊无险。

初返北平，徐冰还指示徐盈、子冈协助建立党的宣传机构。由孟用潜前来联系，经和曾任《新蜀报》主笔、当时已是九三学社中央委员的孙承佩等商量，以共同募股方法创办了中外出版社。该社利用孟的关系，打美新处招牌，出版物以民盟华北总部名义，但反映的是中共观点。同时，徐盈、子冈又按上级指示，发起组织了北平外勤记者联谊会。徐盈吸取重庆经验教训，公开推中央社采访主任赵孝章任总干事，他任干事，但一无会章，二无会址，三不收会费，大家都可打招牌自由活动。中共举行记者招待会，特务破坏，联谊会有组织去，人多势众，它不敢"蛮干"。这就有益于中共记者活动，刘白羽、周而复等也可用这一圈子互通信息。无固定会址，联谊会分为三摊：1.《大公报》北平办事处，徐盈、子冈二人外，还有和党有关系的戈衍棣等，以交流军政要闻和学运等信息为主；2.《申报》北平办事处，由于它已被国民党接管，靠拢国民党的记者多；3.《益世报》北平办事处，多为中间立场的民营报纸记者。三个摊子中又有人互相沟通，联谊会内还安插了中共地下党员李炳泉、李梦北等。

徐盈、子冈积极参与了当时北平进步文艺界活动。1946年2月，《新民报》召开文艺界座谈会，马彦祥等和他们出席，会后一同发起组织文抗北平分会。金山和张瑞芳等组织戏剧家座谈会，徐冰指示徐盈予以宣传报道。这时，他们还遇到一突发事件。一天，曾以冯玉祥秘书和教员身份在冯那里的中共地下党员王冶秋来找。徐盈和他重庆时就相识。抗战胜利后，为救济北平贫病交迫中的一批学者、教授，王通过徐冰来找徐盈，希望能于《大公报》披露。披露后，王又请冯玉祥致函河北战区司令长官兼省主席孙连仲，从接收的敌伪军粮中调拨救济。

这次，他找徐盈是告诉国民党军以鲁迅故居系"周作人敌产"，要强行进驻，一旦实行后果严重。他让徐盈设法找许广平，请许广平以鲁迅夫人名义于报刊呼吁保护。徐立即通过上海《大公报》找到了许。不久，报刊就载出了许广平要求保护鲁迅故居的言论。文化界许多名人同声声援，鲁迅故居未遭致军队进驻的惨状。

子冈、徐盈还有一特殊任务，当年从汉口到延安的兄弟彭华回到了北平。彭华已是共产党员，来此在李克农领导下工作。他常请子冈、徐盈介绍各种社会关系，并委托他们代购五金电料、金属部件和药品。

1946年10月，马歇尔调停失败，中共人员分批撤退。徐冰约徐盈谈话，告知他也要走了。并说他把徐盈、子冈的组织关系也带走了，指示不要发生其他联系，但和李烛尘保持一些接触。组织离去，子冈、徐盈心中难免有些感伤。尤其是彭华和他们的告别仅留下了一封信，请他们尽量多地搜集报刊，送到东安市场的一个地下联络点上。子冈以自传笔法写了一篇小说《惆怅》在《大公报》刊出。周恩来也看到了，捎话给彭华："给你二姐去封信，安慰她。"他赞扬小说："把革命之情与骨肉之情融到了一起。"对这段时光，徐盈、子冈十分怀念。在"文革"最苦闷的时刻，徐盈"交代"说："这时期领导我们的有周恩来、叶剑英、李克农、徐冰等，还见过罗瑞卿，同组织关系的有黄华、钱俊瑞、刘白羽、周而复、孟秋江、章文晋、孟用潜、柯柏年、王冶秋等。"

五、黎明前夕的坚守和探求

中共代表团撤离国统区，意味着全面内战打响了。在历史转折关头，作为共产党员和有影响的记者，如何既隐藏真实身份，又用笔为党和人民的需要服务，徐盈、子冈很费思量。这一时期，须应更侧重于经济新闻的写作。

这和它对战后中国发展的认识有关："如果不独立自主地建设新的民族工业，半殖民地国家绝难在帝国主义的铁腕下翻身。""工业化，将决定中国未来的命运。"基于此，对中国经济和企业历史和现状的报道，揭露国民党政策对经济的摧残、破坏，探索中国工业和资本的出路，就成为他新闻活动的主要内容。它充分体现了徐盈宽广深厚的经济知识和专业知识。陈纪滢评价他："所写的报道，除具新闻性外，还有学术性"，"反映一个有专学的人富有研究精神。"徐盈后将他这时期的经济类通讯编为《北方工业》一书出版，称在"杂乱无章的废纸里"，"把华北经济事业按图索骥的条分缕析起来，理出一个大体轮廓，展示北方丰富的资源和工业的巨大潜力"，痛斥"捧着金饭碗讨饭吃"的误国政策，预言"未来的建国的大时代"，"如能利用日本人留下的工业基础，开发华北的资源，这一地区将成为中国产业革命的重心。"这本通讯集，以充分说理，用文献结合访谈，历史贯穿现实，反映了北方爱国实业家的心声，被李烛尘誉为"如同《阿房宫赋》"。

如1947年11月13日的《老牛及其破车——战乱中的建设》一文，它记述了北京石景山钢铁厂战后接收修复的艰难历程。徐感叹："胜利已经两整年了，接收上亿万的物资，但是从东北到海南还不曾有过一吨生铁生产出来。"责任呢？徐又引用一位工程师的话说："工程师是在上下夹攻中，这个中间分子如果不甘寂寞向上钻，工变为'土'，他们的事业就要入土送终。向下面走，若与工人交接，那'工'变为'干'，定要受到外人干涉，说不定给顶红帽子。假如上下一起来说，那就有人打过来一鞭子，工程师变成'牛'了。"这段谈话，形象地表明悲剧的根源绝不在工程技术人员，文章也作出了"时代是艰苦的，人们在牛一样的生活，战争中的生产最好就像老牛拖着破车"的结论。

在这组通讯中，还有《抚顺沧桑录》《一个黄金时代的错过》《黑暗与独占》《水泥没有出路》《煤在湖南》《悲哀的机械工业》《在两大化工集团》《一个重工业建设的梦——记孙越崎九出山海关》等重要篇章。它们系统地反映了从东北、华北到华南的部分省市，国营和民营的重要工业，在内战造成的国家经济崩溃的泥沼中无力挣扎、痛苦万状的局面。他记述钱昌照的话说，这是一个黄金时代的错过。钱忍不住大吼："太惨了！国家民族的悲哀。"又记述孙越崎的话说，"东北的接收原可使中国工业进步一百年。哪知大环境的问题重重而来，并未能挽回颓势，多少技术家雄心早已粉碎。""今天梦醒了，现实的教训太残酷了！"徐盈由此结论："这却比什么都迅速地启发了千千万万工业从业员的脑子，使他们认识了现实，认识了政治……"

在关注国家重工业境遇的同时，徐盈的目光也投向了传统的手工业。其中，他写下的《手工业"玉碎"记》是一篇至今仍值得人们回味的文章。用老北京珠宝玉器行几位老掌柜的口，概述了从清乾隆以来玉器业的发展，和那些"神秘"的行规和佚话，及面临着国统区全面经济崩溃的惨状，他们发出了："这一切传统的努力都等于零，玉本身是一种最坚硬的物品，而这一种手工艺人又是一种最有忍耐性的艺人，可是到今天似乎到了'玉碎'的光景"，"艺人在忧患煎熬中被折磨光了，这个沉重的日子怎么再过下去"的呼喊。

发表于1948年10月26日上海《大公报》的《哪里是工程师用武之地》，是徐盈在新中国成立前夕写的最后一篇关于中国科技工程界活动的文章。起因是他去出席当时在台北召开的中国工程师会第15届年会。实际是掩饰着一项重要任务，李纯青、杨刚通知他去上海秘密商量《大公报》面临解放的前途问题。到上海，杨刚告诉他，王芸生已接中共中央和毛泽东邀请去香港转道解放区出席新政协会议。他们密商了天津、上海两地报社的应变问题。徐盈提出调高集、高汾夫妇到天津加强力量。这才是徐盈南下的真正意图。他自抗战爆发从未来过上海，杨刚嘱咐他以到台北开会应付。这篇通讯从一个很高的立意，点出了摆在面临新时代工程技术人员面前的一个迫切问题。他说："不论中国地大物博或不博的理论如何正在反复辩论，但中国工程师理论上在中国不会没有用武之地的。事实上，多少优秀的工程师却恰好在国内找不到用武之地，反而在国外飞黄腾达，为异邦学术界所推重，这能说是中国的光荣吗？"中国工程师在新中国不会没有用武之地，这是徐盈向他们透露的信息。

其次，徐盈还写了不少揭露北平社会黑暗，官场腐败，人民痛苦的通讯、随笔和杂感等。这类文字他多用笔名，文风隐晦曲折，文学性较强。如《北平风霜》《古城流水》《不寂寞的八月》《故都春梦》等。文章从不同的社会新闻下手，夹叙夹议，含着鲁迅杂文式的冷嘲热讽，画出了一幅幅日趋没落的老北京世俗画。他以东岳庙正月初一进香人流下笔问："故乡的老百姓，在这春光明媚中，都在做着吉利与发财的美梦——为什么人们宁愿把希望寄托于渺茫的天国，而不寄托在大地上呢？"笔锋一转，作者又欲说还休："这就牵涉到'政治'问题了。"

再次，徐盈还以新闻评论的笔法，隐晦地揭露了国民党军战场上的"败象"，使国统区人民看到希望和真相。如在《东北的七次攻势》一文中，他先概述了1947年12月前六次解放军攻势经过，后以下棋老人口气说："国军如欲解沈阳之围"，"只有两着棋可走，一是从关内再调一个车，一是自长春撤回两个炮"。"而从此地看，国军不能有新的力量出关，而长春的两个炮也未必能撤回救沈阳的老将。"这就把国民党在东北将彻底被歼的局面一语道破。这类文章，徐盈还写有《从战局看政局》《到处偏枯谁独肥》等。他都以婉转的文风，揭开了国统区一个个"黑洞"的内幕。

另有一些通讯，他是遵照周恩来指示的"多交朋友"而作的。那篇长期不被人提及的《记胡适之》，就是徐冰指示他接近胡适做些工作写下的。面对国民党的失败，一些知识界人士纷纷寻找出路。他们对蒋介石丧失信心，对共产党缺乏了解，而对中国前途又仍持个人见解。了解和接触他们，徐盈、子冈认为是应该承担的责任。如钱昌照便是其中一位。1947年5月，他赴美欧考察前，曾致函徐盈告知已脱离蒋政权。回国后，便找徐谈了他和孙越崎、周炳琳、杨振声等40余专家、教授发起《新路》周刊事。尽管这些人对共产党的认识程度深浅不同，但都为应该团结的朋友，徐盈便予以撰文介绍和协助。后来他们都参加了人民新政权。

子冈一如既往，尽管她抚育幼子，已怀上女儿，承担一应生活琐事（本非她所长），但疾恶如仇的个性，不忍漠视苦难中的人民疾苦，自然也不肯轻弃视若生命的笔，迫使她仍写下了不少风格、文字更鲜明老辣，可谓之

"炉火纯青而绵里藏针"的好文章。如《愁城记》《京苏沪杂记》《古城窘象》《悲剧中人断肠语》《烽火北平》和《沈从文在北平》等。《愁城记》里的小标题都值得品味。《瑞雪兆"疯"年》她以"疯"谐音"丰"。而什么"疯"呢？是"只有噩梦一样的物价、粮价直线上升"，"战事、金价、物价三事都是一个'疯'年。"另一小标题《军调部"散"环》以"散"谐音"三"。这一节里，子冈客观如实地记述了叶剑英在蒋介石"戡乱"后离北京的情形："一年来这位将军颇增老态，头发逐渐白了许多，意兴却仍豪放"，"他为每个人写上'为和平民主独立的中国而奋斗'"，"有点醉意地当场高吟'长江后浪推前浪，世上新人换旧人'"，"末后他与大众分手时说，看清现实，把握真理，争取将来！"子冈笔下，共产党人面临风云突变是如何地从容自信。《悲剧中人的断肠语》记一小公务员失业贫困，携二女投水，结果二女溺亡，自己被救的惨剧。文前小引称："自杀前的一刹那，在北海避雨，吸烟三支，儿女喊饿，天昏地暗，水声潺潺，逐萌投水之念……"文字简约平淡，但蕴含着人们心死如灰的巨大悲辛。战火越烧越大，国民党军却节节败退，国统区经济日趋崩溃，人民的灾难如覆巢之卵。子冈在北平已被包围的《烽火北平》中，转诉市议长的话说："河北平津不同于察绥，傅司令（作义）十分焦虑。""傅说，1946年他为平津留下70亿。1948年也给了一部分经费。而回京一看，平津竟贫于察绥，物价涨得几乎无法打仗，精神上也少支援。"至于市民贫困，文中举一例："看守所的被告瘐死所中时，连棺木衣服没有一件就埋入义地。"可叹的是，还有人劝青年人"做梦"——不要丧失理想。子冈反语："如果嗜杀者无梦，人民自己会把梦境搬到地面上来的。"这就一针见血地点出一幕幕悲剧根源，这正是"嗜杀者"——内战挑起人的无穷欲望造成的。

　　国民党对徐盈、子冈一再警告："徐、彭文字不妥"，并要《大公报》社"迅予采取措施"。报社敷衍"将予解聘"，但"拖而不办"。这时又有一突发事件，《观察》周刊主编储安平为国民党搜捕前来北平，寻徐盈、子冈掩护。1948年12月24日，《观察》周刊因转向公开反蒋遭上海警察局查封，遂又逮捕编辑部和相关人员达60余人，储安平侥幸脱逃来北平《大公报》办事处。据徐盈说，当时他和储的关系尚属一般，储办《观察》徐也是撰稿人之一。然而，他们夫妇作为地下党员，对反蒋而遭迫害的民主人士有责无旁贷的保护责任。于是，徐转移他往北平法国医院隐蔽。不料，北平警备司令部稽查处特务跟踪至徐盈处讨人。徐矢口否认储来过，特务坐索达两日两夜，还将徐带到警察局讯问，并搜查了徐盈、子冈的家，一直追查到1948年的除夕晚上。徐盈和子冈密商只得去找平津警备副总司令邓宝珊。邓的女儿当时也在《大公报》，曾托子冈和徐盈照顾她。邓宝珊即找傅作义，很快邓的秘书孙向琦带来傅手令，特务被迫撤离。储从医院出来又潜回上海，后由中共地下党送香港转到解放区。经此，储对徐盈、子冈十分感谢，常引为知交、至交。而徐盈后在自传中称："这是应该做的。"

在发生特务到徐盈、子冈处坐索储安平事件后，国民党压迫《大公报》辞退他们风声更紧了。报社已做安排，准备让另一骨干戈衍棣替徐盈当主任，暂让他们到天津或上海去。当然，到陌生的新环境，形势会更加险恶。更重要的，组织上一直要求他们坚持在北平《大公报》。新中国成立后，徐多次说："党告诉我，这是一个阵地，不要轻易离开。徐冰回解放区也这样关照。"确实，当时北平办事处已掩护着一批地下党员，包括胡邦定、傅冬菊、杨邦祺等。以至在"文革"中，徐还说："尽管我有罪行和不中用，但此时此地在战略上看，这个点是有作用的。"恰巧此时，子冈正怀着女儿，便以"不良于行"尽量拖延。

六、沐浴在新中国的阳光下

就在微妙而两难的时刻，解放军已按中共中央和毛泽东命令，部署对北平的包围，神速般地占领了南口、宛平、丰台、通州、石景山和南苑机场等处。形势之快令人喜，催人急，子冈在怀孕中，徐盈的担子更重了。据他当年写下的《北平围城两月记》，他做了大量的采访和联络工作。有些工作名为采访，暗中还掩护着党的任务。如和北平工商界孙孚凌、浦洁修等人的联系，都报告了组织。

1949年1月16日，天津解放的喜讯传来，徐盈接到党组织通知，让立即出城到青龙桥某号联系。徐借了朋友汽车，以到官厅水库工地采访名义去青龙桥接受指示。在这里他见到了中共华北局领导人彭真。彭和他握手问好，把一份中央西柏坡来电给他看。电报指示他速往天津，去军管会见市委宣传部黄松龄部长，和赶往当地的宦乡、杨刚、孟秋江等会合，商量《大公报》改组接管事。徐盈领受了指示，再开车回北京。次日，化装徒步到丰台搭乘火车到天津。在大公报馆，徐和杨刚、宦乡、孟秋江等人相见。经开会商量，后由天津市委报中央批准，将天津《大公报》改为《进步日报》，由天津市委宣传部领导。报社以张琴南、杨刚、宦乡、孟秋江、李纯青和徐盈、子冈等9人组成临时管理委员会。宦乡为主任兼总编辑。另以杨刚等7人为党组。徐盈和子冈都为党组成员。徐盈先为报社经理，几个月后宦乡调京他接任临管会主任。《进步日报》1949年2月27日的创刊号上，发表了职工同仁宣言和暂行章程草案，它严厉地指责原《大公报》为"拥蒋反共"和"小骂大帮忙"，徐盈、子冈都参与了这两个文件的起草。最后发表，据徐盈说是经周恩来审定的，自然它带有明显的时代印记。《进步日报》按照中央和天津市委的要求，确定以宣传党的城市政策，稳定经济秩序，恢复生产，调整公私、劳资等关系为办报方针。它在筹划中，北平于2月3日宣布和平解放。徐盈的《大公报》北平办事处主任一职，曾考虑由子冈接任，子冈不愿承担过多行政事务，仍由徐盈兼任。徐盈便奔走于京津两地之间。

在天津，他为报纸宣传刘少奇的"天津讲话"精神和中央有关指示，组织了大量稿件。如东亚公司劳资协商经验和著名实业家周叔弢的事迹等。当年6月，天津证券交易所复业，《进步日报》为它"沟通行情，方便交易"，"有利于资金的集中和疏导"作了报道。为加强编辑力量，徐盈将已退休的《大公报》经济记者张晓荷请回来，编辑证券行情和动态版。天津工商联成立，徐盈执笔为《进步日报》写了祝贺的社论。社论中"私营工商业者要先公后私"的提法，天津市委来人找他谈话批评："有碍于私营工商业积极性。"

　　为促进天津经济恢复和企业发展，由徐盈主持《进步日报》为指导各行业经营，借鉴前人工商经营管理经验，编印了《天津工商业丛书》。《进步日报》也组织了社评委员会，有金克木、郑伯彬等学者和王亢之、李之楠、石英、谭志清等天津党政领导。因报纸多侧重于经济新闻，报社和李烛尘、周叔弢、朱继圣等工商界名人经常联系。当时天津市委曾有任命他为市工商联秘书长的说法，后未成为事实。

　　子冈、徐盈在这些日子里还有大量的采访活动。作为新闻界的特邀代表，徐盈出席了1949年9月21日开幕的首届全国政治协商会议。他报道了中华人民共和国建国的经过。同时，他对会议的全过程还作了采访日记，这一日记已成为研究这一划时代历史事件的珍贵资料。此前，他和子冈还一同出席了同年7月2日召开的全国第一届文艺工作者代表会议。会上，他们见到了叶圣陶、郭沫若、丁玲、胡风等尊敬的前辈和朋友。徐盈对这次会议逐日作了详细记录。采访这两次会议，在徐盈迎接新中国的新闻活动中有特殊意义。

　　子冈也活跃在新闻战线上，由于英文基础好，她参与了新中国外交活动的一系列报道。从北平和平解放的1949年7月起，新中国还在酝酿之中，她便先后为中国作家、中国青年、中国妇女和中国保卫世界和平等代表团一员，前往苏联、东欧、北欧和印度等国进行访问。这些访问，她和团友们一同向友好国家人民转达了新中国的问候，还写了一批介绍以上国家的游记特写。她把它们编成《苏联短简》出版，用清新流畅的散文笔法，记下了这些国家民情风俗的种种场景，字里行间也随处流露出他们对新中国诞生的友好祝愿。在《克里姆林宫印象记》一文里记叙了，当听到毛泽东当选为中央人民政府主席，以及北京举行人民英雄纪念碑奠基礼等喜讯时，"大家欢喜得要叫要跳"，"向导员和译员们听了这些好消息也纷纷向我们祝贺不止"。在《寄赫尔辛基》一文中，她这样描写这个美丽的城市："芬兰湾上与爱沙尼亚的塔林，只相隔80多公里，水上有轮船也有帆船，红脚白羽毛的海鸥，听任人们喂食相逗，嬉戏得像家禽一样自在，水边的钓鱼人真像它们印的画册一样悠闲。"子冈又以亲眼目睹写下了这个已是社会主义国家的另一面：

"街上跑着苏英美的汽车,湖旁到处是美国汽油的仓库,穿着英国毛织品,吃着阿根廷的水果,美国裙子和食品……有些电影可专门放映美国电影。"这些描写恐怕是某些人所不愿知晓的。

和以上被人谈论的国际通讯面世一同,子冈她敏锐新奇的视野,又瞄向了初踏入新社会的普通劳动者。她的笔下涌现的不再见旧重庆、旧北平凄苦的"灾童""难民""乞丐"等等,而是新中国朝气蓬勃、精神抖擞的主人翁。这些新人也绝不是作者主观臆造的,而确实是这个古老而伟大的民族走向新生的代表。她的讽刺揶揄笔法也被清新、流畅、跳跃的语言风格所替代,可以讲充满了她对这个曾为之奋斗的新时代的爱。《官厅少年》《老邮工》《盲人模范工作者黄乃》等,都是脍炙人口的散文名篇,被选入过中学语文课本和各种散文选,也是反映那一伟大转折时刻的优秀作品之一。在迎接和沐浴着新中国阳光的日子里,徐盈、子冈充满着喜悦,以一种几乎是神圣的感情,尽着他们的每一份责任。

七、并肩走向新的工作岗位

当徐盈、子冈以一名报人的身份闪现在新中国报坛时,党和国家又交给了他们新的重担。自1950年7月起,徐盈被任命为中央人民政府政务院参事。他参加政务院文化教育委员会的宗教组咨询工作。1951年7月,宗教组改为宗教处,由文教委办公厅主任何成湘兼任处长,徐盈为副处长。因《进步日报》任职仍未免去,他在京、津之间更忙了。1953年6月,北京筹备保卫世界和平大会,宗教处仅有3名工作人员,工作量巨大,重庆地下党是老战友的处长何成湘对他"两头跑"不理解,"希望他安心机关工作。"消息传到中宣部长兼文教委副主任的陆定一那里,他也以开玩笑的口气说:"你学会做官好不好?"这样,中宣部副部长兼文教委秘书长的胡乔木便决定:"宗教处的工作非你不可,天津的报纸你挂个名义不要管了。"徐盈无保留地服从了组织决定。经文教委副秘书长邵荃麟报告和胡乔木批准,徐盈正式办理了《大公报》退职手续，公开中共党员身份，党龄从1938年算起，党的关系从中央统战部徐冰处转到政务院文教委党组。

对20余年的新闻写作生涯，徐盈很有感情。当初调他到宗教处工作，他曾问领导该处的邵荃麟为何调他来？邵回答："你在教会大学读过书，英文好，懂得西方宗教那一套，和佛教徒也有交道，党内缺少这种人才。恩来同志也知道。"因何兼任文教委办公厅主任，主要精力在那边，徐便以副处长主持日常工作。后又调来10余名工作人员，而工作量仍大。中央外事、统战、公安、文教等几个部门都和宗教工作有关联，诸如打击利用宗教的特务破坏活动；加强团结各宗教各教会的爱国民主人士；涉及到宗教事务的对外关系交往；宣传无神论和唯物论等；加之各省市也都设立了宗教处，向北京请示有关政策和咨询历史情况；徐盈几次回顾说："这个班子真是不容易啊，几方面会议都招架不过来。"中央主管这一工作的陆定一，又要求徐盈凡重要问题必须直接向他报告。因此，很多问题又要经他指示或批准再办理。开创中的新中国宗教工作自然有许多难题，好在重大问题最终由周恩来亲自把关。徐盈在日记中记："总理来开会讲话，真是具体之至，这样的领导，那才是解决问题，又总能如愿。"1955年宗教处扩编为宗教局，仍由何成湘任局长，徐盈任副局长负责日常工作。下设三个处，又调郭朋等一批同志来加强力量。同时，宗教局改由国务院副总理习仲勋分管，陆定一出席有关会议，工作较以前顺手了。

徐盈的岗位在转换角色，子冈的工作也有了变化。天津《大公报》改组为《进步日报》，她是党组成员，管委会委员和采访部副主任。1951年9月，由《人民日报》副总编辑杨刚建议，经社长范长江批准，调她到那里文艺部当编辑。她和杨刚友情很深，眼下又相逢在党报，心情十分激动。她到文艺部配合戏曲改革跑戏曲动态，这时她做了一件久为后人称道的好事，对梅兰芳、程砚秋、萧长华、郝寿臣等几位京剧大师作了专门采访。对于戏剧，包括京剧和地方剧种，她本很喜爱。"平剧之存在是构成这古老的文化城（指北京）的因素之一。"这是她在抗战胜利初返北平时在《记北平国剧界》里所写的。因耳濡目染，子冈还时能哼唱几句。作为党报记者前往采访，她理解一是要宣传好党的戏改政策，二是要挖掘、继承好优秀传统文化中的精华，团结好这些名艺人。她几乎踏遍了京城这些大师们的门槛，和他们亲切交谈。尤其对梅兰芳，她有过数次深入的专访。她报道说，梅兰芳在台下的魅力绝不亚于红线毯上。在护国寺梅府，亲眼目睹他亲自为客人斟茶，"每一个客位，他每一个动作，每一句寒暄虽都处在不同角度，却都非常美，非常优雅，非常具有文化气息。"梅兰芳对她说，在解放后的几年中，他已演出了360余场。许多工人、农民和解放军观众都十分高兴地能看到他的演出，甚至把这作为新旧社会人民地位高低对比的例证，并发生了许许多多难以尽述的故事。梅先生说，他一定要精益求精来报答。由于这一时期，子冈和戏剧家们的频繁交往，改革开放后已在病榻上的她，仍写出了《回忆白玉霜母女》这篇内容和文笔俱佳的珍贵史料。

1954年，国家国民经济迅速恢复，各项建设和文化事业蓬勃展开，人民文化生活需求一天天丰富多彩。中央决定创办一份推动旅游发展的杂志《旅行家》，交给共青团中央领导的青年出版社管理。在考虑谁来"挂帅"时，胡乔木想起了在重庆时代以写漂亮散文风格的"航讯"著称的子冈。由他亲自"点将"，调子冈来当主编，并定下了"上下古今，图文并茂"的编辑方针，决定于1954年1月创刊发行。子冈风风火火地投身这一工作。她请原上海的中国旅行社办的《旅行杂志》主编潘泰封当专职编辑，又留先她编了一、二期的叶至善在社内协助她一程。这样推出的《旅行家》杂志，很快以鲜明的特色呈现在读者面前。办杂志，首要是作者和稿件。子冈穿行在北京的大街小巷，或函约或面邀，叩响了郭沫若、张恨水、沈从文等诸多大家的门环，他们都给这一刊物赐过稿。子冈还施展了当年"跑"新闻的身手，缅甸总理吴努访华，在礼宾场合，子冈也上前去"拉"稿。出于对中国人民的友好情谊，吴努也一口答应。回国不久，他果然寄来稿件。刊出后，子冈亲自选了一套精美漆器茶具以代稿酬，请缅甸驻北京大使馆转呈。为扩大刊物发行渠道的邮发问题，子冈在一次有毛泽东参加的中共中央招待会上，找到当年邮电部长朱学范坐的那一桌，向他敬酒，因是重庆时就相识的熟人，朱也以礼还礼，子冈便向他反映这一愿望，朱学范也笑了。对组织交给自己的这一工作，子冈还是一如继往地尽心尽力。沐浴着新中国的阳光普照，徐盈、子冈虽同赴新的岗位，还是那样的紧张忙碌，也不乏磕磕碰碰，但那是一段令人多么难忘的黄金时光。

八、实事求是春风中老树新花

1978年，徐盈和子冈"右派"身份得以平反，对着压抑了20余年的喜悦，女儿徐东曾有生动的描述："子冈坐在破旧的沙发上，脸上的皱纹已全展开。她兴奋地忙乱谈着，好像在畅想未来，""徐盈从不吸烟，此刻却燃起一支香烟，眯起眼睛，……一副轻松休息的姿态。"

子冈重新走上了工作岗位，被任命为复刊的《旅行家》杂志社主任编委。她还宝刀不老地相继写出《汽笛》《熙修和我》《人之初》等名篇。《汽笛》被评为"完全表现了她的思想境界、精神状态"的"感人的好文章"。它可以"真正去认识一个由革命哺养，由党教育出来的老同志，她的信念和坚强，她对自己的要求和工作的责任感——甚至一度生命濒危之际，也至死靡他。"汽笛——汽笛声，高度浓缩了当年她们在党领导下的战斗风貌。《人之初》一文也以记述新时期几个不同背景、经历的老人，晚年住院生涯引发的感想而被人称道。它被《人民日报》评为优秀散文奖。子冈1981年离休，她虽在卧病中，但仍由儿子徐城北协助，写下了《乡愁》《忆邹韬奋》《旅行家三十而立》《我坐在轮椅中》等好文章。

徐盈重新走上工作岗位后，曾先后任国家宗教局顾问、全国政协委员兼文史委副主任、《人民政协报》编委、党组成员等职。他以更大的热情投入工商经济史料工作，又撰写了关于范旭东、李烛尘、孙越崎等人的文章，还为组稿和叶圣陶、沈从文、俞平伯、张申府、萧乾等增多了联系。在他的晚年，又深情地写了回忆齐燕铭、艾思奇、方大曾等老领导和老战友的文章。

重入报坛，徐盈依旧是笔耕不辍。他对新闻事业的执着追求令人感佩。1988年，子冈在多年患病后逝世。徐盈也于患脑血栓后于1996年病逝。他们夫妇在中国现代新闻史上的业绩是不会磨灭的。

（本文写作曾参考了常少扬《徐盈》和徐城北《记母亲子冈》等文，在此一并致谢）

图书在版编目（CIP）数据

回忆徐盈与彭子冈/徐东编. —北京：中国文史出版社，2018.3
（文史资料百部经典文库）
ISBN 978－7－5205－0769－1

Ⅰ.①回…　Ⅱ.①徐…　Ⅲ.①徐盈（1912—1996）—生平事迹
②子冈（1914—1988）—生平事迹　Ⅳ.①K825.42

中国版本图书馆 CIP 数据核字（2018）第 258078 号

责任编辑：徐玉霞

出版发行：中国文史出版社
社　　址：北京市海淀区西八里庄 69 号院　　　邮编：100142
电　　话：010－81136606　81136602　81136603（发行部）
传　　真：010－81136655
印　　装：北京朝阳印刷厂有限责任公司
经　　销：全国新华书店
开　　本：16 开
印　　张：18.5　　　字数：300 千字
版　　次：2019 年 3 月北京第 1 版
印　　次：2019 年 3 月第 1 次印刷
定　　价：59.00 元